Erwin Niederwieser

100 Jahre Kampf um Gerechtigkeit

Erwin Niederwieser

100 JAHRE KAMPF UM GERECHTIGKEIT
Die Geschichte der Arbeiterkammer Tirol

Michael Wagner **Verlag**

Die Drucklegung dieses Buches wurde freundlicherweise unterstützt durch die AK Tirol.

Dieses Buch wurde auf höchstem ökologischen Standard gedruckt, ausschließlich mit Substanzen, die wieder in den biologischen Kreislauf rückgeführt werden können. Cradle to Cradle™-zertifiziert by gugler*, klimapositiv, auf Papier, das in Österreich produziert wurde – für unsere Umwelt und unsere Zukunft.

Umschlag und Bindung ausgenommen
www.gugler.at

Gedruckt nach der Richtlinie „Druckerzeugnisse" des Österreichischen Umweltzeichens. gugler*print, Melk, UWZ-Nr. 609, www.gugler.at

© 2021 by Michael Wagner Verlag in der Universitätsverlag Wagner Ges.m.b.H.,
Erlerstraße 10, A-6020 Innsbruck
E-Mail: mail@uvw.at
Internet: www.michael-wagner-verlag.at

Buchgestaltung und Satz: Michael Wagner Verlag/Karin Berner
Umschlagabbildungen: AK Tirol

Gedruckt auf umweltfreundlichem, chlor- und säurefrei gebleichtem Papier.

Bibliografische Information der Deutschen Nationalbibliothek
Die Deutsche Nationalbibliothek verzeichnet diese Publikation in der Deutschen Nationalbibliografie; detaillierte bibliografische Daten sind im Internet über <http://dnb.dnb.de> abrufbar.

ISBN 978-3-7107-6762-3

Alle Rechte vorbehalten. Kein Teil des Werkes darf in irgendeiner Form (Druck, Fotokopie, oder in einem anderen Verfahren) ohne schriftliche Genehmigung des Verlages reproduziert oder unter Verwendung elektronischer Systeme verarbeitet, vervielfältigt oder verbreitet werden.

INHALTSVERZEICHNIS

Vorwort von Landeshauptmann Günther Platter 7
Vorwort von AK-Präsident Erwin Zangerl 9

1. Die Arbeiterkammern – eine österreichische Besonderheit 11

2. Arbeiterkammer und Gewerkschaft 63

3. Die sozialen, wirtschaftlichen, beruflichen und kulturellen Interessen
   der Mitglieder im historischen Wandel 67
   a) Arbeits- und Sozialrecht 71
   b) Beratung der Mitglieder in Innsbruck und in den Bezirksstellen 75
   c) Direkte Hilfe für die Mitglieder und ihre Familien 81
   d) Die Bedeutung der Lehre 84
   e) Schulungen und Schulungseinrichtungen für Betriebsräte und FunktionärInnen 89
   f) Die Einführung der Arbeitnehmerförderung des Landes Tirol
      als Beispiel für interessenpolitische Erfolge 92
   g) Betriebe in Schwierigkeiten –
      Hilfsmaßnahmen für Arbeitnehmerinnen und Arbeitnehmer 94
   h) Konsumentenschutz 95
   i) Bildung und Kultur 100

4. Organisationen im Umfeld der AK – Beispiel BFI 109

5. Die Arbeiterkammer und die Wissenschaft –
   Studien und was daraus folgt 117

6. Bilanz und Ausblick 121

7. Anhang 125
   Ergebnisse der Arbeiterkammerwahlen 125
   Präsidenten – Direktoren – KammerrätInnen 1921–2021 126

Anmerkungen 135
Quellen und Literatur 137
Abkürzungsverzeichnis 138
Bildnachweis 139

Dank 141
Zum Autor 142

ZUM GELEIT

Ich gratuliere den Mitarbeiterinnen und Mitarbeitern sowie dem Präsidenten Erwin Zangerl und seinem Team zum 100. Bestandsjubiläum der Arbeiterkammer Tirol.

Mit mehr als 345.000 Mitgliedern hat die AK Tirol einen hohen gesellschaftspolitischen Stellenwert in der gesetzlich verankerten Verpflichtung als Vertretung aller Arbeitnehmerinnen und Arbeitnehmer in unserem Land.

Die Gründung der Arbeiterkammer vor 100 Jahren durch die Initiative der Gewerkschaften war ein Meilenstein auf dem Weg zu mehr Gerechtigkeit für Arbeitnehmerinnen und Arbeitnehmer. Dieser Weg des Miteinanders konnte auch von der Auflösung durch die Nationalsozialisten im Jahr 1938 nicht dauerhaft unterbrochen werden, denn bereits im Jahr 1945 – gleich nach dem Ende der Nazi-Herrschaft – setzte die Arbeiterkammer ihren erfolgreichen Weg zur Schaffung und Gestaltung von Grundlagen eines modernen Sozialstaats unermüdlich bis zum heutigen Tage fort.

Errungenschaften und Regionalisierung
Ob 8-Stunden-Tag, Arbeitslosenversicherung, 5 Wochen Urlaub im Jahr oder Elternkarenz: Vieles, was uns heute als selbstverständlich erscheint, wurde in den vergangenen 100 Jahren gemeinsam von den Arbeiterkammern, dem Österreichischen Gewerkschaftsbund und den Gewerkschaften für die Menschen erkämpft. Heute gilt es, neue Herausforderungen zu meistern – etwa die Globalisierung, den demographischen Wandel oder die aktuelle Corona-Pandemie. Durch die Regionalisierung der AK Tirol mit Anlaufstellen in allen Bezirken können wichtige Serviceleistungen für Mitglieder zu Fragen im Arbeits-, Sozial-, Konsumenten-, Wohn- und Steuerrecht sowie in Wirtschafts-, Jugend- und Bildungsbelangen durch Expertinnen und Experten auch wohnortnah angeboten werden.

Corona-Krise gemeinsam meistern
Die nächsten Wochen und Monate werden für uns alle eine herausfordernde Zeit auf dem Weg heraus aus der Corona-Krise. Die im Jahr 1957 gegründeten Sozialpartner werden dabei im Miteinander eine große Rolle spielen. Als Landeshauptmann von Tirol möchte ich mich deshalb weiterhin mit aller Kraft für dieses Miteinander in unserem Land einsetzen.

Ihr
Günther Platter
Landeshauptmann von Tirol

100 JAHRE AK – 100 JAHRE SCHUTZ UND HILFE FÜR ARBEITNEHMERINNEN UND ARBEITNEHMER

Es war ein weiter und oft beschwerlicher Weg, den Tirol in den letzten 100 Jahren zurückgelegt hat. Aber es war ein erfolgreicher, nicht zuletzt, weil diese vergangenen 100 Jahre auch vom Wirken der Arbeiterkammer geprägt waren. Dadurch hat sich das Leben der Arbeitnehmerinnen und Arbeitnehmer sukzessive zum Besseren verändert – mittlerweile tragen fast alle Lebensbereiche die Handschrift der AK. Dabei war der Beginn ein überaus schwieriger. Mit dem Ende des Ersten Weltkriegs ging nicht nur die Ära der k. u. k. Monarchie zu Ende, die Menschen hatten in den kommenden Jahren schwer an den Kriegsfolgen zu leiden. Ein Zeichen dafür, dass das neue Österreich als nicht überlebensfähig angesehen wurde, waren auch die Anschlussbestrebungen an Deutschland, die vor allem in regionalen Abstimmungen wie in Salzburg oder Tirol gipfelten.

Vor diesem Hintergrund beginnt die Tiroler Arbeiterkammer am 1. Mai 1921 ihre Tätigkeit, damals noch in Räumlichkeiten in der Innsbrucker Hofburg. Schon in der ersten Funktionsperiode herrscht ein beeindruckendes Tempo: Die Betreuung der Mitglieder wird ausgebaut, „Amtsstellen" in Kufstein, Kitzbühel, Landeck und Lienz werden errichtet. Vieles, was bis heute Bestand hat, wird ins Leben gerufen. Es folgen Jahre, in denen die Arbeiterkammer viel bewegt und umsetzt, doch die politischen Entwicklungen arbeiten gegen die Kammern und schränken sie immer mehr ein. Die Jahre 1933/1934 bringen schließlich das Ende für die von den ArbeitnehmerInnen frei gewählten Organe der Kammer, im autoritären Ständestaat werden sie vollkommen ausgeschaltet. 1938, nach der Besetzung Österreichs, erfolgt die Auflösung der Arbeiterkammern, ihr Besitz wird der „Deutschen Arbeitsfront" übertragen. 1945, nach dem Ende des Nazi-Regimes, beginnt auch der Wiederaufbau der Arbeiterkammer, bereits 1946 ist die AK Tirol wieder in allen Bezirken vertreten.

Diese Festschrift zu 100 Jahren AK Tirol soll zeigen, vor welchem politischen, wirtschaftlichen und sozialen Umfeld die AK ins Leben gerufen wurde, wie ihre Arbeit begann, wie sie aus den Trümmern des Zweiten Weltkriegs neu erstand, was sie leistete und wie sie mithalf, aus einem einst armen Land ein soziales zu gestalten. Dafür wurde die Arbeiterkammer vor 100 Jahren gegründet und seither bemühen wir uns täglich, diesem Auftrag zu folgen. Wie, das beschreibt dieses Buch.

AK-Präsident Erwin Zangerl

1. DIE ARBEITERKAMMERN – EINE ÖSTERREICHISCHE BESONDERHEIT

2021 – 100 Jahre Arbeiterkammer in Tirol

Kein Krieg, kein Erdbeben, keine Staatskrise. Ein winzig kleines Virus hat das soziale, wirtschaftliche und kulturelle Leben seit über einem Jahr fast vollständig zum Erliegen gebracht. Die Zahl der Arbeitslosen ist die höchste in den letzten hundert Jahren.

In den Gründungsjahren der Arbeiterkammer war alles anders. Dem Haller Salz oder dem Erz aus Brixlegg stand nicht mehr ein Binnenmarkt von 51 Millionen Einwohnern offen und Tirol endete plötzlich am Brenner. Das neue Österreich zählte 6,5 Millionen Einwohner. Nach über vier Jahren Krieg herrschten Hunger und Elend.

Die Geschichte der Arbeiterkammer lässt sich in mehrere Phasen einteilen.

Die Vorgeschichte beginnt im Revolutionsjahr 1848, dann folgt der Beschluss des Arbeiterkammergesetzes 1920. Dann die Aufbauphase, zugleich die Zeit der Verteidigung der großen Sozialgesetze aus den Anfängen der Ersten Republik. Auf das Ende der Selbständigkeit 1934 folgt die Zerschlagung 1938.

1945 wiedererrichtet, spielt sie eine bedeutende Rolle beim Wiederaufbau und die Wirtschafts- und Sozialpartnerschaft gilt als wesentlicher Grund für den Aufstieg Österreichs zu einem der wohlhabendsten Länder der Welt.

1920 – Über die „Unentbehrlichkeit" von Arbeiterkammern

Wien, 26. Februar 1920, Parlament: Die Konstituierende Nationalversammlung der Republik Österreich tritt zu ihrer bereits 64. Sitzung zusammen.

Auf der Tagesordnung steht das Gesetz über die Errichtung von Kammern für die Arbeiter und Angestellten. Am Vortag wurde das Gesetz über die Handelskammern

Wilhelm Scheibein (Pfeil) in der Konstituierenden Nationalversammlung. Gesetzliche Interessenvertretung bedeutet: Welche Aufgaben mit wie viel Geld und mit welcher Organisation zu erledigen sind, bestimmt das Parlament.

beschlossen, die Zustimmung zum Arbeiterkammergesetz ist zwischen den Parteien im Parlament vereinbart.

Seit 1848 hatte sich die gewerkschaftlich organisierte Arbeitnehmerschaft um Arbeiterkammern bemüht, nachdem die Unternehmen durch die neuen Handelskammern vertreten wurden. Dazu gibt es in der Literaturübersicht ausführliche Beschreibungen, z. B. jene von Josef Rohringer[1], Franz Borkowetz[2] oder Heimo Halbrainer[3].

Staatskanzler Dr. Karl Renner hatte am 11. Juli 1917 auf Seite 1 der Arbeiter-Zeitung unter dem Titel „Die Unentbehrlichkeit von Arbeiterkammern in der Übergangswirtschaft"[4] die Sinnhaftigkeit von Arbeiterkammern begründet: Die „Arbeitskraft" und vor allem die qualifizierte Facharbeit ist der wichtigste Faktor für den Wiederaufbau, verbunden mit einer auf breiter demokratischer Basis beruhenden Gesetzgebung. Es sei notwendig, dass „die Arbeiterschaft in allen Stellen der staatlichen Lokalverwaltung vollen Rechtes zur Mitgestaltung berufen wird" und daher ist „das erste Bedürfnis ... die Errichtung von Arbeiterkammern, wie sie Industrie, Handel und Gewerbe mit den Handelskammern ... und die Landwirtschaft in den Landeskulturräten" bereits seit langem besitzen.

Bemühungen um eine gesetzlich garantierte Vertretung der Arbeitnehmerinteressen bei der Ausformung von Gesetzen und gegenüber der staatlichen Verwaltung gab es ab Mitte des 19. Jahrhunderts in vielen europäischen Ländern, aber nur die besondere politische Konstellation in Österreich in den Nachkriegsjahren 1919/20 führte über die Beschlüsse des Handelskammergesetzes und des Arbeiterkammergesetzes zu einem System von gesetzlichen Interessenvertretungen, in welches auch andere berufliche Gruppierungen (Landwirtschaft, Ärzte, Ingenieure u. a.) einbezogen wurden.

Es ist die Zeit der jungen Republik. Die Machtverhältnisse werden neu geordnet. Adel, Klerus und deren Parteien haben an Bedeutung verloren, Bürgertum und Arbeiterschaft haben gewonnen, auf den Bauern ruht die Hoffnung, dass der Hunger endlich vorbei sein möge. Frauen waren bei der Wahl am 16. Februar 1919 erstmals wahlberechtigt, die Provisorische Nationalversammlung hatte im November 1918 beschlossen, dass alle volljährigen Staatsbürger das aktive und passive Wahlrecht haben, Frauen wie Männer.

Man muss sich das politische Umfeld vor Augen führen: Die Habsburgermonarchie war nach über 600 Jahren zu Ende, der Staat der Österreicher, Ungarn, Tschechen, Slowaken, Slowenen, Bosnier, Kroaten, Montenegriner, Polen, Italiener, Rumänen, Serben und Ukrainer, Frauen wie Männer, war nicht mehr, aufgelöst in viele Nachfolgestaaten mit neuen Grenzen, die ihre Wirksamkeit nach und nach entfalten sollten. Tirol hatte Südtirol verloren, und die traditionell enge Zusammenarbeit der Gewerkschaften Österreichs und des Trentino war binnen weniger Jahre Vergangenheit, zugedeckt von den Gräueln des Faschismus in Italien und den aufkommenden diktatorisch-totalitären Tendenzen in Österreich.

Doch kommen wir zurück in die Konstituierende Nationalversammlung am 26. Februar 1920. Den Vorsitz führt Präsident Karl Seitz (SD), Bundeskanzler ist Dr. Karl Renner (SD), sein Vizekanzler ist Jodok Fink (CS), der für den Gesetzentwurf zuständige Sozialminister ist der Sozialdemokrat Ferdinand Hanusch.

Die Sitzung hat um 11.40 Uhr begonnen, es ist kurz nach Mittag, als der ehemalige Schlossergehilfe Franz Domes[5] als Berichterstatter die Diskussion eröffnet. Domes ist Vorsitzender des Metallarbeiterverbandes und sozialdemokratischer Abgeordneter.

Ferdinand Hanusch: Sozialreformer und verantwortlich für das Arbeiterkammergesetz

Geboren am 9. November 1866 in Oberdorf/Horni Ves in der heutigen Tschechischen Republik, gestorben am 28. September 1923 in Wien. Hilfsarbeiter, dann auf der Walz, Fabriksarbeiter, Gewerkschaftssekretär, Abgeordneter. Von Ende Oktober 1918 bis Oktober 1920 Sozialminister. „Während seiner zweijährigen Tätigkeit baute er eine Sozialgesetzgebung auf, die als Vorbild für andere Staaten diente. Ihm zu verdanken ist ein zeitgemäßes Krankenkassenwesen und ein großer Ausbau der Sozialversicherung, Urlaubsanspruch für Arbeiter, der durch Kollektivvertrag garantierte Mindestlohn, die 48 Stunden Arbeitswoche, das Verbot der Kinderarbeit für Kinder unter 12 Jahren, die Arbeitslosenversicherung, das Betriebsrätegesetz, die sechswöchige Karenzzeit für gebärende Frauen und die Errichtung der Kammern für Arbeiter und Angestellte."[6]

Dass diese Verbesserungen möglich waren, hatte zwei Gründe: Einerseits handelte es sich um Forderungen vor allem der Freien Gewerkschaften, die diese bereits vor Jahrzehnten formuliert hatten, andererseits lag es am politischen Umfeld. Nach der kommunistischen Revolution in Russland war es auch in Bayern und Ungarn zur Gründung von Räterepubliken gekommen, sodass die bürgerlichen Parteien zu erheblichen Zugeständnissen bereit waren, damit Österreich nicht ebenfalls dem Bolschewismus anheimfalle. Stärkste Partei im Parlament waren mit 40 % die Sozialdemokraten, aber die bürgerlichen Parteien verfügten zusammen über die Mehrheit. Ihre Überlegung: Lieber große Zugeständnisse als Bürgerkrieg und kommunistische Räterepublik.

In zwei Räumen in der im Krieg umfunktionierten Hofburg in Innsbruck wurde 1921 mit der Arbeit begonnen.

Die Diskussion zum Arbeiterkammergesetz

Franz Domes greift in seiner Rede im Nationalrat Karl Renners Gedanken auf, „dass der Arbeiterklasse auf das neue Werden in der Volkswirtschaft ein weitgehendes Mitbestimmungsrecht zukommen muss". Die Arbeiterkammern sollen „ihrem Wesen nach zunächst ein Gegengewicht gegen die einseitige Beeinflussung unserer volkswirtschaftlichen Verhältnisse durch die Kammern für Handel, Gewerbe und Industrie sein".

Karl Kittinger, Postmeister in Karlstein an der Thaya und gleichzeitig stellvertretender Landeshauptmann von Niederösterreich, verweist als „national fühlender Deutscher" auf Deutschland, wo sich alle Gewerkschaften ein Gesetz zu den Arbeiterkammern wünschen, „in welcher die Vertreter der Arbeiterschaft und die Vertreter der Unternehmerschaft paritätisch an einem Arbeitstisch zusammensitzen und ihr gemeinsames Schicksal auch gemeinsam beraten". Der Vertreter der Christlichen Arbeiterschaft Franz Spalowsky, Zeitungsbeamter aus Wien, begrüßt das Gesetz und bringt gleichzeitig zwei Themen ein, die „Schaffung selbständiger Angestelltenkammern" und die Sorge um faire Wahlordnungen, weil man die Erfahrung gemacht habe, „dass sich der Mangel eines ordentlichen Wahlmodus ... für jede Minderheit außerordentlich nachteilig fühlbar gemacht hat". Seine Resolution für eine Wahlordnung, die jedem Wähler „die vollständige, ungehinderte und unbeeinflusste Ausübung des Wahlrechts garantiert",

wird einstimmig angenommen. Der Buchdrucker und freie Gewerkschafter Anton Franz Hölzl aus Wien stellt fest, dass dieses Gesetz „nicht Gnade, sondern Recht" ist. Er bezeichnet es als „notwendige Ergänzung des Gesetzes über die Betriebsräte und des Gesetzes über die Einigungsämter und die Regelung der kollektiven Arbeitsverträge" und als fachliche Unterstützung „für die Gewerkschaften, ... die in Deutschösterreich die respektable Summe von 700.000 Mitgliedern aufweisen, darunter über 100.000 aus dem Kreise der Angestellten." Der Handelsangestellte Karl Pick (Sozialdemokrat) geht auf eine Petition für eine Angestelltenkammer ein und stellt fest: „Die Erkenntnis, dass die Angestellten und Arbeiter zusammengehören, ist schon älteren Datums!"

Das Arbeiterkammergesetz wird beschlossen, zwei der Abgeordneten aus Tirol sind Wilhelm Scheibein und Hans Steinegger. Scheibein ist „freier"[7] Gewerkschafter und bei der Eisenbahn, Steinegger ist christlicher Gewerkschafter und bei der Post.

Das Arbeiterkammergesetz wird am 9. März 1920 veröffentlicht und tritt am 9. Juni 1920 in Kraft.

Schon am 30. Mai 1920 schreibt die „Schlossverwaltung zu Innsbruck und Ambras" an die Direktion der Sachdemobilisierungsstelle in Innsbruck: „Nach mündlicher Mitteilung des Herrn Nationalrat Scheibein beabsichtigt die Arbeiterkammer, die genannten Räume am 15. Juni d. J. unbedingt in Benutzung zu nehmen". Die Räume, um die es hier geht, sind am Rennweg in Innsbruck, in der Hofburg.

Man darf sich die Hofburg 1920 aber nicht so vorstellen, wie sie heute ist. Die Hofburg war einst Schatzkammer und Turnierplatz für Maximilian I., dann standesgemäße Unterkunft des Kaisers und seiner Familie, wenn sie in Innsbruck weilten. Auch Andreas Hofer war als „Regent von Tirol" 1809 einige Zeit vom „Sandhof" in St. Leonhard im Passeier in die Hofburg übersiedelt.

1918 war aller Glanz aus diesen Gemäuern gewichen, das Gebäude in einem schlechten Zustand, jetzt im Eigentum der jungen, mittellosen Republik. Man versuchte dort unterzubringen, was ein Dach über dem Kopf benötigte, von der Heimkehrerkontrollkommission und der amerikanischen Kinderhilfe bis zur Gemeinschaftsküche samt Speiselokalitäten für die öffentlichen Angestellten.

Bei den Räumen in der Hofburg ging nichts weiter. Wilhelm Scheibein musste also schärfere Geschütze auffahren. Sein Tiroler Abgeordnetenkollege Simon Abram schrieb am 18. Februar 1921 einen Brief an den mächtigen Sektionschef Dr. Beck-Managatta in Wien und zeigt sich verwundert, dass die Arbeiterkammer noch nicht in der Hofburg eingezogen ist, zumal dieses „Begehren vom Bundesminister a. D. für Soziale Verwaltung Hanusch seinerzeit warm befürwortet" worden war.

Zwei Tage zuvor hat der Tiroler Landeshauptmann Josef Schraffl seinem roten Stellvertreter Dr. Franz Gruener eine offizielle „Ermächtigung" erteilt, „zum Zwecke der Unterbringung einer Arbeiterkammer" eine Besichtigung in der Hofburg vorzunehmen, eine erste Geste der Zusammenarbeit der Sozialpartner durch Schraffl, den Gründer des Tiroler Bauernbundes. Dann geht es schnell und schon am 12. März meldet die Schlossverwaltung, dass im ersten Stock ein Saal und zwei Zimmer für die Arbeiterkammer zur Verfügung stünden. Dort beginnt das Büro der Kammer für Arbeiter und Angestellte für Tirol im Mai 1921 seine Tätigkeit.

Die erste Arbeiterkammerwahl fand am Samstag, 16., und Sonntag, 17. April 1921,[9] statt. 33 Mandate entfielen auf die Freien Gewerkschaften mit ihrem Listenführer Wilhelm Scheibein, 17 auf die christlich-nationale Arbeitsgemeinschaft, ein Bündnis aus christlichen Gewerkschaftern, den „nationalen und christlichen Eisenbahnern" und den „nichtsozialdemokratischen Angestellten". In den Sektionen der Arbeiter, der Verkehrsarbeiter und der Verkehrsangestellten hatten die sozialdemokratischen Gewerkschafter eine solide Mehrheit, in der Sektion der Angestellten die christlich-nationale Arbeitsgemeinschaft.

Am 18. April 1921 rückte selbst in der sozialdemokratischen Volkszeitung dieser Erfolg in den Hintergrund, standen doch die Anschlussabstimmung an Deutschland und die Gemeinderatswahl in Innsbruck unmittelbar bevor.

Innsbruck 1920 und 1921

Die Spanische Grippe ist abgeklungen. Sie hat in den vergangenen zwei Jahren in Tirol ungefähr 1.500 Tote gefordert,[8] weltweit schätzt man um die 50 Millionen.
Im Winter sterben tausende Menschen an Kälte und Hunger. Die einen trauern um das verlorene Habsburgerreich, für die anderen ist es eine Befreiung. Letztere wollten kein relativ friedliches Zusammenleben im Vielvölkerstaat, sondern endlich ihre völkischen Phantasien verwirklichen. Die lange unterdrückte Arbeiterschaft hat jetzt das Wahlrecht und politische Beteiligung. Die ersten Lektionen in Sachen Demokratie sollten noch folgen.

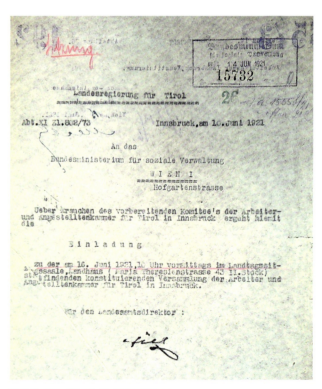

Einladung zur Konstituierenden Sitzung

Zur ersten Vollversammlung fand man sich am 16. Juni 1921 im Tiroler Landhaus ein. Die Volkszeitung vom 16. Juni 1921 und der Allgemeine Tiroler Anzeiger vom 17. Juni berichteten ausführlich darüber. Wilhelm Scheibein wurde einstimmig zum Präsidenten gewählt. Der Vorstand setzte sich zusammen aus dem Präsidenten und den vier Sektionsobleuten (Vizepräsident Ernst Müller, Arbeiter, Freie Gew., Josef Fauster, Angestellte, Christl. Nat., Josef Berlinger, Verkehrsarbeiter, Freie Gew. und Rudolf Pfeffer, Verkehrsangestellte, Freie Gew.). Vier der zehn Ausschussobleute wurden den christlich-nationalen Kammerräten zugestanden.

Die Finanzierung der Arbeiterkammer

Zur Deckung der mit 3,3 Mio. Kronen veranschlagten Verwaltungskosten wurde für jeden versicherungspflichtigen Arbeiter und Angestellten ein wöchentlicher Beitrag von 2 Kronen festgelegt. In den oben zitierten Innsbrucker Nachrichten findet sich in derselben Ausgabe eine Annonce der Handlung Therese Mölk, wonach eine Dose portugiesischer Sardinen damals 45 Kronen und 1 kg ausgelassenes Natur-Schweinefett 200 Kronen kosteten. Ab Dezember 1921 wurde der Beitrag auf 4 Kronen und ab Mai 1922 infolge der großen Geldentwertung auf 24 Kronen je Woche angehoben.

Die Höhe der Kammerumlage musste vom Sozialministerium genehmigt werden. Da die Republik den Arbeiterkammern zum Start und zur Durchführung der ersten Wahl ein Darlehen gegeben hatte und an dessen Rückzahlung dringend interessiert war, wurden die Anträge auf Erhöhung anstandslos genehmigt. Schon in den nächsten Vollversammlungen wurde heftig diskutiert, die christlichen Gewerkschafter bemängelten die Personaleinstellungen und die Arbeit des Kammerbüros.

1922 bis 1923

Neben dem Aufbau einer Organisation und der Erfassung der Kammermitglieder waren die Versorgung mit Grundnahrungsmitteln und Maßnahmen gegen die Teuerung Aufgaben der neuen Kammer. Der Bedarf an Lebensmit-

Wilhelm Scheibein, Präsident der Tiroler Arbeiterkammer 1921 bis 1934

Geboren am 17. Mai 1869 im südmährischen Bonitz, Kind armer Kleinhäusler, arbeitete schon mit zwölf Jahren in der Landwirtschaft, lernte Tischler und zog 1886 zum Besuch der Staatsgewerbeschule nach Wien. Aus finanziellen Gründen musste er die Schule aufgeben, rückte im Herbst 1887 zum Eisenbahnregiment ein, arbeitete bei der Militärbahn, wechselte 1890 zur Südbahn und trat der Gewerkschaft bei.
Als er in Liesing eine gewerkschaftliche Ortsgruppe gründete, wurde er nach Lienz strafversetzt und von dort wiederum wegen des Organisierens einer Gewerkschaftsversammlung nach Innsbruck, wo er bald zum Obmann der Eisenbahnergewerkschaft gewählt wurde und sie zu einer der bestorganisierten Gewerkschaften ausbaute.
1907 kandidierte er für die sozialdemokratische Partei erstmals für den Reichsrat, der Einzug gelang ihm aber erst bei der Wahl 1919.
Nach der Ausschaltung des Parlaments und der Absetzung als Präsident durch den Sozialminister des autoritären Ständestaates zog er sich zurück, weil die Rache der neuen „Mächtigen" und noch mehr die Boshaftigkeit einzelner ihrer Anhänger ihm schwer zu schaffen machte. Am 18. April 1936 verstarb er in Innsbruck.

teln durch den beginnenden Tourismus verursachte einen Mangel und höhere Preise. Der Fremdenverkehr war andererseits der wichtigste Devisenbringer und nur mit Devisen konnte man damals dringend benötigte Rohstoffe wie Baumwolle für die Textilproduktion einkaufen. In Innsbruck und anderen Orten gab es „Hungerdemonstrationen", die Kammerführung verhandelte mit der Landesregierung buchstäblich um jeden Sack Kartoffeln und in der Arbeiterkammer wurde im Juni 1923 ein Ausschuss für Volksernährung und Konsumenteninteressen eingerichtet.

Bei der Vollversammlung am 4. Juni 1923 führt Vizepräsident Müller den Vorsitz und „begrüßt das neue, erste weibliche Kammermitglied". Es ist Laura Palme von den Freien Gewerkschaften, Buchhalterin aus Innsbruck.

Die Arbeiterkammern – eine österreichische Besonderheit

Lebensmittel für die Einheimischen statt für die Touristen? Aber ohne Devisen gab es keine Rohstoffe für die Industrie. Im Bild Personal des GH Neuwirth hinter der Bar

Die von Vizepräsident Ernst Müller akribisch erstellte „Berufsstatistik" erschien im September 1923 im Eigenverlag der Arbeiterkammer. Sie enthielt nach dem Stand vom 1.10.1922 alle im Handel, Gewerbe und in der Industrie beschäftigten Arbeitnehmer nach Sparten, Bezirken und Betrieben. Dazu die Aufstellung nach Arbeitern und Angestellten, genaue Arbeitslosenzahlen und Informationen darüber, wie sich die Branchen voraussichtlich entwickeln würden.

Die Erstellung von statistischen Unterlagen war eine der wichtigsten Aufgaben der Kammer, und von Beginn bis heute haben vor allem die volkswirtschaftlichen Referate oder Abteilungen solche Studien geliefert. In den folgenden Kapiteln wird immer wieder auch darauf hingewiesen, wie diese Arbeiten in Verbindung mit konkreten Forderungen zu Erfolgen geführt haben.

Die Innsbrucker Nachrichten widmeten der Berufsstatistik 1923 in ihrer Ausgabe vom 26. September einen ausführlichen Bericht.

Die Vollversammlung am 3. Dezember 1923 beherrscht ein Thema: die ausländischen Arbeitnehmer. Im Hotel- und Baugewerbe bevorzugten manche Unternehmer deutsche Arbeitskräfte, die bei keiner Gewerkschaft waren, während einheimische Arbeiter und Angestellte arbeitslos waren. Die Unternehmer argumentierten mit „fehlender Qualifikation des einheimischen Arbeitermaterials". Bei

---

Volkswirtschaft
Tiroler Berufsstatistik.

Im Verlage der Tiroler Arbeiterkammer ist eine von dem Vizepräsidenten der Kammer, Ernst Müller, verfaßte statistische Zusammenstellung aller im Handel, Gewerbe und in der Industrie Tirols beschäftigten Arbeitnehmer nach dem Stande vom 1. Oktober 1922 erschienen. Die „Tiroler Berufsstatistik" ist vom Verfasser mit viel Fleiß und Mühe zusammengestellt; sie umfaßt alle gewerblichen Betriebe im Lande, die mit Personal arbeiten, so daß der gesamte Arbeitnehmerstand Tirols im Handel, Gewerbe, in der Industrie und in den Verkehrsunternehmungen erfaßt ist.

Insgesamt gibt es nach der Berufsstatistik in Tirol 43.937 Angestellte, hievon sind 33.511 Männer und 10.426 Frauen. Am stärksten sind die Angestellten im Verkehrswesen, und zwar mit 11.116 Personen, vertreten. Im Baugewerbe sind 4815, in den kaufmännischen Berufen 4198, in der Metallindustrie 3649, in der Textilindustrie 3535, in der Holzindustrie 3379 und im Gast- und Schankgewerbe 2567 Angestellte beschäftigt.
Nach Betrieben gegliedert, rangieren in erster Linie der kaufmännische Beruf mit 921, die Bekleidungsindustrie mit 766, die Holzindustrie mit 570, die Metallindustrie mit 468 und das Baugewerbe mit 330 Betrieben. An Aerzten gibt es in Tirol 315, d. h. auf je 972 Einwohner entfällt ein Arzt; in Innsbruck sind 190

Ausschnitte aus dem Bericht in den Innsbrucker Nachrichten vom 26.9.1923

**Camera di Lavoro –
Die „Arbeiterkammern" in Südtirol und Italien**

Bei den Recherchen zum Thema „Arbeiterkammer" stößt man in den Medien der 1920er Jahre immer wieder auf Berichte aus Italien, etwa über Überfälle und Brandlegungen faschistischer paramilitärischer Einheiten auf eine „Arbeiterkammer".
Das österreichische Arbeiterkammergesetz war auch in Südtirol unter den Gewerkschaften bekannt. Im Rahmen der Autonomieverhandlungen zwischen den politischen Vertretern Südtirols und Roms war die Schaffung von Arbeiterkammern nach österr. Vorbild sogar ein Punkt auf der Forderungsliste.[10]
Die italienischen „Arbeiterkammern" waren aber etwas anderes. Es handelt sich hier um eine – wie der Südtiroler Historiker Günter Rauch schreibt – „missglückte Übersetzung" der italienischen Bezeichnung „Camera Del Lavoro". Das waren Arbeiterheime zumeist der sozialistischen Gewerkschaften, in denen neben den Gewerkschaftsbüros auch Veranstaltungs- und Schulungsräume untergebracht waren.

Anstellung ohne Zustimmung der industriellen Bezirkskommission hätte es eine Strafe geben müssen; die Bezirkshauptmannschaften blieben aber untätig. Die Protestresolution samt Verhandlungen mit der Landesregierung brachten eine temporäre Verbesserung.

Schulschließungen waren – neben dem Voranschlag für 1926 – Hauptthema der außerordentlichen Vollversammlung am 26. Oktober 1925. Darin zeigten sich die Auswirkungen leerer öffentlicher Kassen aufgrund einer schlechten Konjunktur und hoher Arbeitslosigkeit.

Am 17. Oktober hatte das Land Tirol die Schließung sämtlicher fachgewerblicher Fortbildungsschulen verfügt. Arbeiterkammer und Handelskammer sollten durch Landesgesetz verpflichtet werden, jeweils 15 % der Kosten zu übernehmen, was diese als Eingriff in die Selbstverwaltung abgelehnt hatten.

Eine Resolution gegen diese Vorgangsweise wurde von der Vollversammlung einstimmig gebilligt und festgestellt, dass die Arbeiterkammer sich immer wieder mit erheblichen Mitteln an neuen Bildungseinrichtungen beteiligt und auch für die Berufsberatung Gelder budgetiert hatte, dass dies aber ausschließlich freiwillig erfolgen könne.

1925

Mit Jahresende 1925 schied der Erste Sekretär Dr. Koller aus dem Kammerdienst aus, sein Nachfolger wurde der bisherige Vizepräsident Ernst Müller.

Seine Nachfolge als Vizepräsident trat Franz Hüttenberger an, der allerdings nur von den sozialdemokratischen Gewerkschaftern gewählt wurde, da die christlichnationalen Kammerräte die Funktion des Vizepräsidenten beanspruchten. Streit gab es auch um die Unterstützung arbeitsloser Familien durch Brotspenden der Arbeiterkammer, die von den Christlich-Nationalen als Unterstützungsaktion für die Tiroler Arbeiterbäckerei hingestellt wurde.

Im Anschluss an die Vollversammlung hatte die Arbeiterkammer alle Gewerkschaften und alle Fraktionen zu

Ernst Müller, Vorsitzender der Druckergewerkschaft, erster Vizepräsident und ab 1926 Direktor („Erster Sekretär") der Tiroler Arbeiterkammer

Ernst Müller, über drei Jahrzehnte seines Lebens Obmann der Buchdruckergewerkschaft, Kammerrat der ersten Stunde, Organisationstalent und selbst unermüdlich bei der Arbeit, blieb bis 1934 „Erster Sekretär" und wurde 1945 von Landesregierung und Sozialministerium mit dem Wiederaufbau der Arbeiterkammer in Tirol betraut.
Ernst Müller wurde am 24. Jänner 1880 in Heilbronn am Neckar geboren, lernte Schriftsetzer und nahm seine erste feste Stellung in Brixen an, wo er 1902 zum Obmann der lokalen Buchdruckergewerkschaft gewählt wurde. Nach seiner Übersiedlung 1904 nach Innsbruck wurde er wegen seines Organisations- und Rednertalents bald Obmann der Druckergewerkschaft für Tirol und Vorarlberg. Kriegsdienst 1914–1918, Rückkehr und Teilnahme am Aufbau der Arbeiterkammer. Vorsitzender der Druckergewerkschaft bis 1934 und von 1945 bis 1951, sozialdemokratischer Gemeinderat in Innsbruck von 1919 bis 1929. Er starb am 9. Jänner 1961 im Krankenhaus Hall. In seinem Nachruf steht: „Konziliant im Umgang, ausgleichend im Wesen, gediegen im Wissen, überzeugend in Wort und Schrift."

Italien.
Der Aufstand in Florenz

hat am 1. März angeblich sein Ende gefunden, nachdem die Regierung mit Maschinengewehren und sogar mit Kanonen gearbeitet und tausend Verhaftungen vorgenommen hatte. Der Kampf kostete 18 Tote und mehr als hundert Verwundete. Daß die Fascisti an den Exzessen eine Hauptschuld tragen, beweist auch deren Auftreten am 1. März. Die Fascisti zündeten das Gebäude der Arbeiterkammer an und trugen dann zerstörte Möbelstücke als Siegestrophäen durch die Stadt. Auch das Gebäude der Fiom (Federazione italiana operai metallurgici, Italienischer Verband der Metallarbeiter) wurden von den Fascisti geplündert und angezündet. Wenn die liberalen Studenten und die Fascisti, welche sich rühmen, den gebildeten Ständen anzugehören und die deutschen „Barbaren" Kultur lehren wollen, solche Exzesse begehen, braucht man sich über die Wutausbrüche der Kommunisten nicht zu wundern.

Das Beispiel einer Meldung für viele: Faschisten zünden Arbeiterkammer an, Tiroler Anzeiger vom 4. März 1921, S. 3

einer Besprechung über das Bildungsprogramm eingeladen, wobei laut Zeitungsbericht ein „vollkommenes Einvernehmen" erzielt werden konnte.

Auswanderer und Zuwanderer

Neben der Zuwanderung vor allem aus Südtirol gab es auch Auswanderer. Die große Sorge der Vollversammlung galt der Arbeitslosigkeit und damit zusammenhängend der Not und dem Schicksal der Auswanderer. In den meisten Bundesländern waren bereits Beratungsstellen für Auswanderer eingerichtet. Nach AK-Berechnungen waren zwischen 1919 und 1926 über 40.000 Arbeitskräfte nach Übersee ausgewandert,[11] um dort Arbeit zu finden. Der Begriff „Wirtschaftsflüchtling" war damals noch unbekannt. Im Gegensatz zu heute scheint es damals auch Menschen gegeben zu haben, die nach Russland auswandern wollten und durften, hatte doch Russland für Österreicher sogar Siedlungsgebiet bereitgestellt. Scheibein warnte in seinem Referat allerdings davor. Zum einen müssten man für die Einwanderung erhebliche Geldmittel mitbringen, die bei einer Rückkehr verloren wären, und zum anderen könnten einige Auswanderer auch als „kommunistische Agitatoren" nach Österreich zurückkehren.

Die AK-Wahl 1926

Die Arbeiterkammerwahl am Samstag 24. und Sonntag 25. Juli 1926 brachte einen Zuwachs von drei Mandaten für die sozialdemokratische Fraktion von Präsident Scheibein, während christlichsoziale und nationale Gewerkschafter diesmal getrennt antraten und zusammengerechnet diese drei Mandate verloren. Mit 36:10:4 waren die Mehrheitsverhältnisse klar, die Freien Gewerkschafter hatten jetzt auch in allen Sektionen die Mehrheit.

Nach Abweisung eines Einspruches durch das Sozialministerium fand die Konstituierende Vollversammlung am 15. November 1926 statt. Wilhelm Scheibein wurde in geheimer Wahl wieder zum Präsidenten gewählt.

Die Schatten des Jahres 1927

Im Vorfeld der Nationalratswahl Ende April 1927 fiel es sogar dem wieder für die SP kandidierenden Arbeiterkammerpräsidenten schwer, am Land ein Versammlungslokal zu finden. Das Wahlergebnis selbst war für ihn sehr erfreulich: Weitaus stärkste Partei blieb trotz einiger Verluste zwar die Tiroler Volkspartei, die Sozialdemokraten gewannen aber in nahezu allen Tiroler Gemeinden Stimmen hinzu, auch in den Landgemeinden, was den Leitartikler des Allgemeinen Tiroler Anzeigers am 25. April 1927 zur Aussage anspornte, dass „der rote Wurm bereits am Marke unseres Bauernvolkes in den Dörfern nagt".

Es folgte die Vollversammlung, am 20. Juni 1927 ging es wieder um eine Erhöhung der Kammerumlage und eine Protestresolution gegen die Schaffung von privaten Wahlkassen als Alternative zur gesetzlichen Sozialversicherung. Die Erhöhung wurde von der sozialdemokratischen Mehrheitsfraktion mit der geplanten Errichtung von Außenstel-

Das Ziel der Auswanderer.

Land	Anzahl
Vereinigte Staaten	26.002
Kanada	8.450
Brasilien	8.450
Argentinien	4.289
Paraguay	78
Uruguay	93
Chile	64
Peru	16
Bolivien	21
Kolumbien	19
Ecuador	11
Venezuela	7
Mexiko	160
Niederländisch-Indien	253
Palästina	164
Türkei	60
Persien	14
China	35
Japan	19
Abessynien	31
Ägypten	220
Britische Kolonien	48
Französische Kolonien	15
Nichtgenannte Staaten	150
Australien	28
	40.489

Die Tabelle zeigt die Zielländer der Auswanderer zwischen 1921 und 1925.

len in Osttirol, Außerfern, Oberland und Unterland sowie dem Ausbau der Fachkurse und der Bibliotheken begründet, während der „Klub der christlichen Kammermitglieder" und die deutschnationalen Kammerräte der Meinung waren, man solle die Kammermitglieder eher entlasten als zusätzlich belasten. Dieselben Fronten gab es bei der Resolution gegen die neuen Wahlkrankenkassen der Unternehmer, denen auch Arbeitnehmer beitreten konnten.

Der Brand des Justizpalastes am 15. Juli 1927 hatte auch in Tirol wegen des darauffolgenden Eisenbahnerstreiks und der massiven Einbrüche im Tourismus schwerwiegende Auswirkungen.

Der Eisenbahnerstreik wurde von der Landesregierung mithilfe der Heimatwehr unterlaufen. In weiterer Folge kam es zu einem 24-stündigen Generalstreik und dann zu unbefristeten landesweiten Streiks der Beschäftigten fast aller Verkehrsunternehmen. Die Tiroler Landesregierung drohte daraufhin der Eisenbahnergewerkschaft (deren Landesvorsitzender Präsident Scheibein war) mit Maßnahmen, weil die Bevölkerung über den Verkehrsstreik empört sei, der Fremdenverkehr aufs schwerste geschädigt werde und das faschistische Italien bereits gegen die Unterbre-

> Die Höhe der Arbeiterkammerumlage, die Pflichtmitgliedschaft generell und die obligatorische Kranken- und Unfallversicherung für die Arbeitnehmer waren Themen, die die Geschichte der Arbeiterkammern von Anfang an begleitet haben. Die Bildung von Rücklagen für geplante Investitionen, auf die man auch im Krisenfall zurückgreifen kann, war schon im Gründungsjahrzehnt der AK umstritten.

chung der Bahnverbindung nach Deutschland protestiert habe. Während Präsident Scheibein und Abgeordneter Abram im Gespräch mit Landeshauptmann Dr. Stumpf über Auswege aus der Krise verhandelten, wies der Landeshauptmann die Polizei, das Bundesheer und die Landesleitung der Heimatwehr an, alle Bahnhöfe zu besetzen und unter Mithilfe der christlichen und der deutschen Eisenbahnergewerkschaft den Betrieb wieder aufzunehmen. Tatsächlich wurden sämtliche Bahnhöfe von „der Staatsgewalt" bzw. den Heimatwehrverbänden besetzt, seitens der streikenden Eisenbahner wurde der Aufruf der Gewerkschaft befolgt, keinen Widerstand zu leisten.[12]

Die Heimatwehr bewacht den Hauptbahnhof in Innsbruck.

1928

Die Herbstsitzung ist für den 13. November 1928 anberaumt. Vor genau 10 Jahren wurde die Republik gegründet. Präsident Scheibein erinnerte an die große Zahl wichtiger Sozialgesetze und warnte eindringlich, dass diese durch die nach wie vor bestehende politische Gegnerschaft und die Finanzierung von bewaffneten Formationen durch die Parteien gefährdet sind. Die Vollversammlung endete mit folgendem Gelöbnis:

> „Wir wollen der demokratischen Republik die Treue bewahren, wollen dafür kämpfen und arbeiten, daß jeder, der schafft, sein Brot bestellt findet; dafür streiten, daß wir freie Menschen bleiben. Wir wollen freie Republikaner sein und, wenn wir einst uns zusammenschließen können mit dem großen deutschen Arbeitervolke im Reiche, so wollen wir zu ihm kommen als freie und aufrechte republikanische und soziale Demokraten!"

Bekenntnis zur demokratischen Republik gegen die Schatten der Diktatur

1929 bis 1930

Über die Vollversammlung am 12. Mai 1930 schrieb der Tiroler Anzeiger vom 13. Mai 1930: „Vormittags wurde eine heftige Heimatwehrdebatte abgeführt, während nachmittags das Antiterrorgesetz im Mittelpunkt der Verhandlungen stand." Zunächst berichtete Präsident Scheibein aber über die Lage beim neuen Kammergebäude. Die Nationalbank hatte das Gebäude in der Maximilianstraße 7 an die Arbeiterkammer verkauft und wollte im Juni 1930 mit dem Neubau in der Adamgasse beginnen. Die Arbeiterkammer, deren Mehrheit in der Vollversammlung alle Anträge auf Senkung der Umlagen abgelehnt hatte, konnte dabei auf die für ein eigenes Gebäude angelegten Reserven zurückgreifen und den Ankauf aus diesen Rücklagen finanzieren.

Aus den Finanzakten des Sozialministeriums geht hervor, dass das Gebäude um 300.000.– Schilling gekauft wurde und mit weiteren 200.000.– Schilling aufgestockt und für den Kammerbetrieb hergerichtet werden soll, weshalb man um die Bewilligung für ein Darlehen von 200.000.– Schilling bei der Hauptanstalt für Angestelltenversicherung angesucht hatte. Davon wurden tatsächlich nur 100.000.– Schilling in Anspruch genommen.

Dann berichtete der Erste Sekretär Ernst Müller nicht nur über die ständigen Verletzungen der Arbeitnehmerschutzgesetze und die geradezu lächerlichen Strafen der Behörden, sondern kam auch auf das kurz zuvor veröffentlichte Sozialprogramm der Heimwehren zu sprechen. Darin wurde u. a. die Armenpflege in den Gemeinden statt der Arbeitslosenversicherung, die Abschaffung der Wohnbausteuern und ein Stopp jeglicher Lohnerhöhungen für fünf Jahre gefordert. Müller dazu: Das Thema Heimwehren sei bisher aus der Vollversammlung herausgehalten worden, wenn diese aber „die Kardinalpunkte der sozialpolitischen Gesetzgebung angreifen", müsse man Stellung beziehen, zumal auch in der Arbeiterkammer Mitglieder säßen, die „das Heimatwehrzeichen im Knopfloch tragen". Die Kammer werde „bis in die kleinsten Orte und entlegensten Täler" die Arbeiter- und Angestelltenschaft informieren. „Wer es mit der Vertretung der Arbeiterschaft ernst meint, kann nicht Mitglied der Heimatwehr sein!"

Umbau des früheren Nationalbankgebäudes in der Innsbrucker Maximilianstraße

In der folgenden Diskussion wurde alles angesprochen, was man der anderen Seite unterstellte. So warfen die christlichen und die (deutsch-)nationalen Gewerkschafter den Sozialdemokraten vor, immer noch am Klassenkampf und letztlich an einer kommunistischen Diktatur nach dem Muster Russlands festzuhalten. Ein solcher Staat sei atheistisch und religionsfeindlich, daher schienen Christentum und Sozialismus unvereinbar. Die sozialdemokratischen Gewerkschafter ihrerseits unterstellten den deutschnationalen Gewerkschaften, eigentlich Knechte der Unternehmer zu sein, weil sie bei einigen Streiks nicht mitgemacht hatten, und den christlichen Gewerkschaftern, im Grund die arbeitnehmerfeindliche Politik der Regierung Schober zu unterstützen. Und trotzdem versuchte man, in der Arbeiterkammer zusammenzuarbeiten, so gut es ging.

Auch die 32. Vollversammlung am 1. Dezember 1930 war vom Thema Arbeitslosigkeit geprägt. Die Arbeitslosenrate war im November 1930 im Vergleich zum Vorjahr um 53 % von 4.532 auf 6.953 Personen gestiegen!

Hinzu kamen allein in Innsbruck 2.200 Wohnungssuchende und 800 Familien, die obdachlos waren, trotz erheblicher Wohnbauprogramme. Die Arbeiterkammer erhöht die Summe für außerordentliche Unterstützungen für Arbeitslose auf 25.000 Schilling, das waren rund 8 % ihres Budgets von 322.000 Schilling.

Die wirtschaftliche Lage verschlechterte sich weiterhin, bei den öffentlichen Haushalten musste gespart werden, die Auszahlung des Arbeitslosengeldes funktionierte in vielen Gemeinden nicht und bei geringfügigsten Überschreitungen des Arbeitslosengeldbezuges gab es hohe Strafen. In verschiedenen Gemeinden wurden Hauptschulstandorte aufgelassen und das Innsbrucker Stadttheater stand vor der Schließung.

1932 – Die Arbeiterkammer übersiedelt in ein eigenes Haus

Ein besonderer Tag ist dann Samstag der 18. Juni 1932. Die 37. Vollversammlung ist eine Festsitzung. Sie findet im neuen Kammersaal in der Innsbrucker Maximilianstraße 7 statt. Bundeskanzler Engelbert Dollfuß schickt durch den

Zehn Jahre nach der Gründung übersiedelt die Arbeiterkammer in ihr eigenes Haus in der Maximilianstraße 7.

Die Zeitschrift Arbeit und Wirtschaft vom 1.7.1932 berichtet über die feierliche Eröffnung und über einen „prächtigen Vortragssaal" mit einem „herrlichen Triptychon, vom Maler Linauer künstlerisch hergestellt".

anwesenden Landeshauptmann Dr. Franz Stumpf eine Grußbotschaft. Stumpf und Bürgermeister Franz Fischer stehen an der Spitze einer großen Zahl von Ehrengästen. Präsident Scheibein lässt die letzten 10 Jahre Revue passieren und schließt: „Wir wollen hier anlässlich der Eröffnung unseres neuen Heimes das Versprechen ablegen, dass alles, was in unserer Kraft steht, getan werden wird, um beizutragen, die arbeitenden Menschen unseres Landes über die Krisenzeit hinweg und dann wieder aufwärts zu besseren Wirtschaftsverhältnissen, zu größeren Rechtsgütern und höheren Kultur zu bringen" (Lebhafter Beifall und Händeklatschen).

Der Bau wird von den Rednern als zweckmäßig, schlicht, bescheiden, aber würdig bezeichnet.

1933 – Das Jahr vor dem Ende

Der März und April 1933 werden zu den entscheidenden Monaten in der noch jungen österreichischen Demokratie und damit auch in der Geschichte der Arbeiterkammer.

Die Eisenbahner hatten am 1. März 1933 einen zweistündigen Protestreik durchgeführt. Er war Anlass für eine Debatte im Nationalrat am 4. März 1933, bei der es um die Frage ging, ob die Eisenbahner, die an dem Streik teilgenommen haben, mit Disziplinarstrafen (von 4 % Lohnkürzung bis zu Entlassungen) belegt werden können, wie von der Regierung vorgesehen. „In dieser für Dollfuß äußerst prekären Situation konnten sich die Mandatare über einen Formfehler bei der Abstimmung nicht einigen. Der sozialdemokratische Präsident Renner legte daraufhin sein Amt nieder. Ihm folgten der christlichsoziale Zweite Präsident Rudolf Ramek und der großdeutsche Dritte Präsident Sepp Straffner, jeder unter begeistertem Applaus seiner Parteifreunde. Niemand war sich der Tragweite dieses Parteienstreits bewußt."[13]

Wer die aktuelle Berichterstattung über diese Ereignisse nachlesen will, dem seien die Zeitungen vom 5. und 6. März 1933 empfohlen.

Das Ende der parlamentarischen Demokratie

Bereits ab 12. März 1933 diente das kriegswirtschaftliche Ermächtigungsgesetz vom 24. Juli 1917 der Regierung als Grundlage, künftig ohne Parlament alle Beschlüsse zu fassen. Der neuerliche Zusammentritt des Nationalrates auf Einladung des Dritten Präsidenten Straffner wurde von der Polizei im Auftrag der Regierung verhindert.

Die Arbeiterkammern bestanden noch einige Monate weiter. Bereits 1931 war die anstehende AK-Wahl verschoben und die Funktionsperiode bis Ende 1933 verlängert worden, weil einerseits über eine Million (!) Arbeitnehmerinnen und Arbeitnehmer aufgrund der langen Arbeitslosigkeit nicht wahlberechtigt gewesen wären und weil es andererseits keine Einigung über die von den Christlichsozialen gewünschten Änderungen bei den Wahlbestimmungen gab. Dabei ging es um Einschränkungen bei den Betriebswahlsprengeln (die Arbeitnehmerinnen und Arbeitnehmer eines Betriebes oder allenfalls einiger benachbarter Betriebe wählen in einem Wahllokal im Betrieb), in denen die sozialdemokratischen Gewerkschafter meist über ihnen nahestehende Betriebsräte verfügten und damit solide Mehrheiten erreichten. Kritisiert wurde, dass dort die Einhaltung zentraler Wahlgrundsätze schwer überprüfbar wäre.

In den Vollversammlungsdiskussionen des Jahres 1933 wird immer wieder angesprochen, dass Bundeskanzler Dollfuß in einer Rede in Salzburg und auch danach mehrfach versprochen hätte, dass die Regierung nicht mit Notverordnungen gegen den Willen der Arbeitervertretung Verschlechterungen im arbeits- und sozialrechtlichen Bereich vornehmen werde. An dieses Versprechen wurde er von sozialdemokratischer Seite, aber auch von den christlichen Gewerkschaftern, erinnert. Aus Sicht der Regierung mussten Arbeiterkammern und Gewerkschaft daher so verändert werden, dass es gegen die fortlaufenden Verschlechterungen keinen Einwand mehr gab, keine kritischen Presseaussendungen, keine Flugblätter, keine Informationsveranstaltungen zu bevorstehenden Gesetzen.

In der 41. Vollversammlung am 14. Juli 1933 suchten die Fraktionen in der Arbeiterkammer noch einmal den Konsens, alle Resolutionen wurden im Vorfeld abgesprochen und einstimmig beschlossen, auf lange öffentliche Diskussionen wurde verzichtet. Aber die Entscheidung war beim Bundeskanzler bereits gefallen und der Sozialminister hatte das zu vollziehen. Auch Österreich brauchte – wie Deutschland oder Italien – einen „Führer", Huldigung statt Widerspruch sollte das Überleben der autoritären Regierung Dollfuß sichern.

Eine Vorsprache der AK-Präsidenten und -Direktoren aller Bundesländer bei Sozialminister Schmitz am 19. Dezember 1933, kurz vor Ablauf der durch Gesetz verlängerten Funktionsperiode, brachte insofern Klarheit, dass die Regierung die Periode weder weiter verlängern noch Arbeiterkammerwahlen wollte, sondern die Eingliederung der Arbeiterkammern in die neue berufsständische Ordnung. Intern war, wie aus „Restakten"[14] des Sozialministeriums hervorgeht, alles schon vorbereitet, die entsprechende Verordnung war textiert und die Personen, die die Kammern übernehmen sollten, waren ausgewählt. Bereits zwei Tage später, am 21. Dezember 1933, wurde die entsprechende Verordnung erlassen.[15] Unterzeichner sind Dollfuß, Fey, Schuschnigg, Schmitz, Buresch, Stockinger, Ender und Kerber. Dr. Kurt Schuschnigg, seit 1927 Abgeordnetenkollege aus Tirol, trägt die Absetzung Scheibeins mit, er ist gerade Unterrichtsminister, und wird ab 29. Juli 1934 Bundeskanzler sein. Vor den Plänen des Heimwehrführers Emil Fey (er war seit Oktober 1932 Staatssekretär und dann Minister für die Angelegenheiten des Sicherheitswesens im Bundeskanzleramt) hatte Ernst Müller in der Vollversammlung im Mai 1930 vergeblich gewarnt.

Arbeiterkammer unter Staatsverwaltung

Die gewählten Funktionäre waren ihres Amtes enthoben, die Mitglieder der neuen Verwaltungskommissionen wurden vom Sozialminister ernannt, der Vorsitzende und dessen Stellvertreter vom Minister bestimmt. Damit nicht genug: Auf Kosten der Arbeiterkammer wurde vom Minister ein „Aufsichtskommissär" samt Stellvertreter eingesetzt, der unmittelbare Entscheidungsbefugnis in allen wichtigen Angelegenheiten hatte. Personalentscheidungen der Verwaltungskommission bedurften ausdrücklich seiner Zustimmung, und er hatte das Recht, die Auflösung der Dienstverhältnisse „bestimmter Angestellter" zu verlangen. Dafür wurde das geltende Arbeitsrecht außer Kraft gesetzt. Das Misstrauen muss groß gewesen sein: „Vertraute" Parteigänger in der Verwaltungskommission, ein Vorsitzender nach Wahl des Ministers, ein zusätzlicher Aufsichtskommissär und dann noch in allen halbwegs wichtigen Fragen Berichtspflicht ans Ministerium und Entscheidung dort. Misstrauen ist essenzieller Bestandteil jedes autoritären Systems.

Von der Mitgliedschaft in der Arbeiterkammer ausgeschlossen wurden künftig alle Bediensteten der Österr. Bundesbahnen und sämtlicher Haupt- und Lokalbahnen sowie alle Bediensteten der Post-, Telegraphen- und Fernsprechanstalten.

Die erste Sitzung der Verwaltungskommission in Tirol fand unter dem Vorsitz des Christgewerkschafters Hans Kostenzer am 3. Jänner 1934 statt. „Sekretär Müller" musste jetzt tun, was Kostenzer, Steinegger und Co. wollten. Er war wegen seiner profunden Kenntnisse der Organisation unverzichtbar, vorläufig wenigstens.

Der Februar 1934 und die Arbeiterkammer

Zwischen 12. und 15. Februar 1934 war es in Österreich zu bewaffneten Kämpfen zwischen Teilen der Arbeiterschaft und dem Bundesheer und der Gendarmerie gekommen. Es war ein verzweifelter Versuch, den Weg Österreichs in eine Diktatur zu verhindern. Auch im Tiroler Unterland (Wörgl, Bad Häring, Kirchbichl, Jenbach) setzten sich Arbeiter gegen die Besetzung sozialdemokratischer Arbeiterheime und die Verhaftung ihrer führenden Funktionäre zur Wehr. Als am 13. Februar um 17 Uhr über den Sender Innsbruck für ganz Tirol das Standrecht ausgerufen wurde, war der Kampf aber schon zu Ende,[16] die Arbeiter verhaftet. Danach „wurden alle Sozialdemokraten in leitender Position beim Bund, in den Ländern und Gemeinden ihrer Posten enthoben, alle sozialdemokratischen Mandate annulliert, die parteipolitisch gebundenen Gewerkschaften aufgelöst und durch die Einheitsgewerkschaft mit ernannten Funktionären ersetzt."

Ab 14. Februar 1934 erfolgten die Suspendierungen, Kündigungen und Entlassungen in der Tiroler AK, großteils auf Anordnung des Aufsichtskommissärs Hofrat Dr. Ludwig Fabritius, dem Leiter des Sozialreferates der Tiroler Landesregierung.[17] Als nächstes wurden die Vertreter der Arbeiterkammer in den verschiedenen Gremien ausgetauscht. Sehr ausführlich beschrieben und dokumentiert ist die Situation der Arbeiterkammer während dieser Zeit auch in der von Werner Anzenberger, Anja Grabuschnig und Heimo Halbrainer herausgegebenen „Festschrift Arbeiterkammer Steiermark – 100 Jahre Gerechtigkeit" (S. 37–54).

Die Verwaltungskommission war nicht nur von der Regierung eingesetzter und kontrollierter Vorstand und Vollversammlung der Arbeiterkammer in einem, sie bildete gleichzeitig den Vorstand des Landeskartells des Gewerkschaftsbundes.

Die Verwaltungskommission bestimmte auch, wer in den einzelnen Betrieben die Aufgabe des Betriebsrates übernimmt, der Betriebsrat wurde nicht mehr von den Arbeitern und Angestellten gewählt.

Der Innsbrucker Historiker Gerhard Oberkofler bezeichnete in einem ORF-Gespräch vom 1. Mai 1984 die unmittelbaren Erfolge nach 1918 für die junge Arbeiterbewegung (und zu diesen Erfolgen zählte zweifellos auch die Schaffung der Arbeiterkammern, der Achtstundentag, das Betriebsrätegesetz, der Mieterschutz, die staatliche Arbeitslosenunterstützung und der bezahlte Urlaub für Arbeiter) als Grundlage der späteren Entwicklung hin zum autoritären Ständestaat. Die Arbeiterschaft sei sich dieser Erfolge zu sicher gewesen, während sie umgekehrt von den reaktionären Kräften genutzt wurden, um gegen die angeblich drohende bolschewistische Umgestaltung zu mobilisieren.

Dazu kam, dass in Tirol die Heimatwehr wie in keinem anderen Bundesland vor allem auch mit Hilfe der katholischen Kirche am Land Mitglieder rekrutieren konnten. Auslöser war hier der „Schulstreit", bei dem es um den Einfluss der Kirche auf die öffentlichen Schulen ging. Die entsprechenden Landesgesetze garantierten zwar der katholischen Kirche, nicht aber der Arbeiterschaft, eine Vertretung im Landesschulrat, und bei der Anstellung der Pflichtschullehrerinnen sah das Dienstrecht vor, dass geistliche Schwestern als Lehrerinnen für die Gemeinden deutlich günstiger waren als weltliche, außerdem hatte der örtliche Pfarrer bei der Anstellung von Lehrern wegen der Beurteilung des „ehrenhaften" Verhaltens eine gewichtige Mitsprache. Die Ablehnung dieser Gesetze durch die sozialdemokratischen Abgeordneten einschließlich Wilhelm Scheibeins waren Anlass, auch die Arbeiterkammer als kirchenfeindlich hinzustellen. Die gut besuchten Aufklärungsvorträge der Arbeiterkammer wurden als Aufruf zu Freizügigkeit und Sünde gewertet.

Das sind nur einige Beispiele, aus denen man ersehen kann, wie aufgeladen das Klima zwischen den Parteien in dieser Zeit nach 1918 war. Der langjährige Vorsitzende des Gewerkschaftsbundes Luis Eichler fügt in seiner Erzählung im erwähnten ORF-Beitrag die Bedeutung der großen Arbeitslosigkeit und damit Hoffnungslosigkeit hinzu, verbunden mit der Propaganda, dass die Lage in Deutschland durch die Nationalsozialisten viel besser sei. Das habe nicht wenige Arbeiter für die Nazis empfänglich gemacht.

Die Idee der berufsständischen Ordnung in der neuen autoritären Verfassung war es, einerseits die Arbeiterschaft in einer einzigen Gewerkschaft zu organisieren (mit den

Arbeiterkammern als Geschäftsstelle) und Probleme mit der Arbeitgeberseite in einem von beiden beschickten Gremium zu besprechen und zu lösen.[18]

1934 bis 1938

Es ist bemerkenswert, dass in den meisten Publikationen der Arbeiterkammern nach 1945 die Jahre 1934 bis 1938 ausgeblendet bleiben. Es scheint so etwas wie eine Übereinkunft gegeben zu haben, im Interesse der Zusammenarbeit über diese Zeit zu schweigen. So finden sich in den Protokollen der Vollversammlungen und im Mitteilungsblatt der Arbeiterkammer immer wieder besondere Ereignisse – von runden Geburtstagen über Ehrungen bis zu Nachrufen – bei denen in den Biografien die Zeit nach 1934 nicht vorkommt. Beispielsweise beim Nachruf auf Regierungsrat Hans Steinegger – Rat der Arbeiterkammer von 1921 bis 1933 und von 1946 bis 1954. Es stimmt zwar die Darstellung im AK-Mitteilungsblatt Nr. 2/1961 „Steinegger wurde 1921 in die Vollversammlung der Arbeiterkammer gewählt, der er bis 1933 angehörte. Im Jahr 1945 war er wieder unter den Ersten, die führend am Aufbau des nunmehr einheitlichen Gewerkschaftsbundes beteiligt waren, und wirkte abermals von 1946 bis 1954 als Kammerrat der Arbeiterkammer." Ab 1934 gab es keine Vollversammlung und keine gewählten Kammerräte mehr, doch Steinegger war Funktionär der Arbeiterkammer in der neuen Verwaltungskommission und hat die bis ins Existenzielle gehenden Verfolgungen sozialdemokratischer Gewerkschafter mitgetragen. Aber über diese Zeit wurde einfach nicht mehr gesprochen und wenn man diese Würdigungen aus dem Mund eines sozialdemokratischen Gewerkschafters liest, dann war das Geschehene wohl auch mehr oder weniger verziehen. Der frühere Tiroler ÖGB-Vorsitzende Luis Eichler (Vorsitzender 1957–1970) sagte dazu im erwähnten

ÖGB-Vorsitzender Luis Eichler (stehend): „Die Christlichsozialen sind auch im KZ gesessen."

ORF-Beitrag zum 1. Mai 1984, „die Christlichsozialen sind auch im KZ gesessen". Anders formuliert es Anton Pelinka: „Die Zweite Republik begann ihre Erfolgsgeschichte mit einer Amnesie. Die Republikgründer waren ja Personen, die auch für die Fehler und das Versagen der Ersten Republik Verantwortung trugen. Diese Gründer hatten gelernt, und sie waren zum Lernen wohl mehr oder weniger auch gezwungen gewesen: durch die Jahre der NS Herrschaft und durch das Angebot der Alliierten, einem neuen Österreich ... eine zweite Chance zu geben."[19] Horst Schreiber wiederum beschreibt, wie ehemalige Nationalsozialisten die Seiten wechselten[20] und sich dem Widerstand anschlossen, als sich die Niederlage abzeichnete.

In der Sitzung der Verwaltungskommission am 17. April 1935 wurde über das Ansuchen von Ernst Müller auf Beendigung seines Dienstverhältnisses mit Ende Juni 1935 beraten, zu seinem Nachfolger wurde ab 1. Juli 1935 Dr. Engelbert Kiechl bestellt. Ein weiterer Punkt auf der Tagesordnung war die Umsetzung der Verordnung über die Entlassung weiblicher „Doppelverdiener".

Die Zeit von 1934 bis 1938 lässt sich so zusammenfassen: Die wirtschaftliche Lage verbessert sich nicht. Die ständestaatliche Ordnung spaltet die Gesellschaft weiter. Viele Arbeitnehmer akzeptierten nicht, dass sie ihre Vertreter nicht mehr frei wählen können. Die christlichen Gewerkschafter hatten in Tirol seit den Anfängen der Arbeiterbewegung etwa 20 bis 30 % der Arbeiterschaft in ihren Organisationen sammeln konnte, während rund zwei Drittel bei den sozialdemokratischen Freien Gewerkschaften organisiert waren. Diese sind nun als staatsfeindlich verboten, das Parlament ist aufgelöst. Einige von den Mitarbeitern, die als Sozialdemokraten gelten, sind aus fachlichen Gründen in der Arbeiterkammer unverzichtbar und dürfen bleiben, wie etwa der stellvertretende Erste Sekretär Dr. Winter, ein exzellenter Sozialrechtler. Viele andere verlieren ihre Arbeit.

Die christlichsozialen Gewerkschafter übernehmen nun faktisch alle Funktionen in Arbeiterkammer und Gewerkschaft. Die christlichsozialen Gewerkschafter sehen diesen Teil der Geschichte anders: Sie haben ihre Organisation von sich aus aufgelöst, um in einer überparteilichen Gewerkschaft im Ständestaat zusammenzuarbeiten und den Parteienstreit damit zu beenden.[21] Ihre Organisation ist jetzt die Landeskommission der christlichen Arbeiter- und Angestelltenorganisationen. Mit ihren rund 9.500 Mitgliedern wollen sie in der Vaterländischen Front und in der Sozialen Arbeitsgemeinschaft Einfluss nehmen.

Die zahlenmäßig noch kleine Gruppe der deutschnationalen Gewerkschafter schwankt zwischen Vertretungspflichten gegenüber den Arbeitnehmern und der politischen Linie der Nationalsozialisten im Deutschen Reich.

In den damals erschienenen Tiroler Zeitungen trifft man ab 1934 auf eine völlig veränderte Darstellung der Arbeiterkammer, wobei dies unter dem Aspekt der Zensur und Selbstzensur in einem autoritären Staat betrachtet werden muss. Die Arbeiterkammer tritt fast nur noch mit ihren Beratungs- und Serviceangeboten in Erscheinung. Die Beiträge, die man mit den diversen Schlagworten in der Suchfunktion von ANNO finden kann, sind u. a.: Ein „Heiterer Abend im Breinößl", die AK als Sitz der neuen „Tiroler Skigilde", Rechtsauskünfte in diversen Fragen, eine Einführung in Philosophie, Volkskunst und Brauchtum im Alpenraum, „Arbeiter, lerne Deine Heimat kennen" und schließlich ein neuer Kinosaal in der Maximilianstraße 7, aus dem 1938 der Kinosaal der Deutschen Arbeitsfront wird.

Interessenpolitische Auseinandersetzungen passen nicht in das Bild der neuen ständischen Ordnung, in der es keine Gegensätze zwischen Arbeitnehmer und Unternehmer mehr geben darf.

Am 18. April 1936 verstirbt der erste Präsident Wilhelm Scheibein nach längerer Krankheit, die Beerdigung findet auf Wunsch des Verstorbenen in aller Stille statt.

Am 25. Juni 1936 ist der Präsident des neuen Österreichischen Gewerkschaftsbundes und der Wiener Arbeiterkammer und Bundesführer des Freiheitsbundes (Wehrverband der christlichen Arbeiterbewegung) Hans Staud zu Gast in Innsbruck und wird von Präsident Hans Kostenzer feierlich begrüßt. Am 21. September 1937 titelt der Tiroler Anzeiger mit „Der Kanzler bei der Tiroler Arbeiterschaft". Der Frontführer und Bundeskanzler Dr. Kurt Schuschnigg besuchte die Landeskonferenz der SAG (Soziale Arbeitsgemeinschaft – eine Untergliederung der Vaterländischen Front) und wurde von Arbeiterkammerpräsident und Bundeswirtschaftsrat Kostenzer begrüßt und von den Teilnehmern mit stürmischem Applaus empfangen. Unter „brausendem Beifall" begann der „Frontführer" und Bundeskanzler seine Rede an seine Mitstreiter. Der Bericht lässt die Stimmung nachvollziehen. Die Christlichsozialen standen im Krieg – einerseits gegen den Bolschewismus und andererseits gegen die Nationalsozialisten, die ihnen von innen und außen das Leben schwer machten.

1938

Für die Zeit der Machtübernahme in Österreich hatten sich die Nazis gut vorbereitet. Am Morgen des 12. März 1938 marschierten deutsche Truppen in Österreich ein, schon am 15. März wurde eine neue Verwaltungskommission eingesetzt, deren Aufgabe darin bestand, Arbeiterkammer und Gewerkschaft in die Deutsche Arbeitsfront einzugliedern.

Die „Deutsche Arbeitsfront" war die gemeinsame Dachorganisation der Unternehmer und der Arbeitnehmer. Eine Arbeitnehmervertretung brauchte es nicht mehr, der Unternehmer war der Betriebsführer und die ArbeitnehmerInnen die „Gefolgschaft", der Führer befahl und die Gefolgschaft führte aus.

Einen Tag später verlautbarte die Arbeiterkammer (in Klammer „Deutsche Arbeitsfront"), dass alle entliehenen Bücher zurückzugeben sind. Damit sollten jene Bücher, die mit der NS Ideologie nicht in Einklang standen, jüdische und linke Autoren – sofern sie die erste Säuberung 1934 „überlebt" hatten –, vernichtet werden können.

Fünf Tage später traf man sich schon im Kinosaal der Deutschen Arbeitsfront in der Maximilianstraße, die Brotrationen der AK an die Arbeitslosen wurden großzügig verdoppelt und die „schönen" Propagandafilme aus Hitlerdeutschland wurden im Kinosaal der Arbeiterkammer „kostenlos" vorgeführt, damit sie auch „der ärmste Volksgenosse" ansehen konnte.

Das erste, was die neue Führung in verschiedenen Bundesländern entdeckte, waren „umfangreiche Unterschlagungen", die zu sofortigen Verhaftungen der vormals christlichsozialen Funktionäre und leitender Mitarbeiter führte. Meist erfolgte dann einige Wochen später die Enthaftung, weil die Vorwürfe nur dazu gedient hatten, diese Menschen für die Zeit der Machtübernahme aus dem Verkehr zu ziehen.

Auch die Großzügigkeit der ersten Tage endete rasch und sehr zum Vorteil der deutschen Invasoren, indem

sämtliche Vermögenswerte von Arbeiterkammer und Gewerkschaft der Deutschen Arbeitsfront übertragen wurden. Diese ist aber nicht Rechtsnachfolgerin von Arbeiterkammer oder Gewerkschaft, sonst hätte sie die Ansprüche der Beschäftigten, deren Arbeitsverhältnis einseitig aufgelöst wurde, erfüllen müssen. Eine Zeitlang schien die Arbeiterkammer noch als Treffpunkt für verschiedene NS-Versammlungen auf, um dann Ende Juli 1938 für sieben Jahre völlig von der Bildfläche zu verschwinden.

Das Gebäude in der Innsbrucker Maximilianstraße 7 schien der NS-Führung ein geeignetes Quartier, in dem man aus der Nationalbankzeit auch ausreichend dicke Mauern vorfand, sollte die Begeisterung der Massen einmal nachlassen. Gauleiter Franz Hofer zog hier ein. Von Zeitzeugen hörte ich Geschichten, wonach 1945 im Zuge der Flucht der Naziführer große Mengen an Unterlagen aus den Fenstern des Kammergebäudes in die Maximilian- und Lieberstraße geworfen und dort angezündet wurden. Im Haus selbst befanden sich nach der Flucht der Nationalsozialisten noch jede Menge an Munition, Handgranaten, Panzerfäusten, die erst nach und nach entsorgt werden konnten, weil sich niemand für die Übernahme dieser Gegenstände zuständig fühlte.[22]

Parteiamtliche Mitteilungen der NSDAP., Gau Tirol

Sämtliche Bekanntmachungen der NSDAP. und ihrer Gliederungen und angeschlossenen Verbände erscheinen an dieser Stelle. Mitteilungen sind unmittelbar an das Gaupresseamt Innsbruck, Maximilianstraße 9, zu richten.

Landdienstkundgebung am Donnerstag

Die Kameraden und Kameradinnen des illegalen studentischen Landdienstes und der Landdienststelle beteiligen sich vollzählig am Donnerstag, den 26. d. M., an der Landdienstkundgebung um 20 Uhr im Hotel „Maria Theresia". Die Kameraden in Uniform oder Bergkleidern, die Mädels in Tracht.

Zusammenkünfte von NSBO.-Obleuten

Am Montag, den 23. d. M., treffen sich die Betriebszellenobleute des Bezirkes Altstadt um halb 8 Uhr, die des Bezirkes Innere Stadt um halb 9 Uhr abends im Kinosaal der Tiroler Arbeiterkammer, Maximilianstraße 7. Erscheinen wichtig. Andere betriebliche Vertreter sind in diese Appelle nicht eingeschlossen.

Kameradschaftsabend des H-Sturmes 1/87

Die Rolle der AK in der Nazizeit: Treffpunkt zur Planung der Verfolgung Andersdenkender

Der Wiederbeginn 1945

Die provisorische Landesregierung beschloss bereits am 16. Juli 1945 die Wiedererrichtung der Kammer für Arbeiter und Angestellte für Tirol und betraute Ernst Müller mit dieser Aufgabe.

Am 20. Juli beschloss die provisorische Staatsregierung auch das Gesetz über die Wiedererrichtung der Arbeiterkammern. Es war kein Beginn bei Stunde null. In den Jahren zwischen 1920 und 1934 hatte sich viel an Erfahrung angesammelt, wie eine Arbeiterkammer im politischen Machtgefüge und in der Betreuung der Mitglieder wirken kann.

Niemand hatte mehr Erfahrung als Ernst Müller. Daher war er 1945 erster Mitarbeiter, Statistiker, Pressereferent, Organisator, Direktor und Präsident in einem. Das Gebäude in der Maximilianstraße 7 wurde von der Arbeiterkammer wieder in Besitz genommen. Im Parterre war vorübergehend die SPÖ untergebracht, im 1. Stock die Gewerkschaft und im 2. Stock die Arbeiterkammer und die neue Volkshochschule.

1946

Die Kammerräte wurden auf Vorschlag des Gewerkschaftsbundes vom Sozialminister ernannt und am 13. April 1946 trat die erste Vollversammlung zusammen, bei der Josef Wilberger (FSG) zum Präsidenten, Max Klappholz (FSG) und Rudolf Loreck (ÖAAB) zu Vizepräsidenten gewählt wurden, erster Kammeramtsdirektor war Dr. Otto Winter.

Sitzungsprotokoll der provisorischen Tiroler Landesregierung vom 16.7.1945

**Josef Wilberger,
Erster Präsident von 1946 bis 1949**

Josef Wilberger, geb. am 7. März 1903 in Innsbruck, trat schon mit 13 Jahren als Oberbauarbeiter in den Dienst der Stubaitalbahn. Mit 19 war er Obmann der Ortsgruppe der Eisenbahner und zwischen 1923 und 1933 war er im Ausschuss und Vorstand der österreichweiten Organisation der Eisenbahnergewerkschaft und des Pensionsinstituts der Lokalbahnen. 1933 bis 1934 vertrat er die SP im Innsbrucker Gemeinderat und war zwischen 1934 und 1945 zeitweise in Haft. „Weder Hass noch Rache sinnend",[23] nahm er 1945 seine Tätigkeit in Gewerkschaft und Partei wieder auf. Die Landesregierung betraute ihn mit der Leitung der Innsbrucker Verkehrsbetriebe und der Stubaitalbahn. Im Dezember 1945 wurde er zum Vorsitzenden des ÖGB Tirol und 1946 zum Arbeiterkammerpräsidenten gewählt. Sein Organisationstalent z. B. bei der Beschaffung von Lebensmitteln, Bekleidung, Wiederaufbaukrediten oder Baumaterial war legendär und seine Arbeitskraft schien unerschöpflich, war er doch auch zugleich Gemeinderat und Stadtrat in Innsbruck und wurde 1949 auch zum Vizepräsidenten des Tiroler Landtages gewählt. Am Samstag, den 15. März 1957, wurde er einstimmig als ÖGB-Vorsitzender bestätigt. Zwei Tage später hielt er einen ergreifenden Nachruf am Grab seines christgewerkschaftlichen Kollegen Franz Kotter, wurde von Unwohlsein erfasst und ins Krankenhaus gebracht, wo er kurz nach Mittag an einer Gehirnblutung im Alter von 54 Jahren starb.

Direktor Dr. Otto Winter
leitete die Tiroler Arbeiterkammer zwischen 1946 und 1966.

Beginn der Sozialpartnerschaft

In den folgenden 75 Jahren wird Österreich geprägt von der Sozial- und Wirtschaftspartnerschaft. Es ist ein Weg, der aus dem armen „Rest, den niemand wollte,"[24] eines der wohlhabendsten Länder der Welt macht.

Acht Präsidenten haben in dieser Zeit in der Tiroler Arbeiterkammer gewirkt, fünf von ihnen mehr als zehn Jahre.

Es war ein Vorteil, dass die Arbeiterkammer 1946 mit Josef Wilberger über einen ausgesprochenen Managertyp und mit Univ. Prof. DDr. Hans Bayer über einen Ökonomen mit hoher Reputation[25] und fundiertem Wissen verfügte. Sie holten mit konkreten Plänen die entscheidenden Personen an einen Tisch. Bei einer dieser Enqueten einigten sich die Teilnehmer von Landesregierung, Sozialpartnern, Städten und Behörden u. a. auf Preiskontrollen, Wohnhauswiederaufbau vorrangig auf genossenschaftlicher Basis und mit Mietobergrenzen und Wirtschaftsplanung beim Wiederaufbau, den man nicht der Kreativität und dem Profitstreben überlassen dürfe. Arbeiterkammer und Gewerkschaft vermochten es, auch durch persönliche Kontakte, die Zustimmung der französischen Militärverwaltung für ihre Vorschläge und Aktivitäten zu erreichen.

Nach 1945 war auch Südtirol ein großes Thema. Mit dem „Accordino" waren Sonderbestimmungen für den Handel zwischen Nord-, Süd- und Osttirol beschlossen worden. Die Sozialpartner waren Mitglied in den Fachausschüssen, in denen sehr detailliert die Quoten für die einzelnen Waren festgelegt wurden. Diese Tätigkeit endete mit dem Beitritt Österreichs zur Europäischen Union im Jänner 1995.

In Abstimmung mit dieser Gesamtplanung starteten 1946 die Berufsförderungsmaßnahmen der Arbeiterkammer mit 42 Kursen. Allein die ersten Schweißkurse des Berufsförderungsinstituts besuchten 820 Teilnehmer!

Arbeitermittelschule und Volkshochschule wurden gegründet, um den bildungsgeschädigten Kriegsgenerationen Ersatz für Matura, Sprachkenntnisse oder Allgemeinbildung zu bieten.

In Mösern bei Seefeld führte die Arbeiterkammer zwischen 1946 und 1949 ein Jugenderholungsheim. Von der AK geforderte Reihenuntersuchungen hatten 63 % unterernährte Lehrlinge erbracht. In Mösern konnten sie sich einige Wochen bei Sport und Lernen satt essen.

1946 und 1947 wurden die „Amtsstellen" in Kufstein, Kitzbühel, Landeck und Lienz wiedererrichtet, es folgten Reutte, Schwaz, Imst und Telfs. Neben der Arbeiterkammer waren dort auch die Bezirkssekretariate des ÖGB und Schulungsräume für die Berufsförderung untergebracht.

Amtsstellen der Arbeiterkammer für Tirol

Innsbruck, Maximilianstraße 7, Fernruf 6251
Leitung: Der Erste Sekretär Dr. Otto Winter

in Schwaz, Schwaz, Burggasse 14, Amtsstellenleiter Otto Moser; Fernruf: Schwaz 279;

in Kufstein, Kufstein, Schillerstraße 3, Amtsstellenleiter Hermann Annewanter; Fernruf: Kufstein Nr. 91;

in Kitzbühel, im Hause der Bezirkshauptmannschaft, Amtsstellenleiter Karl Pranzl; Fernruf: Kitzbühel 625;

in Telfs, Telfs, Rathaus, Amtsstellenleiter Stephan Nepel; Fernruf: Telfs 68;

in Imst, Imst, Gasthof „Sonne", Amtsstellenleiter Haymo Leitner; Fernruf: Imst 73;

in Landeck, Landeck, Malser Straße 52, Amtsstellenleiter Franz Ackermann; Fernruf: Landeck 458;

in Reutte, Reutte Nr. 184, Amtsstellenleiter Ernst Wagner; Fernruf: Reutte 214.

in Lienz, Osttirol, Beda-Weber-Gasse 20, Amtsstellenleiter Leo Pribil; Fernruf: Lienz 274;

Ab 1950 war die AK wieder in allen Bezirken vertreten.

1949

Die erste AK-Wahl fand am 23. und 24. November 1949 statt. Fast 70 % der Wahlberechtigten hatten sich beteiligt. Die Zusammenstellung aller Wahlergebnisse findet sich im Anhang, Seite 125.

SP-Spitzenkandidat war Josef Gänsinger, nachdem Josef Wilberger nicht mehr kandidiert hatte, weil er mit den Aufgaben bei IVB und Stubaitalbahn, Konsum, Neue Heimat und Tiwag, als ÖGB-Vorsitzender und Vizepräsident des Tiroler Landtages mehr als ausgelastet war.

> **Josef Gänsinger,
> Präsident von 1949 bis 1964**
>
>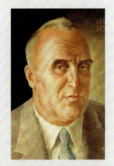
>
> Geboren am 3. März 1897 in Molln/OÖ, Lehre als Schmied, Soldat im 1. Weltkrieg, 1919 Eintritt in den Bahnerhaltungsdienst bei den Bundesbahnen und in die Gewerkschaft, Funktionen in der Gewerkschaft und von 1924 bis 1932 auch SP-Bürgermeister in Stainach-Irdning. 1932 übersiedelte er berufsbedingt nach Innsbruck, wurde 1934 aus der Bundesbahn entlassen, 1940 zu den Henkel Motorenwerken in Jenbach dienstverpflichtet und kehrte 1946 zur ÖBB zurück, wurde Direktionssekretär der Eisenbahnergewerkschaft und 1949 einstimmig zum AK-Präsidenten gewählt. 1957 bis 1961 war er für die SP Abgeordneter im Landtag und lange Jahre Obmann des Konsumvereins. Er starb am 22. April 1966.

Die SPÖ erreichte 38 der 68 Mandate, die ÖVP 18 Mandate und der Verband der Unabhängigen (später FPÖ) elf. Aufgrund einer erfolgreichen Wahlanfechtung durch die Liste Parteiloser Gewerkschafter rund um den Tiwag-Betriebsrat Josef Gartlacher erhielt diese Liste 1952 sechs Mandate zugesprochen. Die Liste der Unabhängigen war bis 1974 in der Vollversammlung mit zwei bis sechs Mandaten vertreten. Die KPÖ kandidierte ebenfalls, erreichte aber nur ein Mandat, welches sie bis 1964 behaupten konnte. Seit der Wahl 1964 kandidiert sie unter verschiedenen Bezeichnungen wie GE = Gewerkschaftliche Einheit oder (gewerkschaftlicher) Linksblock, die Zahl der Stimmen hat aber nie mehr für ein Mandat gereicht.

Budgetnöte in den 1950er Jahren

In der Vollversammlung am 13.10.1953 war das Budget für 1954 zu beschließen. Wegen des Einbruchs im Tourismus und anderen Branchen musste man mit rückläufigen Einnahmen rechnen, im Jänner 1954 waren 17.000 Arbeitslose zu befürchten, mehr als 10 % der 113.000 unselbständig Beschäftigten. Zugleich brauchte man 1,3 Mio. Schilling für den Ankauf des „Seehof" als Bildungshaus und mehr Mittel für Hilfsaktionen und Jugendbeschäftigungsmaßnahmen. Alles, was nicht unbedingt nötig war, wurde vorläufig gekürzt oder eingefroren.

1954 bis 1965

1954 trat ein neues Arbeiterkammergesetz in Kraft.[26] Das Recht auf Stellungnahmen zu Gesetzes- und Verordnungsentwürfen auf Bundes- und auf Landesebene wurde verstärkt und die Bereiche mit einem Vorschlagsrecht der Kammer um die Volksernährung, Wohnungsfürsorge, Volksgesundheit, Volksbildung, Arbeiter- und Angestelltenschutz, Sozialversicherung und Arbeitsmarkt ausdrücklich erweitert, ebenso der Kreis der Kammermitglieder. Für Tirol erhöhte sich die Zahl der Mitglieder der Vollversammlung von 68 auf 70.

Die Frage der Mitgliedschaft zur Arbeiterkammer wurde unmittelbar virulent. Es ging um tausende Mitglieder in den Tiroler Kranken- und Pflegeanstalten. Das Amt der Tiroler Landesregierung vertrat die Meinung, dass sie nicht Mitglieder sind, weil es sich hier um Hoheitsverwaltung handelt. Das Sozialministerium stellte klar, dass die öffentliche Hand zwar verpflichtet ist, Krankenhäuser zu errichten und zu erhalten, dass deshalb aber die Mitarbeiterinnen und Mitarbeiter dort nicht schon automatisch in der Hoheitsverwaltung tätig sind. Das Land Tirol rief

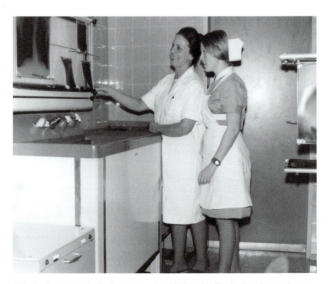

Arbeiterkammermitglieder gegen den Willen der Tiroler Landesregierung: Pflegepersonal in Klinik und Krankenhäusern

daraufhin den Verwaltungsgerichtshof an; dieser wies die Beschwerde der Landesregierung endgültig ab.[27]

Die Wahlen 1954 und 1959 brachten kaum Veränderungen. Der Abstand zwischen SP- und VP-ArbeitnehmerInnen verringerte sich geringfügig, dieser Trend setzte sich bei den nächsten Wahlen fort. Die Freiheitlichen verloren einen Großteil ihrer acht Mandate und schwankten bei den nächsten Wahlen zwischen einem und drei Mandaten, erst ab 1989 legten sie wieder deutlich zu.

1964 war Josef Gänsinger aus Gesundheitsgründen nicht mehr zur Wahl angetreten. Sein Nachfolger wurde Hermann Schmidberger, Direktionssekretär der Gewerkschaft der Eisenbahner (vergleichbar mit dem Landessekretär bei den anderen Gewerkschaften, heute wird die

Übrigens – Pandemien

Nach der Spanischen Grippe in der Gründungsphase 1920 bekommt es die Arbeiterkammer 1950 mit der Tuberkulose zu tun: „Mit besonderer Aufmerksamkeit verfolgt die Kammer die Entwicklung der Volksseuchen, bei deren Bekämpfung in den letzten Jahren zwar erhebliche Fortschritte gemacht wurden, die aber doch noch Anlass zur Sorge um die Gesundheit unseres Volkes geben. Das gilt in einem besonderen Maße für die Tuberkulose. Die Zahl der offenen Tuberkulosefälle geht immer noch in die Tausende … Da die Landesverwaltung … nicht genügend Mittel … hat, wird die Arbeiterkammer die Bestrebungen des Tuberkulose-Fürsorgevereins zur Aufbringung der Mittel im Sammlungsweg mit allem Nachdruck unterstützen, wobei sie aber die Forderung erhebt, dass auch die Interessenvertretungen der übrigen Berufsstände sich an den Aktionen entsprechend beteiligen.

Aber auch bei der Beschaffung von Heilmitteln bei der Tuberkulosebekämpfung muss sich die Kammer fördernd einschalten, um dem jetzigen Zustand, dass die wirksamsten Heilmittel nur im illegalen Handel für den finanziell Leistungsfähigen erhältlich sind, ein Ende zu bereiten. Bedeutende Schwierigkeiten auf außenhandelspolitischem Gebiet gilt es dabei zu überwinden." Dieses Zitat stammt aus dem Bericht des Direktors Dr. Otto Winter in der 14. Vollversammlung am 21. März 1950 und ist im Mitteilungsblatt der Arbeiterkammer vom März 1950, S. 1/2 abgedruckt. Im Jahr 2001 informiert die Tiroler Arbeiterkammer über „Wissenswertes zum Thema BSE" (BSE = Rinderwahn, zurückzuführen wahrscheinlich auf die Verfütterung von Schafmehl an Rinder). Und im Zusammenhang mit der Schweinegrippe geht es um die Frage, ob die Betreuung der Kinder zu Hause aufgrund einer Schulschließung als Dienstverhinderung gilt.[28]

In der Covid-19-Pandemie 2020/21 war die Arbeiterkammer einer der sicheren Häfen, in welchen die Arbeitnehmerinnen und Arbeitnehmer mit ihren Fragen und Sorgen steuern konnten. Die Beratung wurde im ersten Lockdown ab Mitte März 2020 nicht nur in vollem Umfang aufrechterhalten, sondern in einer Kombination aus Beratung aus dem Homeoffice und Anwesenheit im Büro in jeder Hinsicht verstärkt. Technisch war die AK Tirol schon zuvor darauf ausgerichtet, viele Anfragen und Kontakte auch über Internet und Telefon durchführen zu können. Scans der Unterlagen, Videokonferenzen und -beratungen standen von Anfang an zur Verfügung und wurden anhand der praktischen Erfahrungen aufgerüstet.

Wichtiger aber war noch, binnen weniger Tage ein Kurzarbeitsmodell auf die Beine zu stellen, das Kündigungen verhindern sollte. In dieser Phase hat sich die Expertise, die bei den Sozialpartnern vorhanden ist, bewährt. Freilich konnte im März 2020 noch niemand wissen, wie lange das Virus grassieren wird. Für den Heimunterricht wurden gemeinsam mit dem Land Tirol erhebliche Mittel bereitgestellt, damit für Kinder aus sozial schwächeren Familien Laptops angeschafft werden konnten. Der Nachhilfeunterricht wurde gemeinsam mit dem Land Tirol massiv ausgebaut. Und etwas anderes machte sich auch bezahlt: Seit 2011 bietet die AK Tirol landesweit eine sehr gut besuchte Informationsserie an: „Eltern als Lernbegleiter". Lange bevor „Homeschooling" ein Thema war, gab es Tipps von Fachleuten, wie man mit Kindern zu Hause das Lernen gestalten kann. Auch der Unterstützungsfonds der Arbeiterkammer war durchgehend ansprechbar und hat auch einen Teil der Administration für die Hilfeleistungen des Landes Tirol übernommen.

Seminare über Videokonferenz in Zeiten des Lockdowns

Das Präsidium ab 1964, v. l. n. r.: Vizepräsident Karl Gruber, Vizepräsident Hans Maier, Präsident Hermann Schmidberger, Vizepräsident Herbert Egg und Direktor Dr. Otto Winter

Bezeichnung Landesgeschäftsführer verwendet). Zu Vizepräsidenten wurden Karl Gruber, Herbert Egg und Hans Maier gewählt.

1966 bis 1970

Ende 1966 wurde das Berufsförderungsinstitut (BFI) als gemeinsame Einrichtung von Arbeiterkammer und ÖGB in Tirol gegründet, es übernahm die bisherigen Kurse der beruflichen Aus- und Fortbildung des Referats für Berufsförderung und teilweise der Fachausschüsse der AK. Mit 1. Januar 1967 trat Dr. Karl Rainer die Nachfolge von Dr. Otto Winter als Kammeramtsdirektor (früher „Erster Sekretär") an. Dr. Rainer war seit 1956 Leiter der Volkswirtschaftlichen Abteilung und hatte zuvor unter Prof. Bayer regelmäßig den „Tiroler Preisspiegel" und umfangreiche Wirtschaftsanalysen erstellt. Er wechselte 1973 auf den Direktorposten der neuen Arlbergstraßen AG. 1964 hatte ihn die AK zur Unterstützung des Organisationskomitees der Olympischen Spiele zur Verfügung gestellt, ihm oblag die gesamte Versorgungsplanung.

Bei der Arbeiterkammerwahl 1969 wanderte ein ÖAAB-Mandat zu den Freiheitlichen. Schmidberger blieb Präsident, Gruber, Egg und Maier Vizepräsidenten. Hans Maier verstarb 1971 und an seine Stelle trat Ernst Thöni (ÖAAB), Rechtsschutzsekretär des ÖGB Tirol.

1971

Hermann Schmidberger

Geboren am 2. Juli 1916 in Hallein, trat 1941 in den Dienst der Bahn, wo er bis 1974 aktiv war, zunächst im Bau- und Bahnerhaltungsdienst, dann als Direktionssekretär der Eisenbahnergewerkschaft in Tirol. Präsident von 1964 bis 1974.

1970 wurde erstmals eine Ausgabe der „Arbeiterzeitung" in Farbe an alle Haushalte Tirols geschickt. Sie behandelte die AK-Geschichte seit dem Arbeiterkammergesetz 1920, beschrieb die Arbeit von Wilberger, Gänsinger, Müller und Winter als „Anwälte der Arbeitnehmer", enthielt eine Übersicht über die aktuellen Leistungen und einen Aus-

> **Wie leben wir im Jahre 2000?**
>
> Von Univ.-Prof. Dr. Ferdinand CAP, Institut für theoretische Physik der Universität Innsbruck, ständiger Vertreter Österreichs in der wissenschaftlich-technischen Weltraumkommission der UNO, New York
>
> Aus diesen beiden Gesetzen geht hervor, daß die Schlüsselstellung für die nächsten hundert Jahre die Universitäten und Hochschulen besitzen und nicht mehr die Industriefirma, die in den vergangenen hundert Jahren die Massenproduktion von Gütern organisierte. Für Tirol, das in der Innsbrucker Universität eine Hochschule in einzigartiger Lage besitzt, ergeben sich als Fremdenverkehrsland weitreichende Perspektiven: vor allem die Verbindung Erholung (Fremdenverkehr) mit der Ausbildung (Bildungsurlaub).

Prof. Cap wagte 1970 einen Blick aufs Jahr 2000.

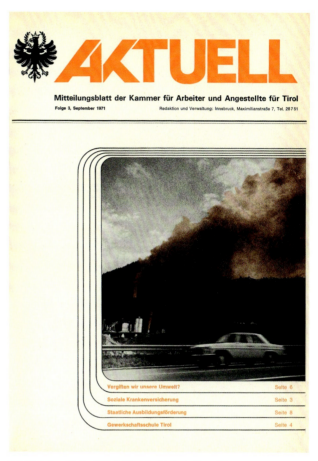

Seit 50 Jahren in der AK ein Thema: Saubere Umwelt

blick „Wie leben wir im Jahr 2000?" des bekannten Innsbrucker Physikers Univ. Prof. Dr. Ferdinand Cap.

Mit Beginn der 70er Jahre begann die Arbeiterkammer, sich in größerem Umfang mit Fragen des Umweltschutzes zu beschäftigen: Landesforstdirektor Dipl. Ing. Dr. Herbert Scheiring schrieb einen großen Artikel in der AK-Zeitung vom Juni 1971 über den Zustand des Waldes und den Missbrauch des Waldes als Baulandreserve, und in der folgenden Septemberausgabe beschäftigte sich Univ. Prof. Dr. Hannes An der Lan mit der Frage „Vergiften wir unsere Umwelt?"

1973 bis 1977

Bei der Vollversammlung im Herbst 1973 legte Präsident Schmidberger eine beeindruckende Bilanz vor: Die Gebäude in den Bezirken waren saniert, in den Volkshäusern in Innsbruck, Lienz, Schwaz und Wörgl sowie in den Sozialhäusern in Reutte und Wattens standen Schulungsräume und Veranstaltungssäle zur Verfügung, hinzu kamen Mädchenheim und „Seehof", die Vorschläge der Kammer wurden umgesetzt (z. B. das neue Tiroler Sozialhilfegesetz) und die Beratungen wurden geschätzt.

Trotzdem erhielten die Sozialistischen Gewerkschafter, die diesmal mit Karl Gruber als Spitzenkandidat angetreten waren, bei der Wahl 1974 nicht die erhoffte Zustimmung. Sie fielen von 42 auf 36 Mandate, während der ÖAAB mit Vizepräsident Ernst Thöni an der Spitze seinen Mandatsstand von 23 auf 32 steigern konnte; zwei Mandate entfielen auf die Freiheitlichen Arbeitnehmer.

Im elfköpfigen Vorstand hieß das Verhältnis nun 6:5. Gruber wurde einstimmig zum Präsidenten gewählt, zu Vizepräsidenten Herbert Egg und Robert Strobl von der FSG und Ernst Thöni und Ekkehard Abendstein vom ÖAAB.

1975 wurde das moderne Umschulungszentrum für Metallberufe in Wattens eröffnet. Es war die Antwort des Berufsförderungsinstituts auf die Schließung des Bergbaus im Zillertal. Metallfacharbeiter wurden überall dringend gebraucht und am Ende der Kurse in Wattens stand die

Das Präsidium ab 1974, v. l. n. r.: die Vizepräsidenten Ernst Thöni, Robert Strobl und NR Herbert Egg, Präsident Karl Gruber, Vizepräsident LAbg. Ekkehard Abendstein und Direktor Dr. Josef Rohringer

Lehrabschlussprüfung. 1977 folgte ebenfalls in Wattens das BFI Gastgewerbezentrum mit einem umfangreichen Aus- und Weiterbildungsprogramm und 1978 das Umschulungszentrum für den Fotosatz; 1978 übersiedelte das BFI für viele Jahre in das renovierte Gebäude des ehemaligen „Arlbergerhofs" in der Innsbrucker Salurnerstraße Nr. 1.

Mitte der 70er Jahre fand auch eine Reihe von Studien große Beachtung, u. a. die erste „Gastarbeiterstudie", eine Sozial- und Wirtschaftskunde Tirols, mehrere Pendlerstudien, eine Studie über die „kulturellen Interessen der Tiroler Bevölkerung", ein „Bericht zur Lage der Tiroler Arbeitnehmer", eine Gemeindestudie und eine Studie über

Karl Gruber

Geboren am 29. Dezember 1918 in Niederwölz/Stmk. Er besuchte die Bürgerschule in Judenburg und arbeitete anschließend in der Landwirtschaft und als Tischler. 1938 bis 1946 war er bei den Gebirgsjägern und suchte 1946 Arbeit als Mineur im Kraftwerksbau (Kaprun). 1948 wurde er dort zum Betriebsrat gewählt und ab 1951 holte ihn die Gewerkschaft der Bau- und Holzarbeiter als Sekretär nach Salzburg. 1961 übernahm er die Funktion des Landessekretärs dieser Gewerkschaft in Tirol und übersiedelte nach Innsbruck. 1964 wurde er Kammerrat, 1970 Vorsitzender des ÖGB Tirol und von 1974 bis 1984 war er Präsident der Arbeiterkammer. Karl Gruber verstarb am 18. März 2014.

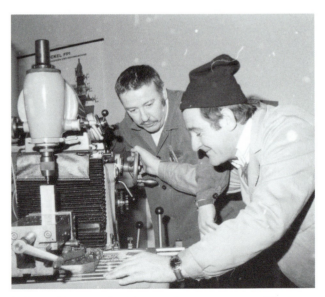

1975 – vom Bergbau in den Metallbau: Umschulungszentrum Wattens

die „Arbeitnehmer im Gastgewerbe". Zugleich startete eine Diskussionsserie zu aktuellen sozial-, wirtschafts- und kulturpolitischen Themen im „AK Bildungsforum".

Bei der Arbeiterkammerwahl 1979 blieb die Fraktion sozialistischer Gewerkschafter mit 36 Mandaten gleich, der ÖAAB erhöhte von 32 auf 33 Mandate, die Freiheitlichen verloren eines ihrer zwei Mandate.

Karl Gruber wurde von der Vollversammlung als Präsident bestätigt, Vizepräsidenten blieben Herbert Egg, Robert Strobl, Ekkehard Abendstein und Ernst Thöni.

Im September 1979 wurde das „Mitteilungsblatt" in „AK Aktuell" umbenannt und in einer Auflage von 195.000 Stück viermal jährlich an alle Tiroler Haushalte geschickt.

1980 bis 1981

1980 stand der Tiroler Tourismus in der öffentlichen Aufmerksamkeit. Zuerst veröffentlichte die AK die Studie von Prof. Preglau zur Situation der Arbeitnehmerinnen und Arbeitnehmer im Gastgewerbe, dann folgte die Story des Undercover-Journalisten Hans Peter Martin, der als Tellerwäscher im renommierten Hotel „Klosterbräu" in Seefeld gearbeitet hatte. Die Öffentlichkeit war schockiert. Einmal mehr verwies die Arbeiterkammer auf die Gefahr einer einseitigen wirtschaftlichen Ausrichtung des Landes im Falle von Konjunktureinbrüchen und hielt fest, dass ein Qualitätstourismus auch Qualität im Umgang mit den Mitarbeiterinnen und Mitarbeitern verlangt.

Bildungs- und kulturpolitisch wurden mit dem 1. Freien Tiroler Kunstmarkt, dem 1. Tiroler Schul- und Studienführer und dem Start der „Präsentation Tiroler Künstler" mit Lois Weinberger, Ludwig Schwarz, Werner Schnegg und Josef Böck, dem ersten Schul- und Klassensprecherseminar und dem AK-Bilderverleih Akzente gesetzt.

Die europäische Verkehrspolitik erreichte die Arbeiterkammer im Herbst 1981 in Form einer Podiumsdiskussion zum Thema „Verkehr und Umwelt im Tirol der 80er Jahre". Bahnausbau und Brennerbasistunnel waren die Hauptthemen, bis zur Inbetriebnahme des Tunnels werden rund 50 Jahre vergehen.

1981 begann auch die Krise in der Tiroler Textilindustrie. Schon zuvor ging die Zahl der Beschäftigten zurück: Von 6.308 im Jahr 1961 auf 5.441 im Jahr 1971. 1981 gab es nur mehr knapp 4.000 ArbeiterInnen und Angestellte in der Textilproduktion. Im Sommer 1981 folgte die Hiobsbotschaft über bevorstehende Insolvenzen: Herrburger & Rhomberg mit 458 Beschäftigten und Produktionsstätten in Innsbruck, Telfs, Matrei am Brenner und Absam, Jenny & Schindler mit 605 Beschäftigten und Standorten in Telfs und Imst sowie die Reuttener Textilwerke

Qualitätstourismus verlangt auch Qualität im Umgang mit den MitarbeiterInnen.

Fünfzig Jahre sind seit der Forderung nach einem Brennerbasistunnel vergangen, 2030 soll er in Betrieb gehen.

Drohendes Aus für den Telfer Traditionsbetrieb Jenny & Schindler – eine Auffanglösung sichert die Ansprüche der Arbeitnehmerinnen und Arbeitnehmer und einen sozialverträglichen Ausstieg.

mit 288 Beschäftigten. Darüber hinaus bangten rund 400 BetriebspensionistInnen um ihre Firmenpension und eine große Zahl von aktiven und ehemaligen MitarbeiterInnen um ihre Werkswohnung. Es war „Feuer am Dach". In der AK-Bezirkskammer Telfs lagern noch heute an die 20 Aktenordner, in denen diese schwierige Phase aufgezeichnet ist. Die Gründe für die Insolvenz lagen in der geringeren Nachfrage aufgrund der internationalen Rezession, dem hohen Dollarkurs, der die Rohstoffe arg verteuert hatte, sowie Billigimporten aus Niedriglohnländern. Hinzu kam ein technologischer Rückstand wegen zu geringer Investitionen, gegenseitige Dumpingpreis-Konkurrenz, geringe Produktinnovationen oder schlichtweg falsche Managemententscheidungen.

Arbeiterkammer und Textilgewerkschaft stellten unverzüglich die notwendigen Kontakte zu Banken, Sozialversicherungsträgern und Bundesregierung her.

Bundeskanzler Dr. Bruno Kreisky lud zu einem Textilgipfel, an dem auch Sozialminister Dallinger, Finanzminister Dr. Salcher, die Landeshauptleute Wallnöfer und Kessler, die Präsidenten von Arbeiter- und Wirtschaftskammer, Gewerkschaften und Unternehmensleitungen teilnahmen.

Der Textilgipfel im Bundeskanzleramt bringt Zusagen für einen Rettungsplan.

Mit einem Überbrückungsgeld von 38 Millionen sollte Zeit für ein umfassendes Sanierungskonzept gewonnen werden. Schließlich konnte mit der Linz-Textil AG ein Plan für den Erhalt von rund 650 der 1.300 Arbeitsplätze realisiert werden. Ohne das Engagement von AK und ÖGB wäre mit großer Wahrscheinlichkeit nur die Insolvenz ohne Nachfolgebetrieb geblieben. Auch die Werkswohnungen in Absam und Matrei konnten unter Mithilfe der Tigewosi und des Masseverwalters zu fairen Preisen von den interessierten Arbeitnehmern entweder ins Wohnungseigentum übernommen oder nach den Bestimmungen des Mietrechtsgesetzes weiter bewohnt werden.

Altpräsident Karl Gruber übergibt an seinen Nachfolger Ekkehard Abendstein.

1984 – Der politische Wechsel

Bei der Arbeiterkammerwahl am 8. und 9. April 1984 ging es um alles: Behält die SP die Mehrheit und den Präsidenten oder wechselt diese zum ÖAAB? Bei diesem Zweikampf hatten die kleineren Fraktionen keine Chance und die freiheitlichen Arbeitnehmer verloren ihr letztes Mandat. Der ÖAAB mit seinem Spitzenkandidat Ekkehard Abendstein erreichte 37 Mandate, die Sozialistischen Gewerkschafter 33, die von 1921 bis 1934 und seit 1945 bestehende Vormachtstellung war verloren. Die Wahlbeteiligung war von 59 % auf 69 % gestiegen.

Die Amtsgeschäfte wurden im Beisein von Landeshauptmann Wallnöfer professionell und in kollegialer Form von Karl Gruber an Ekkehard Abendstein übergeben. Mit seinem Vorhaben, mit Mag. Martin Hirner auch einen Direktor seines Vertrauens zu bestellen, musste Abendstein noch bis April 1985 warten. Der stellvertretende Direktor Dr. Berger beharrte auf der „Nachfolgeklausel" in seinem Vertrag. Der darauffolgende Prozess beschäftigte noch lange sowohl die Gremien der AK als auch die Medien.

Karl Gruber legte sein Mandat in der Kammer zurück, blieb aber noch bis 1986 Vorsitzender des ÖGB Tirol und bis 1990 Vorsitzender des BFI Tirol, dann übernahm Ing. Josef Kern diese Funktion.

Ing. Kern, Franz Fuchs (beide ÖAAB) und Robert Strobl (FSG) wurden einstimmig zu Vizepräsidenten gewählt.

Bleibendes wurde 1984 mit der Gründung der Geschützten Werkstätte in Vomp geschaffen. Zum Zivilinvalidenverband Tirol und zum Verein zur beruflichen Förderung Behinderter traten Arbeiterkammer und Wirtschaftskammer als Gesellschafter hinzu. 1985 erfolgte die Gründung des Vereins „zur Schaffung vorübergehender Beschäftigungsmöglichkeiten für Jugendliche in Tirol".

Dann der Schock: Auf der Fahrt in den Urlaub verunglücken Präsident Ekkehard Abendstein, seine Frau Herta und seine Nichte Karin tödlich. Vizepräsident Ing. Kern übernahm die Geschäfte und wurde am 26. September

Ekkehard Abendstein

Geboren am 22. Juni 1930 in Schwaz. Mit 17 begann er eine Lehre als Betriebselektriker bei der Firma Swarovski und legte 1956 die Meisterprüfung ab. Er engagierte sich bei der katholischen Arbeiterjugend und in der Gewerkschaft, wurde 1960 zum Zentralbetriebsratsobmann bei Swarovski gewählt und zog 1963 für die ÖVP in den Wattener Gemeinderat ein, dem er bis 1984 angehörte. Ab 1970 war er Abgeordneter im Tiroler Landtag, ab 1971 auch stellvertretender Vorsitzender des ÖGB Tirol.
Mit der Wahl zum Präsidenten der AK am 3. Mai 1984 krönte Abendstein eine lange Karriere in der Arbeiterkammer. Er war 1964 zum Kammerrat gewählt worden, 1969 in den Vorstand aufgerückt und seit 1979 AK-Vizepräsident. Ekkehard Abendstein verstarb am 24. Juli 1985.

Abschied von Präsident Abendstein und seiner Gattin in seiner Heimatgemeinde Wattens

1985 von der Vollversammlung einstimmig zum Präsidenten gewählt.

Im Jahr 1985 startete auch das Projekt „Erlebte Geschichte", dem dieses Buch einige seiner interessantesten Bilder verdankt. Benedikt Erhard, Gerd Auer, Elisabeth Fleisch, Rosi Hirschegger, Wolfgang Meixner, Bernhard Natter, Monika Ramoser, Henriette Stevens und Annemarie Schweighofer gehörten der Projektgruppe an. Ursprünglich wollte die AK nur Interviews mit noch lebenden ZeitzeugInnen sammeln, um die Arbeitswelt ab den 20er Jahren aus persönlichen Erinnerungen zu rekonstruieren. Im Zuge der Interviews wurden den ForscherInnen aber immer wieder Dokumente und Bilder gezeigt und für das Abfotografieren zur Verfügung gestellt. Nach Abschluss und Auswertung wurden die Tondokumente dem Institut für Geschichtswissenschaften der Universität Innsbruck übergeben.

Unter Präsident Ing. Josef Kern wurde der Sicherheit am Arbeitsplatz, dem Energiesparen und dem Umweltschutz besondere Aufmerksamkeit geschenkt. In seine Zeit fällt auch die Schaffung des AK-Referates „Frau und Familie" sowie „Sicherheit und Gesundheit am Arbeitsplatz".

Am 9. April 1986 fand die 100. AK-Vollversammlung statt. Die Liste der Ehrengäste reichte vom Präsidenten des Arbeiterkammertages Adolf Czettel über Landeshauptmann ÖR Eduard Wallnöfer, Landtagspräsident Josef Thoman bis zum Innsbrucker Bürgermeister Romuald Niescher.

Kommentar aus dem Kurier vom 5. Februar 1985

Zur Festsitzung der 100. Vollversammlung am 9. April 1986 begrüßte Präsident Kern eine große Zahl von Festgästen sowie aktive und ehemalige KammerrätInnen.
Im Bild: Festredner Adolf Czettel, Präsident des Österr. Arbeiterkammertages (heute BAK)

Ing. Josef Kern

Geboren am 10. Oktober 1930 in Ischgl, aufgewachsen in Absam, Besuch der HTL für Elektrotechnik in Innsbruck und 1951 Beginn seiner Arbeit bei der TIWAG, zunächst als Schaltwärter, dann als Projektant und schließlich als Sicherheitsingenieur. Bereits 1955 wurde er zum Betriebsrat gewählt und trat der Gewerkschaft der Privatangestellten und dem ÖAAB bei. In beiden Organisationen stieg er in kurzer Zeit bis in die Landesleitung auf. Ab 1959 war er Zentralbetriebsratsobmann der TIWAG und ab 1970 Kammerrat, ab 1974 im Vorstand, ab 1984 Vizepräsident und von 1985 bis 1991 Präsident der Arbeiterkammer. Auch nach seiner Pensionierung besuchte er fast bis zu seinem Tod am 15. Jänner 2019 häufig die Vollversammlung und „präsidierte" den regelmäßigen Stammtisch der ehemaligen MitarbeiterInnen.

v. l. n. r.: LHStv. Fritz Prior, Präs. Adolf Czettel, Landtagspräsident Josef Thoman, LH Eduard Wallnöfer und Präsident Kern

v. l. n. r.: Altpräsident Karl Gruber, LR Fritz Greiderer, LHStv. Hans Tanzer und LR Fridolin Zanon

Erwiesen Ing. Josef Kern bei seiner Wahl zum Präsidenten die Ehre (v. l. n. r.): die beiden Landeshauptmannstellvertreter Ernst Fili und Dr. Fritz Prior sowie Landeshauptmann ÖR Eduard Wallnöfer

Die KammerrätInnen, diesmal „nur" als aufmerksame Zuhörer

1987 startete eine Serie flächendeckender Energiesparberatungen in ganz Tirol und der Jugendbeschäftigungsverein hatte bereits 224 Burschen und Mädchen in verschiedensten Projekten im Einsatz.

Ab Sommer gab es erstmals eine regelmäßige Sendung im ORF-Radio, bei der die ExpertInnen der AK zu Arbeitsrecht, Bildung, Konsumentenschutz, Sozialrecht u. ä. Stellung nahmen. Im Rahmen der AK-Kulturtage gastierten u. a. die Kabarettisten Erwin Steinhauer, I Stangl, die Giftzwerge, Motzart, Schlabaret und Lisa Fitz aus Bayern in Tirol.

1987 nahm auch eine neue AK-Amtsstelle in Wattens den Betrieb auf, um den direkten Zugang für die wachsende Zahl an ArbeitnehmerInnen zu verbessern. Mit dem Referat „Frau und Familie", später „Frau und Beruf", wurden die Aktivitäten zu diesem Thema stark erweitert.

Ende 1988 wurde das Kolpingheim in Innsbruck-West eröffnet. Die Arbeiterkammer hatte sich dort mit einem Baukostenzuschuss das Recht eingekauft, bis zu 40 weibliche Lehrlinge in diesem modernen Haus unterzubringen. Damit übersiedelte das AK-Mädchenheim aus der Schöpfstraße in die Viktor-Franz-Hess-Straße.

1989 bis 1990

1989 war wieder ein Wahljahr für die Arbeiterkammer. Trotzdem wurden die meisten Anträge in der April-Vollversammlung einstimmig angenommen, u. a. auch ein Antrag zur Schaffung eines Referates „Gesundheit am Arbeitsplatz und Umweltschutz" innerhalb der Organisation der AK Tirol.

Die deutlichste Veränderung bei der Wahl am 11. und 12. Juni 1989 betraf die Wahlbeteiligung: sie sank von 69 % auf 44 %. Die Freiheitlichen Arbeitnehmer profitierten vom Hoch der FPÖ unter Jörg Haider und erreichten wieder 8 % und sechs Mandate, je drei Mandate verloren ÖAAB und FSG, sodass es in der Vollversammlung 34 ÖAAB – 30 FSG – 6 FP und im Vorstand 5:5:1 stand. Jede der drei Fraktionen stellte mit Franz Fuchs (ÖAAB), Hans Weber (FSG) und Anton Blünegger (FP) einen Vizepräsidenten, Franz Fuchs wurde 1993 von Franz Platzer abgelöst.

Ende 1989 begannen die Diskussionen über den Beitritt Österreichs zur Europäischen Gemeinschaft. Die Arbeiterkammer rüstete insofern auf, als in der AK-Studien-

Platz für 40 weibliche Lehrlinge und Schülerinnen aus ganz Tirol im neuen Mädchenheim

Das neugewählte Präsidium 1989, v. l. n. r.: Vizepräsident Hans Weber, Vizepräsident Franz Fuchs, Direktor Mag. Martin Hirner, Präsident Ing. Josef Kern und Vizepräsident Anton Blünegger

bücherei wichtige Fachliteratur pro und contra EU-Beitritt angeschafft wurde. Präsident Kern erreichte, dass die österreichischen Arbeiterkammern ein „Kontakt- und Beobachtungsbüro" in Brüssel errichteten, dessen erste Leitung mit Dr. Elisabeth Aufheimer eine Mitarbeiterin der AK Tirol übernahm. Es folgten Fachdiskussionen und Informationen für die Betriebsräte und die AK-Mitglieder. Die Volksabstimmung fand am 12. Juni 1994 statt und endete in Tirol mit 57 % für und 43 % gegen einen Beitritt.

Ein anderes wichtiges Thema griff die AK-Zeitung auf: In der Innsbrucker Klinik fehlten 60 KrankenpflegerInnen: „Schwestern und Pfleger sind an den Grenzen ihrer Leistungsfähigkeit angelangt". Eine ausführliche Beschreibung der Lage sollte die Verantwortlichen aufrütteln. Das Echo übertraf alle Erwartungen, in den Ausbildungseinrichtungen wurden die Plätze erweitert und die Betriebsräte in den Krankenhäusern verzeichneten mit Hilfe von Arbeiterkammer und Gewerkschaft wichtige Erfolge bei der Durchsetzung von Verbesserungen. Es waren der Leiter der sozialpolitischen Abteilung Dr. Franz Jäger und der spätere TILAK-Betriebsratsvorsitzende und Kammerrat Gerhard Hödl, die sich dieses Themas in besonderer Weise angenommen haben. Das betraf nicht nur das Pflegepersonal in den Krankenhäusern, sondern auch in den Altersheimen und in der Pflege zu Hause.

Die Vorschläge der Arbeiterkammer fanden bei Landesregierung und Landtag Gehör.

Der neugewählte Vorstand 1994 mit den anwesenden Mitgliedern der Landesregierung, v. l. n. r.: VP Hans Weber, Erwin Zangerl, Hermann Linzmaier, Franz Platzer, LHStv. Ing. Helmut Mader, Präsident Fritz Dinkhauser, VP Anton Blünegger, Anita Bucher, VP Franz Fuchs, LH Dr. Alois Partl, Direktor Mag. Martin Hirner, Horst Trutschnig, Mario Zocchi und Hans Gollner.

Impulse setzte auch die Wohnungsberatungsstelle der AK Tirol, und zwar nicht nur im Bereich der Beratungen, sondern auch durch Vorschläge und ein Forderungspaket an die Gesetzgeber in Bund und Land. Die vom Leiter der AK-Rechtsabteilung Dr. Otto Widner immer wieder geforderte Verzinsung der Kaution bei Mietverhältnissen konnte durchgesetzt werden. Im Zusammenhang mit einem geplanten Eingriff in bestehende Wohnbauförderungsverträge des Landes Anfang 1992 hat sich diese Expertise ebenfalls bewährt, die drohenden Verschlechterungen wurden zurückgenommen.

1991 bis 1994

In der Vollversammlung am 7. November 1991 erfolgte der Wechsel von Präsident Kern zu Präsident Fritz Dinkhauser.

Josef Kern, geboren 1930, erklärte, mit 64 Jahren nicht nochmals als Präsident kandidieren zu wollen. Er habe sich daher entschlossen, dem Nachfolger eine Einarbeitung in dieses Amt zu ermöglichen. KR Fritz Dinkhauser war seit 1984 Obmann der Tiroler Gebietskrankenkasse. Nachfolger Kerns im Vorstand wurde Erwin Zangerl, der seit zwei Jahren Kammerrat war.

Ende November wurde vom Landtag das Tiroler Arbeitnehmerförderungsgesetz beschlossen, für das sich die AK seit 1978 eingesetzt hat.

Ende 1991 startete die AK Tirol in Kooperation mit den anderen Länderkammern das Projekt „Arbeitswelt

Fritz Dinkhauser war für die Tiroler Medien kein Unbekannter; Artikel in der Tiroler Tageszeitung vom 8.11.1991

Fritz Dinkhauser

Geboren am 16. April 1940 in Innsbruck, Pflichtschule, Handelsakademie für Berufstätige. In jüngeren Jahren hatte es ihm vor allem der Sport angetan. Mitglied der österreichischen Bob-Olympiamannschaft 1968 und 1972, Präsident des Bob- und Skeletonverbandes, Fallschirmspringer, Drachenflieger und Hammerwerfer. Nach Engagement bei der Jungen ÖVP wurde er 1971 Landessekretär des ÖAAB und baute diesen von 3.200 auf 17.000 Mitglieder aus. 1979 wurde er in die AK-Vollversammlung gewählt, 1984 in den Vorstand und ab 1985 war er auch Vizepräsident. Nach seiner Präsidentschaft von 1991 bis 2008 gründete er die „Liste Fritz", erreichte bei der Landtagswahl 2008 sieben der insgesamt 36 Landtagsmandate und wurde damit zweitstärkste Fraktion. Abgeordneter blieb Fritz Dinkhauser bis 2013, Parteivorsitzender bis 2018.

Erste Einblicke in die Arbeitswelt und Wissen über Rechte und Pflichten als ArbeitnehmerInnen im Projekt „Arbeitswelt und Schule"

und Schule". Zunächst ging es nur darum, für interessierte Lehrerinnen und Lehrer Unterrichtsmaterialien zu verschiedenen Themen wie Mitbestimmung, Arbeitsvertrag, Finanzwissen, Konsumentenrechte u. a. zur Verfügung zu stellen. Daraus entstand nach und nach eine große Materiliensammlung bis hin zu Einladungen an Schulklassen und der heutigen AK werkstatt.

Ende 1992 engagierte sich die AK Tirol als erste Interessenvertretung für die in Aussicht genommenen Fachhochschulen und formuliert ihre Forderungen dazu: Offen für Facharbeiter, das heißt über einen Vorbereitungslehrgang können auch Personen mit Lehrabschlussprüfung einstei-

gen, studierbar auch für Berufstätige und Durchlässigkeit hin zur Universität. Alle drei Forderungen wurden erfüllt.

1992 wurde der Bereich der Öffentlichkeitsarbeit von der Bildungsabteilung getrennt und in einer eigenen Stabsstelle gebündelt, Leiter wurde Dr. Elmar Schiffkorn, der die folgenden zwei Jahrzehnte bis zu seinem frühen Tod 2020 für das Image der Tiroler Arbeiterkammer verantwortlich war.

Seit 19. März 1993 führt die AK Tirol durch Beschluss der Landesregierung das Landeswappen im Briefkopf und eine AK-Untersuchung über Öffnungszeiten und Preise in den Tiroler Kindergärten brachte große Unterschiede zutage, je nachdem, in welcher Gemeinde ein Kind aufwuchs.

Auch „Der Mensch im Raum" war 1993 Gesprächsthema. Die AK Tirol hatte einen österreichweiten Wettbewerb ausgeschrieben und Betriebsobjekte gesucht, die

1993 wurde ein 400-seitiges Gutachten veröffentlicht, das die AK bereits 1990 in Auftrag gegeben hatte. Thema: Die Pflichtmitgliedschaft zur Arbeiterkammer. Darin kamen die Innsbrucker Universitätsprofessoren Anton Pelinka, Peter Pernthaler, Max Preglau und Christian Smekal übereinstimmend zum Ergebnis, dass die Sozialpartnerschaft österreichischer Prägung die Grundlage des Erfolges Österreichs nach 1945 ist und dass sich dieses System ohne die Pflichtmitgliedschaft nicht aufrechterhalten ließe.

Ergonomie und menschengerechte Arbeitsplätze müssen in den Studienplan für ein Architekturstudium! Podiumsdiskussion 1993 in Wattens

architektonische und ergonomische Qualität aufweisen. Den ersten Preis errang Prof. Lackner mit dem Bartenbach-Lichtstudio in Aldrans und dem Wüstenrotgebäude in Salzburg. Eine Erkenntnis dabei war, dass im Studienplan für das Architekturstudium Fragen der Ergonomie oder des ArbeitnehmerInnenschutzes nicht vorkommen. Grund genug für die Arbeiterkammer, diese Inhalte vom Wissenschaftsministerium und den Studienkommissionen der Universitäten einzufordern.

Unter Präsident Fritz Dinkhauser begann die Zeit der größeren Events. So lud die AK am 18. März 1994, dem Vorabend des Josefitages, alle Mitglieder in die Innsbrucker Markthalle. Es ging um Gerechtigkeit. Der 19. März als Landesfeiertag sollte für alle ArbeitnehmerInnen gelten. Dietmar Schönherr, Hans Haid, Hirlanda Micheler (die „Rote Landa") und Herbert Aloys sorgten für die gedanklichen Inputs, Franz Posch mit den Haller Dixielanders für Stimmung und die „Frauen aus Flaurling" für Plattl'n, Kraut, Brot und Käse. Die Tiroler Landesregierung ließ sich davon freilich nicht erweichen und ging den umgekehrten Weg: Auch das eine Fünftel der Arbeitnehmer, das bisher frei hatte, nämlich die Landesbediensteten, muss seither am Tag des Landespatrons arbeiten.

Bei der Arbeiterkammerwahl am 2. und 3. Oktober 1994 verlor der ÖAAB ein weiteres Mandat, die SP-Fraktion allerdings gleich fünf. Drei davon wanderten zur FPÖ und mit drei KammerrätInnen zog die grüne Fraktion erstmals in die Vollversammlung ein. Es war nur der FPÖ und den Grünen gelungen, ihr Wählerpotenzial auszubauen; die Wahlbeteiligung sank von 44 % auf 27 %, obwohl die Information so umfangreich war, dass es kaum eine Wählerin oder einen Wähler gab, der nicht über Ort und Zeit der Stimmabgabe (inkl. Wahlkarten) informiert war.

Fritz Dinkhauser wurde wieder zum Präsidenten gewählt, Vizepräsidenten wurden Reinhold Winkler und Anna Sivetz vom ÖAAB und Hans Weber von der FSG.

1995 bis 1999

Ab 1. Jänner 1995 war Österreich Mitglied der Europäischen Union. Das brachte in vielen Bereichen Veränderungen.

Im Arbeitsrecht waren europäische Normen ebenso zu beachten wie bei der Produkthaftung oder im Konsumentenschutz.

Das neugewählte Präsidium, v. l. n. r.: Vizepräsidenten Hans Weber und Reinhold Winkler, Präsident Fritz Dinkhauser, Vizepräsidentin Anna Sivetz und Direktor Mag. Martin Hirner

Erster Preisträger als Frauen- und familienfreundlichster Betrieb: Drogerie Rieser-Malzer in Mayrhofen

In Lienz wurde die neue AK-Geschäftsstelle eröffnet, in mehreren Veranstaltungen der AK wurden die Pläne für die Fachhochschulen in Tirol konkret und die Drogerie Rieser-Malzer in Mayrhofen war der erste Preisträger des Bewerbs um den „Frauen- und familienfreundlichsten Betrieb Tirols".

Das Thema Gerechtigkeit prägte die Diskussion um das Sparpaket der Bundesregierung. Die Bundesregierung aus SPÖ und ÖVP hatte sich darauf geeinigt, das Bundesbudget in den Jahren 1996 und 1997 zu sanieren. 110 Milliarden Schilling sollten teils eingespart und teils durch Mehreinnahmen hereingebracht werden. Die AK hatte dieses Vorhaben analysiert und dem ein Modell gegenübergestellt, bei dem durch einen Sanierungszuschlag auf die Lohn- und Einkommensteuer alle Bevölkerungsgruppen zur Sanierung beitragen sollten. Niedere Einkommen sollten weniger, höhere Einkommen stärker zur Sanierung beitragen.[29]

Die Veränderungen in der Arbeitswelt thematisierten die Kammerräte bei der Vollversammlung im Herbst 1996. Präsident Dinkhauser trat dabei für die Einführung eines Grundeinkommens ein. Im Gegenzug sollten Arbeitslosenbezug und Notstandshilfe abgeschafft werden.[30]

Im Herbst erhielt der TBV, der 1984 gegründete Tiroler Beschäftigungsverein, neue Räume in der Innsbrucker Maximilianstraße 3. Über 1.700 Personen hatten hier seit der Gründung eine vorübergehende Beschäftigung gefunden.

Der 2. Tiroler Ausbildnerkongress 1997 in Wattens konnte mit Bundeskanzler Viktor Klima hohen Besuch empfangen. Einerseits wurde damit der große Stellenwert der Lehre bestätigt und andererseits die zentrale Rolle betont, die die Ausbildner dabei einnehmen.

Die neue Informations- und Servicestelle für Betriebsräte, von Beginn an besetzt mit drei Juristen, wurde im März 1998 vorgestellt. Zunächst als Erstinformation bei arbeits- und sozialrechtlichen Fragen, bei allgemeinen Rechtsangelegenheiten, im Konsumentenschutz und bei

> Um den immer wieder aufflackernden Diskussionen um die Pflichtmitgliedschaft in der Arbeiterkammer zu begegnen, führte die AK Tirol 1996 eine Befragung aller Mitglieder durch. Sie und nur sie sollten entscheiden, ob sie an diesem System festhalten oder eine grundlegende Veränderung wollten, weil ausschließlich die AK-Mitglieder durch die Arbeiterkammerumlage ihren Beitrag zur Finanzierung der Arbeiterkammer leisten. Das Ergebnis stand am 13. Juni 1996 fest und war eindeutig: 154.384 oder 79,73 % der Mitglieder hatten an der Abstimmung teilgenommen, davon sprachen sich 91,59 % für die Pflichtmitgliedschaft aus.

Anerkennung für die Leistungen der Ausbildnerinnen und Ausbildner in den Betrieben durch Bundeskanzler Mag. Viktor Klima 1997

Beihilfen und Förderungen für Lehrlinge sowie Steuerangelegenheiten eingerichtet, hat sie sich seither zu einer umfassenden Servicestelle entwickelt.

In diesem Jahr musste Dinkhauser auch seiner eigenen ÖVP ins Gewissen reden. „Ist die ÖVP noch christlichsozial?", fragte er öffentlich, als beim Vorstoß der SPÖ für eine Gleichstellung der ArbeiterInnen mit den Angestellten wieder ein Nein des Koalitionspartners ÖVP kam.

Nach langen Bemühungen, die Berufsorientierung in die Lehrpläne der Mittel- und der Oberstufe aufzunehmen, gab es 1998 einen Zwischenerfolg zu vermelden. In der 3. und 4. Klasse der Hauptschule und der AHS-Unterstufe wurde Berufsorientierung als verbindlicher Unterrichtsgegenstand eingeführt. Die jahrelange Zusammenarbeit in der Ausbildung von Lehrerinnen und Lehrern, die bisher Berufsorientierung vermittelt hatten, machte sich bezahlt. Das war der Start für eine Vielzahl an sehr innovativen Unterrichtsprojekten und hat tausenden Kindern geholfen, sich ihrer Ausbildungsentscheidungen sicherer zu sein.

1999 bis 2002

Im Herbst verstärkte die AK dann die Bildungsberatung für Erwachsene mit einer Berufs- und Bildungswegplanung. Dabei standen Fachleute aus AK, BFI, AMS, Tiroler Beschäftigungsverein und Land Tirol zu gemeinsamen Beratungen an vielen Orten Tirols zur Verfügung.

Mit Jahresende kündigte Präsident Dinkhauser einen „Bildungs-Quantensprung" an. Der entsprechende Beschluss zur Umsetzung erfolgte in einer eigens dazu einberufenen Vollversammlung im Jänner 1999 mit der Gründung des Zukunftszentrums. Die sozial- und wirtschaftswissenschaftliche Fakultät und das MCI mit seinen Fachhochschulstudiengängen hatten sich das „Fennerareal" als ihr künftiges Domizil erwählt. Die Arbeiterkammer wollte dabei sein, wenn den künftigen Managern wirtschaftliche Zusammenhänge erklärt werden.[31]
1999 stellte die AK auch 10 Mio. Schilling für die neue „Zukunftsaktie" bereit.

Damit sollen Kurse in den Bereichen EDV/Informationstechnologien und Sprachen an anerkannten Tiroler Bildungseinrichtungen gefördert werden. 10.000 Zukunfts-

Fit für die neuen Informationstechnologien und Fremdsprachenkenntnisse für EU-BürgerInnen durch die neue AK-Zukunftsaktie. Im Bild Präsident Dinkhauser mit dem Werbezug der Innsbrucker Verkehrsbetriebe

aktien zu je 500 Schilling wurden bereitgestellt und in der Folge auch rege genutzt.[32]

Seit November 1999 erhalten alle AK-Mitglieder kostenlos das bekannte Testmagazin „Konsument" zugeschickt, seit Ende 1999 gibt es den wöchentlichen Fernsehbeitrag der Arbeiterkammer im Kabelfernsehen (heute Tirol TV) und von Oktober 1999 bis Frühsommer 2000 konnten AK-Mitglieder sogar einen kostenlosen Internetzugang über die Post oder Tirol Online erhalten.

Die bei der AK-Wahl 1994 und bei der Mitgliederbefragung 1996 gewonnenen Erfahrungen wurden genutzt, um das Wählen zu erleichtern. Der Zeitraum für die Wahl wurde ausgeweitet und die Briefwahl eingeführt. Um den Kammern eine ausreichende Vorbereitungszeit zu ermöglichen, wurde die an sich 1999 fällige Wahl auf den 13. bis 15. März 2000 verschoben. Dabei steigerte sich der ÖAAB von 33 auf 46 Mandate, die FSG stürzte von 25 auf 13 Mandate ab und auch die Freiheitlichen Arbeitnehmer verloren drei ihrer bisher neun Mandate. Die Grünen blieben bei drei Mandaten, zwei Mandate erreichte die Liste SOLI des ehemaligen ÖAAB-Vizepräsidenten Franz Fuchs.

Die Wahlbeteiligung war durch die Einführung der Briefwahl von 27 % auf 60 % gestiegen.

Im Mai wählte die Vollversammlung Fritz Dinkhauser neuerlich zum Präsidenten, die Vizepräsidenten fielen alle dem ÖAAB zu: Reinhold Winkler, Erwin Zangerl und Ing. Hermann Lindner. Im Vorstand war das neue Verhältnis 8 AAB, 2 FSG, 1 FP. Außerdem wurde der Obmann des Tiroler Transitforums Fritz Gurgiser in den Vorstand kooptiert. Er hatte auf der Liste von Präsident Dinkhauser kandidiert.

Die Hoffnung mancher WählerInnen, die AK Tirol könnte die nun folgenden Belastungen durch die Bundesregierung für die ArbeitnehmerInnen verhindern, hat sich allerdings nicht erfüllt. Zu sehr hatten sich Dr. Schüssel und Dr. Haider auf einen neuen Kurs festgelegt, bei dem für die Kompromisse der Sozialpartner kein Platz mehr war. Proteste Dinkhausers und sogar einstimmige Beschlüsse der Vollversammlung verhallten ergebnislos. Die friedlichen Protestaktionen der Gewerkschaften auf der Straße und die öffentlichen Stellungnahmen durch die Arbeiterkammern quer durch Österreich waren der Regierung aber so lästig, dass sie als Sanktion eine Senkung der Arbeiterkammerumlage androhte.

Investitionen in Weiterbildung, wie sie mit dem modernsten Facharbeiter-Ausbildungszentrum in Wattens geplant waren, wären dann nicht mehr zu finanzieren gewesen. Die Arbeit in der Kammer ging indes unvermindert weiter.

Ehrengast beim Josefitag war Bundespräsident Thomas Klestil und für den 17. Mai lud die Kammer zur Firstfeier

Erstmals war im Jahr 2000 mit Dr. Klestil ein Bundespräsident Ehrengast beim Josefitag der AK Tirol.

des neuen Bildungszentrums in Wattens, das dann am 20. April 2002 eröffnet wurde.

Als bewussten Gegenentwurf zu den Schließungen von Postämtern und Gerichten durch die Bundesregierung Schüssel/Riess-Passer beschloss die Arbeiterkammer 2001 eine Stärkung der Infrastruktur in den Bezirken und die Errichtung eines neuen Service-Centers in Innsbruck.

Das AK-Präsidium nach der Wahl 2000, v. l. n. r.: Vizepräsident Reinhold Winkler, Präsident Fritz Dinkhauser, die Vizepräsidenten Erwin Zangerl und Ing. Hermann Lindner sowie Direktor Mag. Martin Hirner

2002 war das Jahr der Euroeinführung, der Umrechnungen und der doppelten Preisauszeichnungen. Die Arbeiterkammer hatte buchstäblich alle Hände voll zu tun, die sich abzeichnenden Preiserhöhungen zu verhindern. Das begann schon im Jänner beim Bergiselspringen: 14 Euro oder 200 Schilling. Auf der Eintrittskarte waren 14 Euro und 192 Schilling angegeben, verkauft wurde sie aber für 200 Schilling. Seit Juli 2001 hatte die AK mit einem Preismonitoring genaue Aufzeichnungen geführt. Mitte Juni 2002 lagen erste Ergebnisse vor: Nach anfänglicher Disziplin wurden zwischen März und Mai die Preise um bis zu 30 % angehoben!

Es ist schwer abzuschätzen, wie dieses Jahr in Sachen Umrechnung verlaufen wäre, hätte nicht die Arbeiterkammer österreichweit Beschwerden geprüft. Die Behörden hatten von sich aus nur wenig unternommen.

2003 bis 2007

Zu Jahresbeginn 2003 vermeldete die Zukunftsaktie ihre 25.000ste Teilnehmerin, Förderschwerpunkt war nun der Europäische Computerführerschein (ECDL).

Im Bericht zur Lage der Arbeitnehmer hatte „Alt werden – Alt sein in Tirol" zum Schwerpunkt. Der Übergang vom Beruf in die Pension, die zunehmenden Kosten für Gesundheit und Pflege, die Solidarität zwischen den Generationen und die im Schnitt um 41 % niedrigere Pension von Frauen gegenüber Männern waren einige der Themen. Das Thema wurde im Laufe des Jahres durch Veranstaltungen und eine Fachkooperation zwischen Arbeiterkammer und Universität Innsbruck vertieft.

Die VP-FP-Bundesregierung sorgte weiterhin laufend für Proteste, sei es bei der Hacklerregelung („Heißt hackeln bis zum Umfallen" – Fritz Dinkhauser) oder bei der Pensionsreform insgesamt („Tiroler Saisonbeschäftigte und Teilzeitkräfte sind Hauptverlierer" – AK-Aussendung vom 8. April 2003).

2002/2003 wurde die Ehrung der Arbeitsjubilarinnen und -jubilare umgestellt, mehrere Bezirke zusammengefasst und die Innsbrucker Messehalle angemietet. Vielbeklatschter Gast war häufig Victor Haid alias „Herr Reindl", bekannt von seinem wöchentlichen Auftritt im Fernsehen. Ein Markenzeichen waren die kurzen Reden. 1.200 Jubilare kamen aus Landeck, Imst und Schwaz, 2.000 aus Innsbruck und Umgebung, insgesamt aus allen Bezirken rund 6.400 Mitglieder. Darüber hinaus werden ArbeitsjubilarInnen auch im Rahmen von Betriebsehrungen Urkunden und Ehrengeschenke überreicht.

Das Konzept der „Sozialmärkte", in denen bedürftige Menschen Lebensmittel und Gebrauchsartikel des täglichen Bedarfs kostenlos oder sehr günstig erwerben können, die anderswo nicht mehr verkauft werden (können), war in Europa schon verschiedentlich ausprobiert worden. Im Jänner 2004 führte Präsident Dinkhauser ein Gespräch mit dem Bischof der katholischen Kirche Manfred Scheuer und stieß mit dieser Idee auf offene Ohren.

Die Arbeiterkammerwahl 2004 brachte für die Liste Dinkhauser-ÖAAB einen Verlust von zwei Mandaten, die FSG gewann vier, die Grünen zwei, die FP verlor vier Mandate und SOLI blieb unverändert, sodass die Verteilung in der Vollversammlung 44 AAB, 17 FSG, 5 FP, 2 Grüne und 2 SOLI lautete. Die Wahlbeteiligung war von 60 % auf 55 % zurückgegangen. Die FP schied wieder aus dem Vorstand aus, dort lautete das Verhältnis jetzt 8 ÖAAB zu 3 FSG-SPÖ. Vizepräsidenten waren ab der konstituierenden Vollversammlung Reinhold Winkler und Erwin Zangerl für AAB-FCG-VP und Otto Leist für die Sozialdemokratischen GewerkschafterInnen.

Thematisch blieb die Arbeiterkammer Tirol gemeinsam mit den Gewerkschaften auf Abwehrkurs gegenüber den Privatisierungsplänen der Regierung. Die damalige

„Herr Reindl" mit den Vizepräsidenten Hermann Lindner, Erwin Zangerl und Hans Weber

Jubilareehrungen als Dank für langjährige Zugehörigkeit zu Betrieb und Arbeiterkammer

Privatisierung der Bundeswohnungen (BUWOG) ist 2021 ebenso noch Thema wie die kriminellen Begleiterscheinungen, die man eigentlich von den großen Privatisierungen in anderen Ländern (z. B. British Rail) schon ausreichend kannte.

Zum Jahreswechsel verwies Präsident Dinkhauser auf die Tiroler „Offensiven für Innovation und Beschäftigung", die auf die AK zurückzuführen sind, darunter Wirtschaftsleitbild, Cluster-Studie, Zukunftsstiftung, Fachhochschulen, Bildungsgeld-Update oder Arbeitsmarkt-Ges. m. b. H. Ein neues Zukunftskonzept legte den Fokus auf die Stärkung Tirols als Handwerks- und Kunsthandwerksregion Europas, womit pro Jahr rund 400 neue „hochqualitative" Arbeitsplätze geschaffen werden sollten.

Am 23. Juni 2006 konnte in Reutte die neue Geschäftsstelle in der Mühlerstraße 22 mit einem Tag der offenen Tür eröffnet werden. 120 Quadratmeter Büro- und Besprechungsräume und 350 Quadratmeter für das BFI und für Schulungsräume wurden innerhalb eines Jahres geschaffen.

Für das erweiterte Beratungsangebot im Bezirk adaptiert – Eröffnung der neuen AK-Bezirkskammer in Reutte, v. l. n. r.: Direktor Dr. Fritz Baumann, P. Werner Gregorschitz, Dekan Mag. Franz Neuner, Mag. Mathias Steger und Bgm. Helmut Wiesenegg

Im Jahr 2006 übernahm Dr. Fritz Baumann die Leitung des Kammerbüros.

Die neuen Technologien brachten neue Eingriffsmöglichkeiten in die Privatsphäre von Arbeitnehmerinnen und Arbeitnehmern. Die AK musste immer wieder den Weg zu den Gerichten beschreiten, um unzulässige Eingriffe in die Persönlichkeitsrechte zu unterbinden. So auch bei der Erfassung biometrischer Daten, wenn ArbeitnehmerInnen für die Zeiterfassung ihren Fingerabdruck scannen lassen müssen. „Dies ist ohne Zustimmung des Betriebsrates unzulässig", urteilte der Oberste Gerichtshof 2007. Dass der Klagsgegner mit dem Bezirkskrankenhaus St. Johann ein Unternehmen der öffentlichen Hand war, macht die Sache eigentlich nur schlimmer und ohne den Schutz der AK würden es sich viele überlegen, bis zum OGH zu prozessieren.

Einem gefährlichen Phänomen waren die Konsumentenschützer der AK Tirol auf der Spur: den Pestizid-Cocktails. Zwar waren einzelne Schadstoffe in Obst oder Gemüse nur in der höchstzulässigen Menge enthalten, aber: „Die Menge der verschiedenen Schadstoffe machte das Gift". Die Wirtschaftskammer wiegelte ab: alles ungefährlich! In den nächsten Jahren wurde das Problem zunehmend erkannt und teils auch „behoben".

Schwaz erhielt am 11. Mai 2007 sein neues „AK-Schutzhaus" in der Münchnerstraße 20, der alte Standort samt Volkshaus war aufgegeben worden.

2008 bis 2010

Das Jahr 2008 begann mit einer Erfolgsmeldung in Bezug auf die Bildungskarenz. Die AK Tirol hatte diese Möglichkeit von Beginn an propagiert und Modelle entwickelt, damit diese Zeit tatsächlich für Weiterbildung genutzt werden konnte und nicht nur als zweifellos willkommene Verlängerung der Mutterschaftskarenz.

In einer Studie wurden Schwachstellen herausgefiltert und Verbesserungsvorschläge hinsichtlich Mindestbeschäftigungsdauer, Saisonbeschäftigten und Höhe des Weiterbildungsgeldes gemacht, alle Vorschläge wurden vom Nationalrat umgesetzt.

Am 16. Mai 2008 kam es in der 150. Vollversammlung zum Wechsel von Präsident Dinkhauser zu Präsident Zangerl. Dinkhauser hatte sich entschlossen, direkt in die Politik einzusteigen und für den Landtag zu kandidieren. Sogar die Position des Landeshauptmannes schien in Reichweite. Am 8. Juni war die Landtagswahl. Über 17 Jahre war er Gesicht und Stimme der Tiroler Arbeiterkammer gewesen und das weit über Tirol hinaus.

Die Auseinandersetzungen um die Agrargemeinschaften wurde nun „in Stereo" geführt: In der Arbeiterkammer Präsident Zangerl, im Landtag Altpräsident LAbg. Fritz Dinkhauser und LAbg. RA Dr. Brugger, einer der besten Kenner der Materie. Schon im Juni 2006 hatte Dinkhauser in einer AK-Pressekonferenz die Rückgabe der Grundstücke an die Gemeinden verlangt. Die ursprünglich rein landwirtschaftlich genutzten Wälder und Weiden waren inzwischen sehr wertvoll geworden.

Es ging um Gerechtigkeit bei Grund und Boden. Viele dieser Grundstücke hatten ursprünglich allen GemeindebürgerInnen gehört. Durch klare Entscheidungen des Verfassungsgerichtshofes war der Landtag zum Handeln gezwungen. Die Mitstreiter von AK und „Liste Fritz" in dieser Auseinandersetzung sollen nicht unerwähnt bleiben: Der zuständige, mutige Landesbeamte Dr. Sepp Guggenberger, der SP-Landtagsabgeordnete Mag. Helmut Bachmann, der SP-Klubdirektor Dr. Günther Hye und

Erwin Zangerl: Lebensschutz heißt bessere Einkommen und Schutz gegen die dramatischen Steigerungen bei Lebenshaltung und Wohnkosten.

Gemeindeverbandspräsident und VP-Bürgermeister Ernst Schöpf.

Präsident Zangerl suchte den Kreis der Unterstützer für Arbeitnehmeranliegen zu erweitern und intensivierte die Beziehungen zu den Gemeinderäten. Auftakt war eine Einladung zum 1. AK-Oktoberfest bei der Innsbrucker Herbstmesse, rund 700 Gemeinderäte und Betriebsräte folgten dieser Einladung. Zangerl verwies auf eine mögliche Win-Win-Situation: Die Arbeiterkammer kann den Gemeinderäten in vielen Fragen kompetentes Fachwissen liefern und umgekehrt können dadurch Interessen der ArbeitnehmerInnen in den Gemeinden besser berücksichtigt werden.

Im Februar und März 2009 fanden Arbeiterkammerwahlen statt. Von den 219.518 Wahlberechtigten konnten 174.000 ab 12. Februar ihre Stimme per Briefwahl abgeben, von 2. bis 13. März wurde in den Betriebswahlsprengeln gewählt. Die Liste Zangerl AAB-FCG erreichte 63 % und

Erwin Zangerl

Geboren am 13. Jänner 1958 in Innsbruck. Begann seine berufliche Laufbahn bei der Österreichischen Post, wo er nicht nur eine Reihe von Ausbildungen absolvierte, sondern sich auch gewerkschaftlich engagierte und schon mit 20 Jahren erstmals zum Personalvertreter gewählt wurde. Zwischen 1986 und 2008 war er Obmann der damals noch gemeinsamen Personalvertretung für Post, Telekom und Postbus und erlebte die Aufteilung und den teilweisen Ausverkauf der staatlichen Post in der Zeit von Bundeskanzler Dr. Schüssel hautnah. Obwohl seit Jugendzeit in der ÖVP und im ÖAAB engagiert, war er einer der schärfsten Kritiker dieser Entwicklung. 1989 wurde er erstmals in die AK gewählt und ist seit 2008 Präsident der Tiroler Arbeiterkammer und Vizepräsident der Bundesarbeiterkammer.

Klärung gemeinsamer Interessen beim Treffen der Betriebsräte und Gemeinderäte Tirols beim AK-Oktoberfest

Hoher Besuch beim Tag der Offenen Tür in Landeck, v. l. n. r.: Bezirksstellenleiter Mag. Peter Comina, Präs. Erwin Zangerl, Landeshauptmann Günther Platter und Vbgm. Herbert Mayer (seit Ende 2020 Bürgermeister von Landeck)

konnte ihre Mandate von 44 auf 46 erhöhen, die FSG-SPÖ verlor drei Mandate und erreichte 14, die Grünen blieben mit fünf Mandaten gleich und wurden wieder drittstärkste Fraktion, die freiheitlichen Arbeitnehmer erhöhten von zwei auf vier Mandate und die Liste SOLI erreichte nur noch ein Mandat. Die Wahlbeteiligung betrug 53 %.

Die Vollversammlung wählte Erwin Zangerl am 27. März 2009 ohne Gegenstimme wieder zum Präsidenten. Er wurde unmittelbar vom anwesenden Sozialminister Rudolf Hundstorfer angelobt. Reinhold Winkler, Verena Steinlechner-Graziadei und Ambros Knapp (alle AAB) wurden zu Vizepräsidenten gewählt.

Es war die Zeit der Bankenkrise mit steigender Arbeitslosigkeit und angespannten öffentlichen Kassen. Umso wichtiger war es, dass Zangerl auf die neue Landesarbeitsstiftung und die verbesserten Regelungen für Kurzarbeit und Bildungskarenz verweisen konnte. Im Verlauf des Jahres konnten auch die Verhandlungen über eine Reform des Tiroler Arbeitnehmerförderungsgesetzes zu einem positiven Abschluss gebracht werden. Die Mittel des Landes wurden von 3,4 auf 5,3 Millionen Euro erhöht.

Schon unter Präsident Dinkhauser waren die Bezirkskammern modernisiert worden. 2009 hatte Zangerl damit begonnen, die Geschäftsstellen in den Bezirken auch zu Treffpunkten für die Betriebsräte und ArbeitnehmerInnen umzugestalten. Das geschah vor allem durch eine große Zahl von Veranstaltungen, Informationen zu interessanten Themen, die Einladung von Schulen, die Durchführung von Ausstellungen oder als Raum für Betriebsversammlungen und Mitarbeiterehrungen.

Ab 2010 lässt sich diese Entwicklung auch in den Jahresberichten nachvollziehen: In Imst gab es 17 Veranstaltungen, in Kitzbühel 12, in Kufstein 8, in Landeck 13, in Lienz 14, in Reutte 10, in Schwaz 10 und in Telfs wurde am 6. November 2010 die neue Bezirkskammer mit einem „Herbstmarkt" eröffnet.

Die mediale Betreuung all dieser Veranstaltungen und natürlich auch jener in Innsbruck erfolgte durch die Stabsstelle „Presse- und Öffentlichkeitsarbeit".

161 Presseaussendungen, 11 Ausgaben der Tiroler Arbeiterzeitung und 8 Pressegespräche waren nur ein Teil der Arbeit. Für „Echo am Freitag", das wöchentlich an alle Tiroler Haushalte geht, wurden 46 AK-Infoboxen gestaltet, für den Bezirksblätter-Ombudsmann 25 Kolumnen geschrieben, für das Monatsmagazin Echo 10 Seiten der Arbeiterkammer gestaltet, 17 Seiten für die TT am Sonntag und 11 Seiten für die Tiroler Krone, um nur einiges zu nennen. Alle Seiten waren als Einschaltungen der AK gekennzeichnet. Dazu gab es regelmäßige Newsletter für Betriebsräte, für Lehrlinge und für Bildungsinfos.

Das Internetportal verzeichnete inzwischen 852.642 Zugriffe, es gab Radio- und Fernsehbeiträge und fast 17.000 Mitglieder wurden 2010 zu den Jubilarfeiern eingeladen.

Raum für Kunst auch in den AK Bezirkskammern – Ausstellung Sabine Daum 2013 in Telfs, v. l. n. r.: Gemeindeamtsleiter Mag. Bernhard Schermer, KR Martin Schaffenrath, Sabine Daum und der Leiter der Bezirkskammer Mag. Gregor Prantl

Mit den AK-Bezirkskammern nahe bei den Mitgliedern. Links (v. o.): Imst, Kitzbühel, Kufstein, Telfs; rechts (v. o.): Lienz, Reutte, Schwaz, Landeck, Wörgl

2011 bis 2014

Am Josefitag 2011 wurde eine gemeinsame Erklärung von Arbeiterkammer, ÖGB, Diözese Innsbruck und Katholischer Arbeitnehmerbewegung unterzeichnet. Darin wurden alle Verantwortlichen auf Landes- und Bundesebene aufgerufen, im Kampf gegen die Armut zusammenzuarbeiten. Die AK hatte mit ihrem Unterstützungsfonds einen wichtigen Schritt gesetzt.

Bei den PISA-Tests gab es auf Initiative der AK 2011 erstmals regionale Vergleichsdaten zu Südtirol, wo die gemeinsame Mittelschule für alle Kinder schon seit Jahrzehnten Praxis ist. Diese Daten haben einen Beitrag dazu geleistet, dass es bei den Koalitionsverhandlungen auf Landesebene und für die Stadt Innsbruck Einigkeit darüber gab, dass die gemeinsame Schule von sechs bis 14 eingeführt werden soll.

In der Vollversammlung im Herbst 2011 wurde einstimmig beschlossen, Berufsförderungsinstitut und Zukunftszentrum zusammenzuführen. Der Erlös aus dem Verkauf der Liegenschaft in der Universitätsstraße wurde in die Modernisierung des Bildungshauses „Seehof" investiert.

Am 1.10.2011 wurde die erweiterte Bezirkskammer am Kufsteiner Arkadenplatz mit einem gemütlichen Beisammensein der Bevölkerung übergeben.

Erfahrungen aus der Beratung, Informationen durch die KammerrätInnen oder Gutachten und wissenschaftliche Erhebungen bilden die Grundlage für Aktivitäten und Vorschläge der AK. So waren die Erfahrungen der KonsumentenberaterInnen und eine Studie über Ursachen der Verschuldung privater Haushalte Anlass für die AK, den Schulen Unterrichtsmaterial samt TrainerInnen mit dem Titel „Schau aufs Geld" anzubieten. Ein- und Ausgabenrechnungen, die echten Kosten von Darlehen und vieles mehr an nützlichen Tipps waren in einer Mappe zusammengefasst und 2012 haben 133 Schulklassen mit 2.338 Jugendlichen daran teilgenommen. Die Evaluierungen zeigten aber Überarbeitungsbedarf, außerdem mussten die neuen Handytechnologien berücksichtigt werden. Nach einem gründlichen Relaunch war das Interesse an diesem Angebot größer als je zuvor. Auch die Berufsorientierungsmappe „My Future – Schritt für Schritt zum Wunschberuf" für Schülerinnen und Schüler der 7. und 8. Schulstufe fand großen Anklang.

2012 erfolgte auch der Auftakt zur Veranstaltungsreihe „Systemfehler: Spaltungsdiskurse – populistisches Krisenbearbeitungsinstrument?" Hinter diesem sperrigen Titel wurden spannende Themen diskutiert, die tief unter die Oberfläche gesellschaftlicher Strukturen reichten. ReferentInnen waren u. a. Hans-Henning Scharsach, Elisabeth Klaus, Anton Pelinka und Karin Priester. Präsident Zangerl thematisierte auf Seite 1 der Tiroler Arbeiterzeitung vom Oktober 2012 die Schieflage zwischen Vermögen und Arbeitseinkommen: „Die Reichen werden immer reicher, die Beschäftigten werden mehr belastet!" Die österreichweite Kampagne der Arbeiterkammern zum Thema Verteilungsgerechtigkeit hat die Zustimmung zu einer gerechten Vermögensbesteuerung deutlich erhöht.

Intern folgte als Direktor Mag. Gerhard Pirchner auf Dr. Fritz Baumann, der in Pension ging.

Am 28. April 2013 war in Tirol Landtagswahl. Die umfangreichen Forderungsprogramme für die neugewählten Abgeordneten, seit 1971 üblich, waren auch diesmal wieder im Entstehen. Diesmal aber wollte die Arbeiterkammer schon im Vorfeld wissen, was die Parteien und KandidatInnen vorhaben und voraussichtlich unterstützen werden. Auf der Titelseite der Tiroler Arbeiterzeitung vom Februar 2013 stellten die Obleute der Fraktionen in der Kammervollversammlung Erwin Zangerl (AAB), Günter Mayr (FSG), Helmut Deutinger (Grüne) und Herbert Mariacher (FP) ihre zentralen Forderungen an die

Berufsorientierung mit aktuellen didaktischen Mitteln: My Future

Wahlparteien für die Landtagswahl vor und wollten u. a. Antworten auf die Fragen, wie der Wohnbau sozial werden kann, wie Betriebe mit Vollzeitarbeitsplätzen angesiedelt werden können, wie Besitz und Vermögen gerechter aufgeteilt und die VVT-Preise ähnlich günstig werden können wie in anderen österreichischen Verkehrsverbünden. Die Arbeiterkammer machte auch eine Art Wahlaufruf, aber nicht für eine bestimmte Partei, sondern die Aufforderung lautete „Wählen Sie Kammerräte und Betriebsräte in den Landtag! Damit Tirol sozialer und zukunftsfähiger wird."

Eine telefonische Umfrage zur Zufriedenheit mit der Arbeiterkammer bei 10.000 Mitgliedern brachte für die Kammerführung mit Blick auf die für 2014 anstehende Kammerwahl ein gutes Ergebnis:[33] Drei Viertel der Mitglieder fühlten sich sehr gut und gut betreut, 2 % waren der Meinung, die AK soll sich mehr um sie kümmern.

Bei der Arbeiterkammerwahl 2014 kam diese Zufriedenheit dann auch zum Ausdruck. Präsident Zangerl hatte den anderen Fraktionen wenig Themen für politische Differenzen gelassen.

Von den 246.462 Wahlberechtigten gingen 41 % zur Wahl und davon haben 64 % wiederum der Liste Erwin Zangerl AAB-FCG ihre Stimme gegeben. Das ergab einen Zuwachs um ein Mandat, die FSG verlor eines, die Grünen gewannen eines und die FP-ArbeitnehmerInnen blieben bei ihren vier Mandaten, für die Liste SOLI reichte es diesmal nicht mehr für den Einzug in die Vollversammlung. Dort lautete das Verhältnis nun 47:13:6:4 und im Vorstand 8 (AAB), 2 FSG und 1 Grüne.

Präsident Zangerl wurde wiederum zum Präsidenten gewählt, Verena Steinlechner-Graziadei, Reinhold Winkler und Ambros Knapp (alle ÖAAB) blieben VizepräsidentInnen.

Die großen interessenpolitischen Themen waren durch die hohe Arbeitslosigkeit und die angekündigte Steuersenkung vorgegeben. 22.787 Arbeitslose im März und das trotz der höchsten Zahl an Beschäftigten, die es jemals

Der neue Vorstand 2014, v. l. n. r.: Vizepr. Verena Steinlechner-Graziadei, Präs. Erwin Zangerl, Tanja Rupprecht, Vizepr. Ambros Knapp, Werner Salzburger, Vizepr. Reinhold Winkler, Fritz Gurgiser, Günter Mayr, Bernhard Höfler, Helmut Deutinger und LAbg. Toni Pertl

gegeben hatte? Für die Arbeiterkammer war das eine Bestätigung für falsche Strukturen: Die Zahl an ganzjährigen Vollzeitarbeitskräften hat ständig abgenommen und viele meist schlecht bezahlte Teilzeitjobs konnten das nicht wettmachen.

2015 bis 2020

Am 9. März 2015 war Max Schrems Gast in der Arbeiterkammer Tirol. Er hatte im Kampf gegen Facebook und bei diversen EU-Hearings in Sachen Datenschutz viele Erfahrungen gesammelt und war bereit, diese mit Interessierten im Rahmen eines Vortrages zu teilen. In den Betrieben ist die Digitalisierung alltäglich und die Arbeit greift über „Social Media" fast ständig ins Private ein, Arbeitszeiten werden zunehmend unabhängig von der Anwesenheit am Arbeitsort und die früher vielleicht in der Aktentasche mitgebrachte Arbeit für zu Hause liegt heute via Smartphone oder Tablet überall bereit. Das war daher ein Thema, das alle Abteilungen der AK, vom Arbeitsrecht über die Bildung, den Konsumentenschutz und die Wirtschaftspolitik betraf.

Eine neue Serie anderer Art war „Schüler vor Ort". Sie hängt ebenfalls mit der Forcierung der Bezirkskammern zusammen. Neben den bestehenden Fachvorträgen an Schulen ist dies die Einladung an Schulklassen, sich direkt in der Arbeiterkammer ihres Bezirkes anzusehen, was eine Interessenvertretung macht, welche Funktion sie in einer Region einnimmt und in welchen Bereichen man dort Rat und Hilfe erwarten kann.

Die österreichweite Unterschriftenaktion für eine Steuerreform hatte, ausgehend von den Arbeiterkammern in Tirol und Vorarlberg und durchgeführt gemeinsam mit dem ÖGB, eine stolze Zahl von 882.184 Unterschriften erbracht. In der Bundesregierung hatte man sich auf ein Entlastungsvolumen von 5,2 Milliarden Euro geeinigt. Dies sollte vor allem eine „Entlastung des Faktors Arbeit" bringen. Alles in allem hatten sich Arbeiterkammer und Gewerkschaft mit ihren Forderungen durchgesetzt. Die Entlastung der Arbeitnehmerinnen und Arbeitnehmer wurde in der Folge auch durch eine verbesserte Konjunktur und sinkende Arbeitslosenzahlen spürbar.

Im Vorfeld der Gemeinderatswahlen am 28. Februar 2016 startete die AK 2015 ein „Gemeinderätekolleg". Dieses Angebot wurde im Jahr darauf erweitert und neben den Lehrgängen im Bildungshaus „Seehof" gab es für die neugewählten Gemeinderäte „mit Arbeitnehmerhintergrund" Seminare in Imst, Lienz und Kufstein.

2016 war auch ein Jubiläumsjahr, die Arbeiterkammer beging den 70. Jahrestag der Wiedererrichtung nach dem

Bringen Praxis und Abwechslung in den Schulalltag: Vorträge in Schulklassen und Einladungen in die Arbeiterkammer. Im Bild die Polytechnische Schule Kitzbühel mit dem Leiter der Bezirkskammer Mag. Christian Pletzer (links), die beim „Wirtschaftsplanspiel" viele interessante Erkenntnisse mitnehmen konnte.

VertreterInnen aller Einrichtungen, die sich mit Hilfe bei Armut beschäftigen, beim Josefitreffen der AK Tirol

2. Weltkrieg. Am 20. Mai wurde im Rahmen der Vollversammlung daran erinnert.

Im Mai 2016 stellte die AK ein Maßnahmenpaket zur Verhinderung von Armut trotz geregelter Arbeit vor:

- Faire Entlohnung durch schrittweise Anhebung der kollektivvertraglichen Mindestlöhne und -gehälter auf monatlich 1.700 Euro brutto in allen Branchen.
- Gleicher Lohn für gleichwertige Arbeit von Frauen und Männern.
- Richtige Einstufungen laut Kollektivvertrag.
- Korrekte Bezahlung der Über- und Mehrarbeitsstunden.
- Abschaffung kurzer Verfallsfristen von Entgeltansprüchen.
- Umsetzung des Lohn- und Sozialdumping-Bekämpfungsgesetzes durch verstärkte Kontrollen mit entsprechender Personalausstattung.
- Modernisierung des Arbeitsrechts durch Erweiterung des Arbeitnehmerbegriffs: Für sogenannte Scheinselbständige muss der kollektivvertragliche Schutz gelten.

Am 18. Juni wurde die neue Bezirkskammer in Reutte eröffnet, auch der ÖGB war in bewährter Weise dort untergebracht worden.

2017 beschäftigte sich eine ganze Ausgabe der WISO der AK Tirol mit dem Thema „In Armut trotz Arbeit". Zum „Josefikreis" am 19. März trafen sich VertreterInnen von rund 40 karitativen Organisationen und verabschiedeten eine von Diözese, AK und ÖGB verfasste Resolution zum Thema „Armut gefährdet Europa". Es war ein wichtiges Signal, neigen doch reiche Gesellschaften immer dazu, die Armut im eigenen Land zu übersehen.

Hohe Wohnkosten in einer Region verursachen Armut. Die AK analysiert regelmäßig die Wohnkosten und die auslösenden „Preistreiber". So offenbarte eine Analyse dreier konkreter Wohnbauprojekte in Innsbruck, dass von den insgesamt 202 Wohnungen über 50 % an ausländische Investoren (vielfach aus Südtirol) verkauft wurden. „Wohnen ist ein Grundrecht und kein Feld für Spekulanten!"[34] stellte die AK fest und forderte steuerliche und raumordnerische Maßnahmen, das zu unterbinden.

Bereits 2013 legte die AK die Studie „Leistbarer Wohnraum in Tirol" von Jürgen und Nebahat Huber vor. Es folgten Resolutionen zum Josefitag 2015 und 2016, das Impulsprogramm der Sozialpartner für leistbares Wohnen vom Juni 2016, ein Gutachten von Prof. Karl Weber über die Möglichkeiten und Grenzen der Weiterentwicklung des Tiroler Raumordnungsgesetzes im Hinblick auf „leistbares Wohnen" 2018 und schließlich eine ausführliche

Analyse zum Thema „Freizeitwohnsitze" und deren Auswirkungen auf den Wohnungsmarkt.[35]

Im Wohnpaket der Tiroler Landesregierung vom Jänner 2019 wurde eine ganze Reihe dieser Vorschläge in einer Punktation berücksichtigt. Bei der konkreten Formulierung der Gesetze ist ein erhöhtes Tempo angesagt.

Wie fast alle großen Organisationen lässt auch die Arbeiterkammer verschiedene ihrer eigenen Aktivitäten in Umfragen testen. So führte das market-Institut Ende April 2017 eine repräsentative Umfrage durch, bei der auch gefragt wurde, wie die Vorschläge der Arbeiterkammer bewertet werden. Den ersten Platz für „Die besten Ideen für die Zukunft Tirols" wiesen die Befragten zu 32 % der Arbeiterkammer zu, gefolgt von Landesregierung und ÖVP mit je 26 %; Schlusslichter waren die Industriellenvereinigung mit 9 % und die Neos und die Kirche mit je 7 %.

2017 ging auch die AK werkstatt in Betrieb, ein multimediales Workshopzentrum in unmittelbarer Nähe zur großen öffentlichen AK-Bücherei in der Maximilianstraße in Innsbruck. Dabei werden die verschiedenen Themenangebote wie Wirtschaftsplanspiele, Finanzworkshops oder Bewerbungscoaching mit digitalen Formen verbunden.

Zu den Highlights der letzten Jahre zählte die Eröffnung der neuen Räume für die Arbeiterkammer in Lienz mit einem Tag der Offenen Tür am 5. Mai 2018 und die Erweiterung der digitalen Bibliothek um 3.000 Hörbücher und Sprachkurse für 16 Sprachen!

2018 begann erneut eine Diskussion um das System der gesetzlichen Sozialversicherungen, wie sie seit dem ASVG 1955 verwirklicht war. ArbeitnehmerInnen und ArbeitgeberInnen zahlen bei jedem Arbeitsverhältnis Beiträge in die Kranken-, Unfall- und Pensionsversicherung ein. Beide Seiten sollen selbständig jene Organisationen verwalten, die diese Beiträge einheben und daraus die Leistungen an ÄrztInnen, Krankenanstalten etc. zahlen. Die gesetzlichen Interessenvertretungen nominieren die Vertreter in den Kassen, die Mehrheitsverhältnisse orientieren sich an der Art der Berufstätigkeit der Versicherten, Arbeitgeberbeiträge gelten auch als einbehaltener Lohn.

Die neue Bundesregierung aus VP und FP hatte hinsichtlich der Krankenkassen dreierlei im Sinn: eine weitere Zusammenführung und Zentralisierung als Mittel zur Einführung einheitlicher Leistungen in ganz Österreich, Kosteneinsparung durch erhoffte Synergieeffekte und eine politische Machtverschiebung durch die Neubestellung aller Gremien.

Die Gebietskrankenkassen wurden zu einer Österreichischen Gesundheitskasse (ÖGK) fusioniert, die ArbeitgeberInnen erhielten bei der Arbeitnehmerkrankenversicherung einen Hälfteeinfluss und die diversen Führungs- und sonstigen Positionen wurden neu verteilt, wobei die UnternehmervertreterInnen und die von der VP gestellten ArbeitnehmervertreterInnen rechnerisch in den Leitungsgremien fast überall über eine Mehrheit verfügten. Abstimmungen verliefen in der Folge aber nicht nur entlang der Parteigrenzen, sondern es gab auch gemeinsame Beschlüsse der ArbeitnehmervertreterInnen gegen die ArbeitgebervertreterInnen.

Die AK Tirol wandte sich massiv gegen diese Regierungspläne und trat für die Beibehaltung der Selbstän-

Wirtschaftsplanspiele analog und digital in der AK werkstatt

Der AK-Vorstand ab 2019, v. l. n. r.: Bernhard Höfler, Vizepräsident Klaus Rainer, Tanja Rupprecht, Werner Salzburger, Doris Bergmann, Gerhard Hödl, Präsident Erwin Zangerl, Vizepräsidentin Verena Steinlechner-Graziadei, LAbg. Patrick Haslwanter, Vizepräsident Christoph Stillebacher und Dr. Stephan Bertel

digkeit der Tiroler Gebietskrankenkasse ein. Die Entscheidungen sollten hier und nicht nur in Wien getroffen werden, der Abfluss von Beiträgen sei zu verhindern und der Eingriff in die Selbstverwaltung verfassungswidrig.

Der Gang zum Verfassungsgerichtshof wurde 2019 beschritten und endete mit einem Teilerfolg.[36] Insgesamt waren 14 Anträge auf Verfassungsprüfung beim Verfassungsgerichtshof eingebracht worden. Viele Bestimmungen, die einen unmittelbaren Einfluss des zuständigen Ministeriums enthielten, wurden aufgehoben. Ebenso Bestimmungen, welche die Dienstgeberkurie eindeutig bevorzugten. In den Grundzügen blieb die Reform und der deutlich vergrößerte Einfluss der UnternehmerInnen auf die Kassen der ArbeitnehmerInnen bestehen. Seit der Schaffung der Sozialversicherung vor rund 100 Jahren und dem ASVG 1955 hatten die Arbeitnehmerinnen und Arbeitnehmer „ihre" Krankenkasse selbst verwaltet (die Jahre der Diktaturen ausgenommen), und das durchwegs wirtschaftlich deutlich besser als die ArbeitgeberInnen ihre Selbständigenkassen für UnternehmerInnen und BäuerInnen. Diese brauchten durchweg höhere staatliche Zuschüsse als die Kassen der ArbeiterInnen und Angestellten und gaben jetzt bei den ArbeitnehmerInnen den Ton an.

2019 wurde bereits zwischen 28. Jänner und 7. Februar gewählt.

Die Liste Erwin Zangerl AAB verlor diesmal zwei Mandate, die FSG gewann eines, die Freiheitlichen sogar zwei und die Grünen verloren eines. Die 70 Mandate in der Vollversammlung verteilten sich wie folgt: 45 AAB-FCG, 14 FSG-SP, 6 Freiheitliche, 5 Grüne. Im Vorstand der Kammer lautete das Verhältnis jetzt 8 AAB:2 FSG:1 FP.

Erwin Zangerl wurde wieder zum Präsidenten gewählt, Verena Steinlechner-Graziadei zur Vizepräsidentin und eine Generationenablöse erfolgte durch die beiden neuen Vizepräsidenten Klaus Rainer und Christoph Stillebacher.

Die Einrichtung eines neuen Ausschusses in der Arbeiterkammer ist immer ein Zeichen dafür, dass etwas wichtig wird, jedenfalls in der aktuellen Situation. 2019 war es der neue Ausschuss für die Gesundheitsberufe, zu dessen Vorsitzendem Kammerrat Gerhard Margreiter gewählt wurde. Viele Jahre war es nicht ganz klar, wer sich um die nichtärztlichen Gesundheitsberufe wirklich kümmern wird. Es gab eigene Vereinigungen und Organisationen, Referate in der Gewerkschaft und dann die Entscheidung des Gesetzgebers für ein Register, dessen Führung der Arbeiterkammer oblag. Mit 1. Juli 2018 wurde die Registrierung (Ausbildungen, Weiterbildung) und Ausstellung der entsprechenden Ausweise gestartet, für Tirol wurde mit 16.000 Registrierungen gerechnet, bis Mitte 2019 waren 15.650 Personen in Tirol und 170.000 Personen in ganz Österreich registriert. Dieses Register hat in der Corona-Pandemie erstmals seine Nützlichkeit erwiesen, als es darum ging, vor allem bei den Massentests im Dezember ausreichend ausgebildetes Personal zur Mitarbeit zu gewinnen, aber auch, wenn die Personalreserven einzelner Krankenhäuser erschöpft waren.

Der Ausschuss für die Gesundheitsberufe und ein eigenes Referat waren die logische Konsequenz in Anbetracht einer Gruppe von Personen, die immerhin rund 5 % der AK-Mitglieder ausmachte. Die AK hat hier einiges an Service zu bieten, wie es ein externer Verein kaum kann: arbeitsrechtliche Expertise, gewonnen auch aus vielen Gerichtsprozessen in diesem Bereich. Sozialrechtliche Expertise, Erfahrungen im Bildungsbereich einschließlich der diversen Förderungen für Weiterbildung und das Bildungshaus „Seehof" sowie das Berufsförderungsinstitut, das sich damit für diese Gruppe weiter geöffnet hat.

Das Jahr 2020 begann mit Warnungen der KonsumentenschützerInnen und der Forderung nach einem Bundesländerticket für Lehrlinge, die in unterschiedlichen Bundesländern ihren Lehrplatz haben und zur Berufsschule gehen. Am 4. März wurde dann der erste Corona-Fall in Tirol bestätigt und kurz darauf alle Veranstaltungen bis Ende April abgesagt. Die gesamte Organisation wird auf eine effiziente Beratung unter Quarantänebedingungen umgestellt, die Arbeiterkammer bleibt aber zunächst auch für persönliche Beratungen geöffnet: Warnungen vor vorschnellem Einverständnis zu einer Kündigung, intensive Beratungen über die Möglichkeiten der Kurzarbeit, Eltern wollen wissen, ob sie frei bekommen, wenn sie für ihre Kinder da sein müssen, weil die Schule schließt.

Die Mitarbeiterinnen und Mitarbeiter arbeiteten teils im Homeoffice, teils in Präsenz, die nötigen Einlasskontrollen samt Desinfektionsstation etc. wurden eingerichtet. Man kann alles in allem feststellen, dass die AK Tirol für ihre Mitglieder ohne Unterbrechung als sicherer Partner in allen Fragen zur Verfügung gestanden ist. Nicht nur das: Auch bei den Beihilfen für die Härtefonds für Arbeitnehmerfamilien und an den vier Millionen Euro des Landes zur Finanzierung von Laptops, Tablets und Druckern für Kinder hat sich die AK beteiligt.

Wie bei den Steuereinnahmen des Staates oder den Beitragszahlungen der Sozialversicherung weiß auch die AK Tirol, dass durch die hohe Zahl an Arbeitslosen und die

Corona dominierte AK-Beratungen 2020

Innsbruck – Die Auswirkungen der Corona-Pandemie auf die Arbeitnehmer hatte im vergangenen Jahr die Arbeiterkammer Tirol fest im Griff. Insgesamt 324.040 Beratungen hat die AK Tirol im Vorjahr laut einer Aussendung durchgeführt. Dabei ging es überwiegend um Themen wie Jobverlust, die Angst um den Arbeitsplatz oder die aus der Kurzarbeit resultierenden Lohn- und Einkommenseinbußen, aber auch um Fragen zu Home-Office oder Schule & Corona. „Corona-bedingt waren die Beratungszahlen vor allem in den ersten Monaten nach Beginn der Krise enorm hoch, mittlerweile hat sich diese Zahl stabilisiert, wenn auch auf hohem Niveau", erklärt AK-Präsident Erwin Zangerl.

Die Beratungszahlen im Arbeitsrecht sind demnach um fast sieben Prozent auf 104.355 gestiegen. Daneben nahmen auch die Beratungen im Konsumentenschutz (+19 Prozent) sowie im Wohn- und Mietrecht (+18 Prozent) zu – alles Bereiche, die die direkten Auswirkungen der Krise widerspiegeln, wie die AK betont. „Die Zukunftsängste der Arbeitnehmerinnen und Arbeitnehmer, die mit ihren Problemen zu uns kommen, sind enorm", so der AK-Präsident. Umso erfreulicher sei die Summe der Vertretungserfolge, die von 45,3 Mio. auf 48,7 Mio. Euro gestiegen seien.

Für 2021 erwartet Zangerl aufgrund der hohen Arbeitslosen- sowie Kurzarbeitszahlen eine weiterhin hohe Beratungsleistung. *(TT)*

Die AK Tirol erkämpfte 48,7 Mio. Euro für Arbeitnehmer. Foto: TT

Tiroler Tageszeitung vom 20. Jänner 2021, S. 22

Kurzarbeit die Einnahmen aus der Arbeiterkammerumlage einbrechen werden. Es gibt zwangsläufig auch „Einsparungen", alle Infoveranstaltungen mit TeilnehmerInnenpräsenz, die Veranstaltungen der Lehrlingswettbewerbe, die Jubilarehrungen etc. dürfen nicht stattfinden. Die Mittel werden in die zusätzliche Beratung für die Mitglieder investiert und die AK ist eine der ersten, die mit einer umfangreichen Studie von Armin Erger die Kosten der ersten sechs Monate der Corona-Krise und die Auswirkungen auf den Arbeitsmarkt auflistet.[37]

Die Sommerschule der Arbeiterkammer verzeichnete 2020 einen besonders hohen Zuspruch. Vieles war nachzuholen, was in den Zeiten des „Homeschooling" nicht erlernt werden konnte, und die Angebote des Bildungsministeriums waren fachlich und personell eingeschränkt, die AK half mit „Nachhilfe PLUS" aus. Auch die digitale AK Bibliothek erwies sich in dieser Situation als Quelle für Literatur und Wissen, um die zwangsweise verordnete Zeit zu Hause besser zu überstehen.

Die Tiroler Sozialpartner berieten in mehreren Sitzungen auf Ersuchen von Landeshauptmann Günther Platter diverse Sofortmaßnahmen zur Stabilisierung des Arbeitsmarktes und Unterstützungsleistungen. Zum Soforthilfefonds des Landes steuerte die AK Tirol nicht nur ein Sechstel der Hilfsgelder bei, sondern übernahm auch die Abwicklung. Allein in den ersten zwei Monaten des Jahres 2021 wurden 750 Anträge bearbeitet. Die nicht minder großen Aufgaben warten aber noch. Bisher waren vor allem die MedizinerInnen und ökonomische Laien am Werk. Jene, die sich die Frage stellten, wie man die bisher gewohnten Leistungen bei Krankenhäusern, in Schulen und Universitäten, bei alten Menschen, in der Prävention von Berufskrankheiten, beim Ausbau der Öffis usw. finanzieren kann, wenn hunderttausende Menschen über Monate keine Arbeit und der Staat kaum Einnahmen hat, werden künftig mehr denn je gefragt sein, und ein Impulspaket für den wirtschaftlichen und sozialen Neustart wird umso wirksamer sein, je besser es auf die regionalen Verhältnisse abgestimmt ist. Das setzt einen Konsens darüber voraus, in welche Richtung die wirtschaftliche und gesellschaftliche Entwicklung gehen soll.

Das erste Jahr des zweiten Jahrhunderts der Arbeiterkammer bringt große Herausforderungen. Anders als vor 100 Jahren gibt es schon etwas, worauf man aufbauen kann, materiell und als Erfahrungsschatz; auch die Bereitschaft, in einer Krise zusammenzustehen, ist deutlich größer als damals. Ob das ausreicht, die Ideen einer solidarischen Wirtschaft umzusetzen, wird sich zeigen.

Auf den folgenden Seiten werden einige Themen, die in der Übersicht des Kapitels 1 bereits erwähnt sind, ausführlicher dargestellt; kleinere Überschneidungen und Wiederholungen sind dabei unvermeidlich.

2. ARBEITERKAMMER UND GEWERKSCHAFT

Gewerkschafter standen an der Wiege der Arbeiterkammer. Seit die Unternehmen 1848 in Österreich in den Handelskammern ihre Vertretung gegenüber dem Staat besaßen, gab es in der organisierten Arbeitnehmerschaft die Forderung nach einer Arbeiterkammer als gleichberechtigtem Gegenüber.

Es waren Gewerkschafter, die nach dem Beschluss des Arbeiterkammergesetzes 1920 die organisatorischen Vorbereitungen für die Gründung trafen und es waren die Kandidaten der damals tätigen politischen Richtungsgewerkschaften, die sich bei der ersten Wahl 1921 auf den Listen für die Mandate in der Arbeiterkammer bewarben.

Schon in der Vollversammlung vom 14. November 1921 erhielt der Bildungsausschuss den Auftrag, eine Betriebsräte-Instruktorenschulung ins Leben zu rufen.[38] Die Unterstützung der Arbeitnehmer bei der Gründung von Betriebsräten war Aufgabe der Gewerkschaft, die fachliche Schulung sollte die Arbeiterkammer gemeinsam mit der Gewerkschaft übernehmen. Die Betriebsräte ihrerseits sollten nicht nur ihre Belegschaft vertreten, sondern als Bindeglied zwischen den Arbeitnehmern im Betrieb sowie Arbeiterkammer und Gewerkschaft wirken.

Die Zusammenarbeit zwischen Arbeiterkammer und Gewerkschaft war von Beginn an dadurch gegeben, dass die Kandidaten für die Wahl in die Vollversammlung der Arbeiterkammer auch Funktionäre in ihrer Gewerkschaft waren.

Wilhelm Scheibein hatte die Gewerkschaft der Eisenbahner in Tirol gegründet, Ernst Müller war jahrzehntelang Obmann der Druckergewerkschaft, das Vorstandsmitglied Josef Fauster war führend bei den Angestellten der Christlichen Gewerkschafter und Hans Steinegger war Vertrauensmann der Christlichen Gewerkschafter Tirols, um nur einige Beispiele aus der Anfangszeit zu nennen.

Das änderte sich auch nach 1945 im Grunde nicht, außer dass die ehemals eigenständigen Richtungsgewerkschaften nunmehr im ÖGB unter einem Dach vereint waren und stattdessen die Fraktionen im ÖGB die Kandidatenlisten erstellten. Als am 6. Juli 1945 Vertreter der SPÖ, der ÖVP und der KPÖ zur Gründung des ÖGB in Tirol zusammentrafen, war Josef Wilberger von den ehemals „freien", d. h. sozialdemokratischen, Gewerkschaftern ebenso dabei wie Rudolf Loreck von den christlichen Gewerkschaftern. Wilberger wurde erster ÖGB-Vorsitzender und ein Jahr später zum AK-Präsidenten gewählt, Rudolf Loreck gehörte dem ÖGB-Präsidium an und wurde einer der AK-Vizepräsidenten. Präsident Josef Gänsinger war Direktionssekretär der Gewerkschaft der Eisenbahner ebenso wie sein Nachfolger Hermann Schmidberger. Karl Gruber schließlich war Landessekretär der Gewerkschaft der Bau- und Holzarbeiter. Auf Seiten der Fraktion Christlicher Gewerkschafter-ÖAAB folgte auf Rudolf Loreck der Landessekretär des ÖAAB (damals noch AABB = Arbeiter-, Angestellten- und Beamtenbund) Hans Maier; er war von 1949 bis 1971 AK-Vizepräsident, ihm folgte der Rechtsschutzsekretär des ÖGB Ernst Thöni nach.

Nach der AK-Wahl 1984 und der ÖAAB/FCG-Mehrheit in der Vollversammlung änderte sich die Gewichtung in der Zusammenarbeit. Der neue Präsident Ekkehard Abendstein war Angestelltenbetriebsrat bei Swarovski in Wattens und im Gegensatz zu Gruber nicht leitender Angestellter einer Gewerkschaft, sondern Mitglied der Landesleitung der Angestelltengewerkschaft und stellvertretender ÖGB-Vorsitzender. Er betonte in seiner Antrittsrede als AK-Präsident seine Bereitschaft zur Zusammenarbeit, machte aber gleichzeitig klar, dass er die Arbeiterkammer zum ersten Sprachrohr der Arbeitnehmerschaft machen wolle. Das war dann auch der entscheidende Unterschied: Konnte man zuvor von einer Art Primat der Gewerkschaft sprechen, so wurde daraus jedenfalls in der öffentlichen

Hans Maier

Vizepräsident Hans Maier stand für über 20 Jahre für die christlichen Gewerkschafter in der Tiroler Arbeiterkammer und war bei der Konstituierung 1969 „dienstältester" Kammerrat. Er war Geschäftsführer der Neuen Heimat und Innsbrucker Vizebürgermeister.

Wahrnehmung ein Primat der Arbeiterkammer. Hatte zuvor der AK-Präsident wichtige interessenpolitische Positionierungen mit dem ÖGB-Vorsitzenden absprechen müssen (sofern nicht ohnehin Personalunion bestand), so erfolgt dies heute aufgrund einer geübten Praxis, die sich für beide Teile als vorteilhaft darstellt.

Auch Präsident Ing. Josef Kern war Betriebsrat bei der TIWAG und im Vorstand der Angestelltengewerkschaft, während Fritz Dinkhauser als Landessekretär des ÖAAB beruflich mit der Gewerkschaft und der FCG zu tun hatte. Der derzeitige Präsident Erwin Zangerl schließlich war Landesobmann der Gewerkschaft der Post- und Fernmeldebediensteten. Die Vizepräsidenten bzw. Fraktionsvorsitzenden der FSG hatten ebenfalls wichtige gewerkschaftliche Funktionen: Robert Strobl als Direktionssekretär der Gewerkschaft der Eisenbahner, Herbert Egg als Landessekretär der GPA, Hans Weber als Landessekretär der Gewerkschaft Metall-Bergbau-Energie, Otto Leist als ÖGB-Vorsitzender, Günter Mayr bei der Gewerkschaft Vida und Bernhard Höfler bei der PRO-GE. Dasselbe gilt für die Vizepräsidenten des ÖAAB Franz Fuchs als Landessekretär der Gewerkschaft Öffentlicher Dienst, Ambros Knapp als Betriebsrat der ISD (Innsbrucker Soziale Dienste), Ing. Hermann Lindner als Präsidiumsmitglied der Gewerkschaft der Gemeindebediensteten, Anna Sivetz als führende Funktionärin in der GPA und bei den ÖGB-Frauen, Verena Steinlechner-Graziadei als Betriebsrätin der IKB, Fraktionsvorsitzende der FCG und Vorsitzende der younion (ehem. Gewerkschaft der Gemeindebediensteten und der KMSfB) und Reinhold Winkler, Betriebsratsvorsitzender bei Liebherr Telfs und im Präsidium der Metallergewerkschaft. Ebenfalls in der Metallergewerkschaft war FP-Vizepräsident Anton Blünegger, Betriebsrat in den Jenbacher Werken.

Das hat sich 2019 geändert, als Präsident Zangerl mit dem langjährigen Betriebsratsvorsitzenden bei der Fa. Gebrüder Weiss, Klaus Rainer und dem ÖAAB-Bezirksobmann von Imst Christoph Stillebacher (Nachfolger von Vizepräsident Winkler) zwei Vize an seine Seite geholt hat, die in ihren Biografien keine Funktionen in der Gewerkschaft nennen.

Neben den personellen Aspekten ist die Infrastruktur in den Bezirken ein gutes Beispiel für die Zusammenarbeit. Bei der Einrichtung von Bezirkskammern wurde und wird dem ÖGB die Möglichkeit geboten, dort ebenfalls Räume zu kaufen oder anzumieten. Das hat sich sowohl für die Betriebsräte als auch für die Mitglieder als sehr praktisch herausgestellt.

Als Beispiel für gemeinsame Aktionen sei hier noch der gemeinsame AK und ÖGB Betriebssport genannt.[39] Er startete im Bereich der AK im Jänner 1980 mit einer Eisstockmeisterschaft für Betriebsmannschaften. 1983 fanden die ersten Betriebs-Schachmeisterschaften statt. Nach einigem Auf und Ab bietet der AK und ÖGB Betriebssport heute ein Angebot in rund 15 Sportarten, vom Bubble Soccer über Darts und Schneeschuhwandern bis zu Schikursen und Tourengehen.

Alle AK-Präsidenten sahen es auch als ihre Aufgabe an, die Ressourcen der Arbeiterkammer für die Stärkung der Gewerkschaften und der Betriebsräte zu nutzen. Die Argumentation ist klar: Je mehr Betriebsräte in den Tiroler Unternehmen die Mitbestimmungsrechte für ihre Kolleginnen und Kollegen nützen, desto besser sind die Arbeitsverhältnisse und desto eher werden die Regeln aus Gesetzen, Verordnungen und Kollektivverträgen eingehalten. Betriebsräte sind ein wichtiges Bindeglied zur Arbeiterkammer und zur Gewerkschaft, je besser sie geschult sind, desto besser können sie die ArbeitnehmerInnen im Betrieb vertreten. Es gibt sehr gute Nachweise, dass Betriebe mit Betriebsräten auch wirtschaftlich erfolgreicher sind als jene ohne Betriebsräte, trotzdem widersetzen sich immer noch Unternehmen (Eigentümer oder Manager) der Gründung von Betriebsräten.

Angebote in 15 verschiedenen Sportarten, vom Bogenschießen bis zum Tanzen, beim Betriebssport von Gewerkschaft und Arbeiterkammer

Der gemeinsame Ehrenschutz für alle Sportwettbewerbe als Zeichen der Zusammenarbeit: AK-Präsident Erwin Zangerl und ÖGB-Vorsitzender LAbg. Philip Wohlgemuth

Zusammenarbeit zwischen AK und ÖGB

Die Gewerkschaften verhandeln die Kollektivverträge und seit es solche Verhandlungen und Erfahrungen mit gewerkschaftlichen Organisationen gibt, steht fest, dass die Bedingungen für die ArbeitnehmerInnen in einer Branche umso besser sind, je mehr auch Mitglieder bei der Gewerkschaft sind.

Höhere Lohnabschlüsse bedeuten mehr Geld zum Leben und das ist ebenso im Interesse der Arbeiterkammer wie der Gewerkschaft, daher war und ist eine enge Zusammenarbeit die logische Konsequenz.

Einen guten Überblick über die spezifischen und die gemeinsamen Aufgaben gibt die folgende Grafik aus dem Lehrskriptum „Gewerkschaftskunde" von Richard Ondraschek.[40]

Für die Existenz der Arbeiterkammer war es in ihrer Geschichte auch bedeutsam, wie gut ihre Netzwerke in die politischen Parteien und in die Parlamentsklubs hineinreichen. Das hat sich ganz besonders im Dezember 2007 gezeigt, als durch Beschluss des Nationalrats[41] die Sozialpartnerschaft in die Verfassung aufgenommen wurde.

Kritisch wurde es meist dann, wenn so gut wie niemand in einer Regierung ein Sensorium für das hat, was Grundlage und Aufgabe einer Arbeitnehmerinteressenvertretung ist. Es wäre zu begrüßen, würde die derzeitige Regierung Kurz II diese These widerlegen.

3. DIE SOZIALEN, WIRTSCHAFTLICHEN, BERUFLICHEN UND KULTURELLEN INTERESSEN DER MITGLIEDER IM HISTORISCHEN WANDEL

Bei einer Beobachtung des Wandels in der Vertretung fällt als erstes die Entwicklung der Mitglieder auf, die zu vertreten sind.

Jahr	Wohnbevölkerung	AK-Wahlberechtigte	Anteil an der Bevölkerung
1921	314.000	35.500	11
1932	349.000	39.000	11
1949	427.000	56.000	13
1964	490.000	103.000	21
1979	580.000	138.000	24
1994	648.000	216.000	33
2009	703.000	220.000	31
2019	755.000	263.000	35

AK-Wahlberechtigte im Verhältnis zur Tiroler Bevölkerung

Die Daten stammen von den Volkszählungsübersichten der Statistik Austria, jene der AK-Wahlberechtigten aus den AK-Wahlunterlagen. Die Zahl der Mitglieder ist höher, weil die Wahlberechtigten immer nur zu einem bestimmten Stichtag erfasst werden und sich die beruflichen Tätigkeiten im Laufe eines Jahres ändern.

War es also 1921 ein zwar wichtiger, aber kleiner Teil der Bevölkerung, so hat die Arbeiterkammer unter den gesetzlichen Interessenvertretungen heute die weitaus größte Gruppe zu vertreten.

> Die AK Tirol zählt mit Jahresende 2020 rund 345.000[42] Mitglieder. Rechnet man die noch nicht berufstätigen Partner und Kinder der Mitglieder hinzu, kommt man auf mehr als 50 % der Bevölkerung, die man als Arbeitnehmerfamilien bezeichnen kann.

Die Themen der ersten Jahre

Die Aufgaben am Beginn ergaben sich aus der wirtschaftlichen Notlage. Die schwierige Situation der Gründungszeit beschreiben Dotter/Wedrac: „Im Gegensatz (zu Südtirol) litt die Industrie ganz Tirols unter einem eklatanten Rohstoffmangel. Die ehemals durchaus reichen Bodenschätze des Landes waren vielfach aufgebraucht […] Dementsprechend konnte sich die Wirtschaft in Nord- und Osttirol nur langsam erholen, viele Initiativen der Landesregierung verliefen – zumindest in den Jahren bis 1923 – im Sande. Zunächst mussten dringendere Probleme, die die Lebensbedingungen der Bevölkerung unmittelbar betrafen, gelöst werden. Neben der angespannten Ernährungslage und der hohen Inflation, betraf dies vor allem die große Wohnungsnot in Innsbruck und die steigende Arbeitslosigkeit. Beides hing nicht zuletzt mit der Teilung des Landes zusammen, da die heimkehrenden Soldaten und aus Südtirol eintreffende Flüchtlinge auf österreichischem Gebiet versorgt, beschäftigt und untergebracht werden mussten. Die ausschließlich private Bautätigkeit war während des Krieges vollkommen eingestellt worden, 1918 waren viele Gebäude zudem in einem renovierungsbedürftigen Zustand und konnten nur mit Einschränkungen bewohnt werden. Dies führte in kurzer Zeit zu einem massiven Anstieg der Mieten und verschärfte die dramatische Lebenssituation der Tiroler."[43] Arbeit und Wohnen blieben Dauerthemen.

Einfluss auf die Gesetzgebung

Die AK soll dafür sorgen, dass es bei staatlichem Handeln, sei es beim Beschluss von Gesetzen, bei einer Zustimmung zu EU-Richtlinien oder zu internationalen Verträgen, bei Verordnungen oder bei Verwaltungshandlungen staatlicher Behörden eine gerechte Behandlung für die Arbeitnehmerinnen und Arbeitnehmer gibt.

Engagierte Frauen und Männer in den Betriebsräten sind die Voraussetzung für humane Arbeitsverhältnisse. Das Bild zeigt ein Arbeitstreffen in Strass i. Zillertal mit Präs. Zangerl, Vpr.in Steinlechner-Graziadei (Mitte), AK-Vorstand Bernd Höfler (4. v. r.) und Bezirksstellenleiter Mag. Andreas Herzog (li.) im Jahr 2018.

Jeder Gesetzesentwurf soll von der AK geprüft und eine Stellungnahme abgegeben werden. Die Abgeordneten wägen die verschiedenen Positionen ab und entscheiden. Für die Bundesgesetze formulierte diese Stellungnahme die Wiener Arbeiterkammer (heute die Bundesarbeiterkammer) nach Abstimmung mit den Länderkammern. Für die Landtage waren die Länderkammern zuständig. Der Informationsaustausch zwischen den Bundesländerkammern ermöglichte es, Erfahrungen aus anderen Bundesländern in die Stellungnahmen einzubringen. Die Entwürfe werden von den ExpertInnen der AK geprüft und die Stellungnahme je nach Wichtigkeit im zuständigen AK-Ausschuss besprochen und beschlossen.

Diese Aufgabe nimmt die AK bis heute wahr. Aufgrund der wirtschaftlichen und politischen Lage betrafen diese Entwürfe in der Ersten Republik fast ausschließlich Verschlechterungen und die Arbeiterkammer reagierte mit einer ablehnenden Stellungnahme. Gänzlich anders war diese Arbeit von 1945 bis heute.

1947 begutachtete der Sozialpolitische Ausschuss Entwürfe zum Feiertagsruhegesetz, zum Jugendarbeitsgesetz, der Betriebsrätewahlordnung, zum Bäckereiarbeitergesetz und zum Arbeitsvermittlungsgesetz. Insgesamt waren Entwürfe für 32 Bundes- und 8 Landesgesetze zu begutachten, dazu kamen noch 12 Verordnungsentwürfe, überwiegend handelte es sich um Verbesserungen aus Sicht der AK.

1967 waren es bereits 101 Bundesgesetze, 6 Landesgesetze, 45 Verordnungen und 37 internationale Abkommen, darunter die Gewerbeordnung, die Einführung der Sommerzeit, das Wohnbauförderungsgesetz 1968, die Arbeitsmarktverwaltung, das Studienförderungsgesetz oder die Wohnbaurichtlinien des Landes Tirol. Die Zahlen schwanken, je nachdem, in welcher Arbeitsphase sich die Regierungen gerade befinden, aber zwischen 70 und 100 Bundesgesetze, eine ähnliche Zahl an Verordnungen, 15 bis 25 Landesgesetze und 20 bis 30 internationale Abkommen waren es in jedem der vergangenen 75 Jahre seit 1946. Die Bilanz ist durchwachsen.

Die Entwicklungen im Arbeitsrecht zählen insgesamt sicher zur Erfolgsgeschichte der Arbeiterkammern, vom Betriebsrätegesetz, der Schaffung von Jugendvertrauensräten bis zur aktuellen grundsätzlich vereinbarten Gleichstellung von ArbeiterInnen und Angestellten. Größter Rückschlag war bisher die Abschaffung des Achtstundentages als Regelarbeitszeit.

Mitbestimmung

Paradebeispiel für den Einfluss auf die Gesetzgebung ist das Arbeitsverfassungsgesetz 1974, das von der Tiroler Arbeiterkammer in ihrem Mitteilungsblatt[44] als „einer der entscheidendsten sozialpolitischen Schritte der Zweite Republik" begrüßt wurde. In der Regierung Kreisky hatte 1970 mit Rudolf Häuser ein langjähriger Gewerkschafter (GPA) das Amt des Sozialministers übernommen. Er kannte alle

Vorarbeiten und gewerkschaftlichen Forderungen für ein Arbeitsverfassungsgesetz und natürlich auch die Einwände der Arbeitgeberseite. In der Expertenkommission, die den Begutachtungsentwurf ausgearbeitet hatte, waren die führenden Fachleute aus Gewerkschaft und Arbeiterkammer, den Universitäten, aber auch der Sozialpartner auf Arbeitgeberseite dabei gewesen und die Tiroler Arbeiterkammer hatte sich mit Resolutionen und Expertise in diese Vorbereitung eingebracht. Das Mitteilungsblatt der Arbeiterkammer, das in dieser Zeit an alle Betriebsräte, Vertrauensleute und Gemeinden verschickt wurde, ist in den Jahren 1972 bis 1974 voll von kürzeren und längeren Beiträgen zum bevorstehenden Ausbau der Mitbestimmung in den Betrieben und damit beschäftigt, die sehr heftigen Angriffe der Arbeitgeberseite gegen dieses Gesetz zu entkräften. Das Arbeitsverfassungsgesetz wurde am 14. Dezember 1973 beschlossen und war ein Meilenstein in der betrieblichen Mitbestimmung der ArbeitnehmerInnen.

Altern – Pflege und Gesundheit

Sozialpolitisch ging es der AK in der Ersten Republik um eine allgemeine Kranken-, Unfall- und Pensionsversicherung – ein intensives, aber letztlich nur teilweise erfolgreiches Bemühen.

Das Alter wurde ab der Jahrtausendwende in der AK Tirol zu einem umfassenden Thema.

Was tun, um gesund alt zu werden? Wer pflegt mich? Wer finanziert das? Es begann im Oktober 1999 mit dem Diskussionsabend „Wie stellen Sie sich Ihre Betreuung im Alter vor?"[45] Fehlendes Pflegepersonal ist nicht erst seit Corona eine Tatsache. Schon vor fast 20 Jahren meldete sich Präsident Dinkhauser mit einer Presseaussendung: „Am Personalmangel im Pflegebereich sind die Rahmenbedingungen schuld!"

2004 lud die Arbeiterkammer ein Fachpublikum zum „europaweit revolutionären" Modell der „Böhm-Pflege" ein, forderte ein Pflegeleitbild und eine Pflegeversicherung (letzteres war nicht die Position der Bundesarbeitskammer) sowie die Entlastung pflegender Angehöriger im ambulanten Bereich.

Um Menschen jeden Alters für den Pflegeberuf zu gewinnen, veranstaltete die Bildungspolitische Abteilung in Kooperation mit den Ausbildungseinrichtungen seit 2007 regelmäßig Informationsabende in ganz Tirol, Informationsbroschüren ergänzten die Beratung. Ab 2016 war die Weitergabe von Knowhow so weit ausdifferenziert, dass in einzelnen Bezirken ganze Serien angeboten werden: „Pflege daheim – was Sie wissen sollten" – „Alles zur 24-Stunden-Betreuung und Rechtsinfos" – „Pflegegeld und Hilfsmittel: Infos für pflegende Angehörige."

KammerrätInnen, AK-Pflegereferat und BetriebesrätInnen besprechen aktuelle Probleme in den Krankenanstalten.

Für die Beschäftigten bot und bietet die AK neben der laufenden Beratung ebenfalls Informations- und Diskussionsabende, z. B. „Gesund bleiben in sozialen Berufen – ein AK-Infoabend".

Patientenrechte

sind ein eher neues Thema. Schließlich geht es dabei oft auch um Arbeitnehmer, die im Behandlungsablauf vielleicht einen Fehler gemacht haben und ebenfalls auf Schutz durch die Arbeiterkammer vertrauen. Trotz PatientInnenanwälten und Ombudspersonen gab es immer wieder Fälle, bei denen nach einem Krankenhausaufenthalt und einer Operation eine deutliche Verschlechterung der Gesundheitssituation zu konstatieren war. Arzt und Krankenhausverwaltung lehnten jedes Verschulden ab und ohne eine entsprechende Versicherung wäre das Risiko eines langwierigen Prozesses zu groß gewesen. Hier hat die AK einige zum Teil spektakuläre Musterprozesse zugunsten ihrer Mitglieder entscheiden können. Aus den Erfahrungen heraus gab es dann einen einstimmigen Vollversammlungsbeschluss, wonach Bund und Land für einen besseren Patientenschutz bei medizinischen Behandlungsschäden sorgen müssen.

Wirtschaft und Umwelt

Lange Zeit war man stolz, viel Strom aus Kohle und Wasserkraft zu produzieren. So berichtete das Mitteilungsblatt in seiner Dezemberausgabe 1952, dass Wirtschaftsminister Dipl. Ing. Waldbrunner im November wieder ein kalorisches Kraftwerk in Betrieb genommen hat und dass in den letzten fünf Jahren mehr als fünf Milliarden Schilling in den Ausbau von Kraftwerken investiert wurde und sich die Energieleistung von vier auf acht Milliarden kWh verdop-

Die Fälle

An der Innsbrucker Kinderklinik kommt es bei einer Leistenbruchoperation eines Kindes zu schweren Komplikationen und schließlich zu einem massiven Gehirnschaden. Aufgrund eines Gutachtens lehnt die Klinik jede Haftung ab – es handle sich um keinen Kunstfehler, sondern um einen schicksalhaften Verlauf. Die Arbeiterkammer gibt der Familie Rechtsschutz. Am Ende spricht das Gericht der Familie 567.123.- Euro Schadenersatz zu. Außerdem haftet die Klinik für alle weiteren Schäden.
Bei der Anpassung einer Zahnfüllung verfing sich durch einen Schluckreflex der Bohrer/Schleifer unter der Zunge eines Patienten und verletzte den Mundboden. Seither bestehen Einschränkungen durch ein Taubheitsgefühl, Sprachstörungen, Probleme beim Essen und ein eingeschränkter Geschmackssinn. Es war ein falscher Absaugschlauch und kein Zungenhalter verwendet worden. Alle Vermittlungsversuche wurden vom Arzt abgelehnt. Durch den freiwilligen Rechtsschutz der Arbeiterkammer wagte der Patient den Weg zum Gericht und dieses entschied zu seinen Gunsten. Der Arzt musste 16.571.- Schadenersatz und 15.517.- Euro Prozesskosten zahlen und haftet für künftige Folgen und Schäden.

Neue Filteranlagen dank AK-Unterstützung für das Karbidwerk Landeck der Donauchemie, Fotos aus dem AK-Jahrbuch 1958

pelt hat. Energie war unverzichtbar für den Wirtschaftsaufschwung.

Jeder Kilometer Schiene oder Straße und jede Tonne mehr an Kohle oder Erdölförderung vermittelte Gefühle des Erfolges und des Aufstiegs. Das Glücksgefühl folgender Generationen resultierte dann eher aus den Projekten, die verhindert werden konnten, und zunehmend sind es Investitionen, die mit unserem Ökosystem vereinbar sind.

Die Zeitschrift „Wirtschaft und Umwelt" der Arbeiterkammer war eine der ersten Umweltzeitschriften im deutschen Sprachraum mit großer Auflage, laut dem Medienportal www.fachzeitschriften.de ist sie sogar „Österreichs ältestes Umweltjournal".[46]

Ab Beginn der 80er Jahre finden sich in AK Aktuell große Beiträge zum Waldsterben und zu „Müll – Die Zeitbombe für die Umwelt". Im Herbst 1986 präsentierte sich die AK auf der Innsbrucker Herbstmesse mit einem Messestand zum Thema Müllvermeidung. Im Frühjahr 1987 fand ein AK-Bildungsforum zum Thema „Fremdenverkehr und Landschaft – zerstört der Fremdenverkehr seine natürlichen Grundlagen?" statt.[47]

Der Umweltschutz als gesetzlicher Auftrag kam dann mit dem Arbeiterkammergesetz 1992 auf die Liste der Zuständigkeiten, damals gemeinsam mit dem Konsumentenschutz.

Die AK Tirol ist in den letzten Jahren zu einer umfassende Betreuungsinstitution für ihre Mitglieder und deren Familien geworden. Es gibt fast keine Frage und kein Anliegen, mit dem ein Mitglied nicht zur AK kommen könnte, selbst als Nebenerwerbslandwirt bekommt man wegen der AK-Zugehörigkeit als Liftwart in der Wintersaison eine Lehrausbildungsbeihilfe und ob Rheuma oder schlechtes Essen, Mieter oder Autofahrerin, Elternvereinsmitglied oder berufstätige Studierende, Künstler oder Sportlerin, Kind oder Greis – direkt in Innsbruck oder in einer der Bezirksstellen oder über Facebook oder Smartphone vorsprechen, man wird nie schroff abgewiesen und in neun von zehn Fällen wird geholfen. Aus den Erfahrungen in der Beratung und den Kontakten der Kammerräte in die Betriebe wird die Interessenpolitik auf europäischer, nationaler und Bundesländerebene gespeist und oftmals in Verhandlungen, oft auch durch öffentliche Diskussion eines Themas, die Position für die Arbeitnehmerinnen und Arbeitnehmer formuliert und vertreten.

A) ARBEITS- UND SOZIALRECHT

Im ersten Bericht für die Jahre 1921–1926 wird auf S. 48–52 in einem Kapitel „Die Sozialen Lasten" vorgerechnet, wie viel die Ausgaben durch Sozialversicherungsbeiträge, Urlaube, Unfallvorbeugung, Fürsorgeabgabe etc. für die Unternehmen betragen, wie das im Vergleich zu anderen Staaten aussieht und was sie den Unternehmen bringen. „Sie vergessen ganz, daß der Lohn- und Gehaltsempfänger auch Konsument ist.", stellt Direktor Ernst Müller nüchtern fest. Das war vor 100 Jahren allerdings noch etwas anders. KonsumentInnen sind die ArbeitnehmerInnen heute wie damals, aber immer öfter geht es um Produkte und Dienstleistungen,[48] die nicht in Österreich hergestellt oder erbracht werden.

Auf die arbeitsrechtlichen und sozialpolitischen Folgen hoher Arbeitslosigkeit verwies Vizepräsident Franz Hüttenberger in der 22. Vollversammlung der Tiroler Arbeiterkammer am 5. Oktober 1927:[49] Der Arbeiterschaft sei es nach dem Krieg gelungen, auf die Gesetzgebung einen starken Einfluss auszuüben und den Achtstundentag zu verankern. Mit der Wirtschaftskrise und der dadurch bedingten Arbeitslosigkeit habe ein Generalsturm der Unternehmer gegen die gesetzliche Begrenzung der Arbeitszeit eingesetzt, vor allem in den Landgemeinden Tirols würden sich die Unternehmer darum gar nicht mehr kümmern. Besonders schlimm sei es in der Sägeindustrie mit einer bis zu 17-stündigen Tagesarbeitszeit! Im Bau- und Gastgewerbe

Besuch des AK-Vorstandes beim Kraftwerksbau im Kaunertal, Juli 1962

sei es nicht viel besser, wobei die enorme Arbeitslosigkeit die Arbeitnehmer zwinge, unter jedweden Bedingungen einen Arbeitsposten anzunehmen. In einem Antrag wurde das Kammerbüro beauftragt, die Verletzungen der Arbeitsschutzgesetze zu erheben und in einer Art Denkschrift zu veröffentlichen.

Ländliche Gemeinden

Bei den Arbeitslosen hatten die konservativ-deutschnationalen Mehrheiten im Nationalrat seit 1923 sukzessiv Verschlechterungen beschlossen. Die öffentliche Hand musste sparen und ein Anreiz, arbeitslos zu bleiben, soll keinesfalls vorhanden sein, so die Argumente damals wie heute.

Von Beginn an vom Arbeitslosenversicherungsgesetz ausgeschlossen waren Hausgehilfinnen, land- und forstwirtschaftliche Arbeiter und Angestellte. Dann wurden Jugendliche unter 16 Jahren aus den Leistungen herausgenommen. Später kam die Schaffung „rein ländlicher Gemeinden". Dort würde wohl die Dorfgemeinschaft für die Arbeitslosen irgendwie aufkommen. Betriebe in solchen Gemein-

Trotz moderner Stromversorgung – hier die E-Werk-Belegschaft – ist Ainet eine der vielen „ländlichen Gemeinden", in denen das Arbeitslosenversicherungsgesetz nicht gilt.

den mussten keine Arbeitslosenversicherungsbeiträge abliefern und die bei ihnen beschäftigten ArbeiterInnen und Angestellten waren auch nicht arbeitslosenversichert. Wer z. B. in Rum wohnte und Heimatrecht hatte, in einem Innsbrucker Betrieb arbeitete und arbeitslos wurde, der musste eine Stelle in Rum oder auch einer anderen „ländlichen" Gemeinde annehmen und hatte keinen Anspruch auf Arbeitslosenunterstützung.

In der Holz- und Sägeindustrie waren Verstöße gegen das Gesetz über den Achtstundentag eher die Regel als die Ausnahme. Im Bild Holzknechte vor ihrer Winterhütte im Marbachtal bei Brandenberg 1939

Im AK Wirtschaftsbericht für das 1. Halbjahr 1929 gibt es eine Aufstellung all dieser Gemeinden, in denen die ArbeitnehmerInnen kein Recht auf Arbeitslosengeld mehr hatten.[50]

Im Austrofaschismus wurde das Arbeitsrecht mit Füßen getreten und die Schutzmaßnahmen gegen politisch motivierte Entlassungen außer Kraft gesetzt. Sie galten nicht einmal mehr im eigenen Bereich, der Arbeiterkammer.

Wie Gesetze geändert werden

Auch wenn das Arbeits- und Sozialrecht weitgehend Bundesangelegenheit ist, so nahmen und nehmen auch die Länderkammern auf diese Materie Einfluss.

Die Beratungen und Rechtsschutzfälle vermitteln ein präzises Bild, wo es Verbesserungen braucht. Diese Erfahrungen werden in den Ausschüssen mit den Kammerräten beraten und finden ihren Niederschlag einerseits in Anträgen bei den AK-Vollversammlungen und andererseits bei den „ReferentInnenbesprechungen" auf Bundesebene, zu denen die VertreterInnen aller Bundesländer mehrmals im Jahr zusammenkommen. Die Beschlüsse der Vollversammlungen einer Länderkammer und der BAK-Hauptversammlung werden in der Regel den Klubs und den Abgeordneten mit der Bitte um Umsetzung übermittelt. Nicht minder wichtig als diese formalen Vorgänge sind direkte und persönliche Kontakte zu den entscheidenden AkteurInnen in den Ministerien und im Parlament.

Eine zweite Schiene der Arbeitnehmervertretung liegt in der Aufklärung über das geltende Recht und dessen Auslegung. Daher gab es schon bald nach Beginn der AK-Tätigkeit in den 20er Jahren Informationsblätter, Broschüren und Beiträge in Radio und Zeitungen. Die ersten regelmäßigen Broschüren betrafen den „Mutterschutz" und den „Lehrlings- und Jugendschutz".

Heute erfüllen diese Aufgabe gut aufbereitete Informationen in den digitalen Medien, aber nach wie vor auch diverse Broschüren in gedruckter Form.

Überregionale Bedeutung erlangte die „Einführung in das österreichische Arbeits- und Sozialrecht", eine Publikation, die 1971 erstmals von der AK Tirol herausgegeben wurde und vom damaligen Assistenten am Institut für Arbeits- und Sozialrecht der Universität Innsbruck, Dr. Jürgen Berger, stammte und in AK-AKTUELL[51] so vorgestellt wurde: „Wie bei anderen Anlässen war die Tiroler Arbeiterkammer auch bei dieser Publikation mit Erfolg bestrebt, wissenschaftliche Nachwuchskräfte der Universität zur Mitarbeit zu gewinnen." Dieses Buch wurde 1977 bereits in 3. Auflage im Eigenverlag gedruckt und später im ÖGB-Verlag herausgebracht. Es war ein Standardwerk bei Betriebsräteschulungen und für Juststudierende in ganz Österreich und hat vielen Gerichtsverfahren durch seine Positionen in strittigen Fragen zugunsten der Arbeitnehmerinnen und Arbeitnehmer beeinflusst. Dr. Berger war in späterer Folge lange Jahre Leiter der Arbeitsrechtlichen Abteilung und stellvertretender Direktor mit einer Anwartschaftsklausel auf die Funktion des Direktors.

Beratungen im Arbeitsrecht betrafen in der Ersten Republik mit 45 % aller Beratungen die weitaus häufigsten, gefolgt von Sozialversicherungsfragen mit rund 35 %. Die übrigen verteilten sich auf Lehrlinge, Ausbildung, Heimatrecht etc.

Auch in der Zweiten Republik nach 1945 blieben Arbeits- und Sozialrecht Schwerpunkte der Beratungstätigkeit.

Wie schon in den Zwanzigerjahren erforderten auch nach 1945 die italienischen Renten viel an Beratungs- und Interventionszeit. In Tirol lebten und arbeiteten viele Arbeitnehmerinnen und Arbeitnehmer, die in Italien Rentenansprüche erworben hatten. Bei den Aktiven ging es in der Phase vor der Pensionierung um die Feststellung dieser Ansprüche und bei den Pensionisten darum, dass sie pünktlich ihre Renten bekamen. 1973 berichtete Präsident Schmidberger der AK-Vollversammlung, dass aktuell wieder 300 Fälle bearbeitet werden, bei denen die Republik Italien mit der Auszahlung bereits bewilligter Renten jahrelang (!) im Verzug war. Die sozialpolitische Abteilung der AK Tirol hat noch bis Ende der 1990er Jahre Beratungen für Südtiroler RentenbezieherInnen sowie Interventionen bei den italienischen Stellen durchgeführt.

Der kostenlose Rechtsschutz in Arbeitsrechtsangelegenheiten wurde durch das Arbeiterkammergesetz 1992 eingeführt (§ 7 AKG), im Sozialrecht (z. B. Berufsunfähigkeitspension, Krankengeld etc.) gab es die kostenlose Rechtsvertretung der AK schon früher mit jährlich über 1.000 Fällen. Die Vertretung wurde direkt durch die MitarbeiterInnen der Sozialpolitischen Abteilung vorgenommen, im Arbeitsrecht sind in der Regel Vertragsanwälte tätig.

Erfolge durch unabhängige Gerichte

Musterprozesse führte die AK Tirol seit den 50er Jahren, hier nur ein kleiner Ausschnitt:

1953 stellte der Oberste Gerichtshof fest, dass es für Mitglieder des Betriebsrates aus ihrer Tätigkeit keine zivilrechtliche Haftung gibt.

Eine Kellnerin war beim Duschen in den Betriebsräumen nach der Arbeit gestürzt und hatte sich schwer verletzt; die AUVA und das Schiedsgericht waren der Meinung, es sei kein Arbeitsunfall, die Kammer übernahm für die Berufung die Kosten und gewann 1960 diesen Prozess.

Beim Einigungsamt Innsbruck wurde 1976 geklärt, dass ein Seilbahnunternehmen bei sonstigen Zwangsmaßnahmen dem Betriebsrat die gesetzlich zustehenden Informationen zu geben und Verhandlungen über eine Betriebsvereinbarung zu führen hat.

Das Land finanziert Ausbildungen im „Ausbildungszentrum West". Vorarlberg „schickte" seine Interessenten nach Innsbruck, zahlte dem AZW die Kosten und verlangte von den VorarlbergerInnen diese Kosten zurück, wenn sie nicht nach Ende der Ausbildung drei Jahre in Vorarlberg arbeiten. Rund 15.000 Euro waren dies im Falle eines Diplompflegers. Der OGH schloss sich 2000 der Meinung der AK Tirol an, dass die Ausbildung in der Krankenpflege für österreichische Staatsbürger grundsätzlich kostenfrei ist und die Verpflichtung zur anschließenden Arbeit in Vorarlberg dem Grundrecht auf Freiheit der Berufsausübung widerspricht.

2006 gab es auch eine herbe Schlappe für jene, die mit Beiratskonstruktionen in GmbHs versuchten, die Mitbestimmung der Betriebsräte in Aufsichtsräten von Aktiengesellschaften auszuhebeln. Der Oberste Gerichtshof räumte dem Betriebsrat sein Mitbestimmungsrecht im „Verwaltungsrat" ein, weil dieser Befugnisse wie ein Aufsichtsrat hat.

Die Verfahren können seit der Mitgliedschaft Österreichs bei der EU bis zum Europäische Gerichtshof gehen. Dort hat die Tiroler Arbeiterkammer für ihre Mitglieder bereits erfolgreich Musterprozessen mit Gültigkeit für ganz Österreich geführt. Beispielsweise die Rechtssache Starjakob.

Die AK Tirol erreichte beim OGH, dass Vorarlberger Studierende künftig keine Ausbildungskosten für ihre Ausbildung in Innsbruck an ihr Bundesland zurückzahlen müssen.

**Rechtssache Starjakob, Jänner 2015 –
Vordienstzeiten-Anrechnung für ÖBB-Bedienstete**

Dieser Rechtsstreit gegen die ÖBB ging bereits auf das Jahr 2010 zurück und beschäftigte seither die Instanzen. Ausgangspunkt war ein EuGH-Urteil aus dem Jahr 2009. Darin wurde es als altersdiskriminierend und somit europarechtswidrig erachtet, wenn Vordienstzeiten vor dem 18. Lebensjahr bei der Berechnung des Gehaltes nicht angerechnet werden. Auf Basis dieses Urteils hatte die AK Tirol für den Betriebsrat „Bordservice Tirol und Vorarlberg" eine Klage gegen die ÖBB eingebracht, weil auch das Dienstrecht der ÖBB damals eine derartige Diskriminierung vorsah.
Nachdem das Verfahren vor dem Oberlandesgericht Innsbruck gewonnen worden war, griff der österreichische Gesetzgeber durch eine Änderung des Bundesbahngesetzes im Jahr 2011 rückwirkend (ab 2004) in die Verträge der betroffenen Dienstnehmer ein: Ein Nullsummenspiel nach dem Motto „Die eine Hand gibt's, die andere nimmt's" war das unbefriedigende Ergebnis. Einerseits wurden den MitarbeiterInnen damit zwar die Vordienstzeiten vor dem 18. Lebensjahr angerechnet, bei denen es sich hauptsächlich um Lehrzeiten handelte. Andererseits nahm man ihnen gleich wieder den Gehaltsvorteil, der ihnen gerichtlich zugesprochen worden war, indem – nur bei ihnen – der Zeitraum für die ersten drei Gehaltsvorrückungen einfach um drei Jahre verlängert wurde.

Gegen diesen „Pflanz" setzte sich die AK Tirol im Namen der betroffenen ÖBB-Bediensteten mit Nachdruck zur Wehr und ging gegen die ÖBB in einem neuen Musterverfahren vor. Schließlich wurden sie durch die neue Rechtslage gegenüber anderen ArbeiternehmerInnen ohne Lehr- bzw. Vordienstzeiten vor dem 18. Lebensjahr massiv diskriminiert. Fast fünf Jahre nach der ersten Klage wurde dieses Musterverfahren vom EuGH entschieden. Der EuGH teilte die Rechtsansicht der AK Tirol und sprach den ÖBB-Bediensteten, die entsprechende Lehrzeiten nachweisen können, auch jenen Gehaltsvorteil zu, der ihnen durch die um drei Jahre verlängerten Gehaltsvorrückungen vom Gesetzgeber genommen worden war.

Zudem verneinte der EuGH eine ganz entscheidende Frage abschließend: Und zwar, ob die finanzielle Belastung, die auf die ÖBB als Dienstgeber durch das Aufheben der Altersdiskriminierung im ÖBB-Dienstrecht zugekommen wäre, ein Aufrechterhalten der Diskriminierung rechtfertigen kann. Die Entscheidung des EuGH ist klar: Die Rechte der Arbeitnehmerinnen und Arbeitnehmer dürfen nicht mit dem Argument der Haushaltskonsolidierung beschnitten werden!

Die entsprechenden Bestimmungen wurden in der Folge vom Bundesgesetzgeber rückwirkend geändert. Dadurch profitierte von diesem Urteil nur der betroffene Arbeitnehmer im Musterverfahren. Für alle anderen wurde ein komplett neues Anrechnungssystem von Vordienstzeiten rückwirkend eingeführt. Diese Novelle nahm einem großen Teil der von diesem EuGH-Urteil betroffenen ÖBB-Beschäftigten die durch dieses Urteil ausgesprochenen Rechte. (Text: Domenico Rief)

B) BERATUNG DER MITGLIEDER IN INNSBRUCK UND IN DEN BEZIRKSSTELLEN

Interessenvertretung bedeutete für die Arbeiterkammer von Beginn an auch Beratung der Mitglieder, und zwar persönlich-individuelle Beratung ebenso wie öffentliche Informationsveranstaltungen.

Innsbruck und die „Provinz"

Kaum hatte die Arbeiterkammer in der Innsbrucker Hofburg ihre erste Unterkunft gefunden, machten sich die verantwortlichen Funktionäre und Mitarbeiter auf die Suche nach eigenen Standorten in den Bezirken. Zwischen 1921 und 1926 wurden „Amtsstellen" in Kufstein, Kitzbühel, Landeck und Lienz errichtet.

Rechtsberatung und Vorträge waren von Beginn an eine wichtige Aufgabe der Arbeiterkammer.

Amtstage in den Bezirken

„Amtstage" gab es z. B. im Jahr 1928 in Arzl bei Imst, Brixlegg, Hall, Häring, Imst, Inzing, Jenbach, Kirchbichl, Kirchdorf, Kramsach, Mayrhofen, Nassereith, Reutte, Telfs, Vils und Zell a. Ziller.

Während heute eher Wert darauf gelegt wird, nicht als „Amt" zu gelten, war die Bezeichnung in der damaligen Situation wichtig. Die AK sollte den staatlichen Ämtern gleichberechtigt hinzugestellt werden, wenn sie sich in den Gesetzgebungs- oder Verwaltungsprozess im Interesse ihrer Mitglieder einbrachte.

1928 gab es in 37 Orten Bibliotheken der Arbeiterkammer, Vorträge quer durchs ganze Land und zu sehr unterschiedlichen Themen, musikalische Darbietungen und Berufskurse. Der Information dienten auch eigens hergestellte oder angekaufte „Lichtbildserien". Die Kammer besaß 16 Projektionsapparate, von denen elf ebenfalls in den „Provinzorten" für die Verwendung durch die AK selbst oder andere Organisationen „verfügbar" waren.

Wiederaufbau im ganzen Land

Nach 1945 nahmen zunächst Ernst Müller und dann Josef Wilberger den Wiederaufbau der Arbeiterkammer in die Hand und bemühten sich um das Gebäude in der Maximilianstraße und um Büroräume in allen Bezirken. In der Regel wurden die AK-Amtsstellen gemeinsam mit dem 1945 in Entstehung begriffenen Österreichischen Gewerkschaftsbund geplant und betrieben.

Schon bald gab es wieder Amtsstellen in Kitzbühel, Kufstein, Landeck und Lienz; es folgten Reutte, Schwaz, Imst und Telfs. Die Nachrichten ab Beginn der 50er Jahre sind voll von Berichten über Eröffnungen von Amtsstellen und AK-Büchereien. Fast jeder dieser Standorte hat seine eigene Geschichte. Die Volks- und Sozialhäuser in Lienz, Reutte und Schwaz füllten regionale Lücken, was

Volkshaus und AK-Amtsstelle in der Schwazer Dr.-Dorrek-Straße, 1979

Vom Arbeiterheim zur Arbeiterkammer – Lienz, Beda-Weber-Gasse, 1930

DIE AMTSSTELLEN
DER KAMMER FÜR ARBEITER UND ANGESTELLTE FÜR TIROL
KONTAKTSTELLEN DER AK UND DES ÖGB ZU ARBEITNEHMERN, BETRIEBSRÄTEN, BETRIEBEN, ÄMTERN UND BEHÖRDEN

REUTTE
Mühlerstraße 22, Tel. (05672) 2214
Amtsstellenleiter Kurt RABISER: Die Abwanderung von Arbeitskräften aus dem Bezirk Reutte in den südbayrischen Raum, wo höhere Löhne bezahlt werden, stellt die Außerferner Wirtschaft vor große Probleme. Die Forderung nach Heranführung der österreichischen Löhne an das Europaniveau hat daher gerade aus der Sicht des Bezirkes Reutte ihre besondere Berechtigung.

LANDECK
Malser Straße 39, Tel. (05442) 458
Amtsstellenleiterin Erna BRUNNER: Der Bezirk Landeck gehört zu den einkommensschwachen Gebieten Tirols. Hier verdienen die Arbeiter und Angestellten um 10% weniger als im Landesdurchschnitt. Die Schaffung von Dauerarbeitsplätzen durch Förderung bestehender Industriebetriebe und durch Ansiedlung neuer Betriebe ist daher das Hauptanliegen der AK und des ÖGB für den Bezirk Landeck.

IMST
Langgasse 52, Tel. (05412) 2373
Amtsstellenleiter Haymo LEITNER: Die von AK und ÖGB seit Jahren geforderte und nun vor der Verwirklichung stehende Verkehrserschließung des Oberinntales wird die Voraussetzung für die weitere Industrialisierung dieses Gebietes schaffen. Für die derzeit rund 3400 Pendler des Bezirkes Imst werden sich dann wesentlich bessere Arbeits- und Verdienstmöglichkeiten in der Nähe der Wohnorte bieten.

TELFS
Moritzenstraße 1, Tel. (05262) 2268
Amtsstellenleiter Hans AIGNER: Dank einer vernünftigen und vorausschauenden Planung hat die Region Telfs in den letzten Jahren einen fühlbaren wirtschaftlichen Aufschwung genommen. Diese Entwicklung wird durch AK und ÖGB nach besten Kräften unterstützt, insbesondere die im Gange befindlichen Straßenbauten und die Vorbereitungen für die Olympiade 1976.

SCHWAZ
Dr.-Dorrek-Str. 3, Tel. (05242) 2379
Amtsstellenleiter Franz FRÖTSCHER: Die Tatsache, daß sich der Bezirk Schwaz zu einem Industriezentrum entwickelt hat, ist mit ein Verdienst der hier beschäftigten Arbeitnehmer. Es ist nun die Aufgabe der AK und des ÖGB, Strukturänderungen der Wirtschaft, die unausbleiblich sind, rechtzeitig zu bewältigen und den Beschäftigten die Anpassung an neue Arbeitsbedingungen zu erleichtern.

KUFSTEIN
Alois-Kemter-Str. 5, Tel. (05372) 2701
Amtsstellenleiter Hermann ANNE-WANTER: Gerade im Bezirk Kufstein hat sich in letzter Zeit mit aller Deutlichkeit gezeigt, daß Verkehrserschließung und Industrialisierung enorme Umweltschutzprobleme mit sich bringen. AK und ÖGB treten dafür ein, daß Umweltschäden von den Verursachern beseitigt werden müssen und nicht der Allgemeinheit zur Last fallen dürfen.

KITZBÜHEL
Gerbergasse 11, Tel. (05356) 2625
Amtsstellenleiter Christian HORNGACHER: AK und ÖGB haben ständig davor gewarnt, die Wirtschaftsförderung einseitig auf den Fremdenverkehr auszurichten. Rückgänge des Tourismus in einigen Orten des Bezirkes Kitzbühel bestätigen die Berechtigung dieser Ansicht. Die Arbeitnehmervertretungen werden daher weiterhin für die kombinierte Entwicklung des Fremdenverkehrs mit einer umweltfreundlichen Industrie eintreten.

LIENZ
Beda-Weber-Str. 20, Tel. (04852) 2574
Amtsstellenleiter Dr. Günther HORWATH: Das Einkommen der Osttiroler Arbeitnehmer ist das niedrigste in ganz Tirol. AK und ÖGB fordern daher die Inangriffnahme von Kraftwerksbauten in Osttirol, welche nicht nur zur Deckung des Energiebedarfes beitragen, sondern einen Aufschwung für die gesamte Wirtschaft des Bezirkes, einschließlich des Fremdenverkehrs mit sich bringen werden.

Interessant sind nicht nur die Erinnerungen an die AK-RepräsentantInnen in den Bezirken vor fast 50 Jahren (1973), sondern auch deren Aussagen für ihren Bezirk.

Veranstaltungssäle samt Gastronomie betraf. Neben den eigenen Veranstaltungen fand dort alles statt, vom Maturaball bis zur Kleintierschau, vom Erntedankfest bis zu einer mehrtägigen Hochzeit.

Bei der Eröffnung der Amtsstelle in der Langgasse in Imst am 17. Mai 1952 forderte Präsident Gänsinger die Betriebsräte und Vertrauenspersonen der Imster Betriebe auf, „dieses Haus in Ehren zu halten und reichlich in Anspruch zu nehmen".[52] Sechs Tage zuvor war in Lienz die Bücherei der Arbeiterkammer mit einem Bestand von 1.400 Büchern eröffnet worden. Viele Räume waren zunächst Anmietungen.

In der 35. Vollversammlung am 9. April 1958 berichtete Präsident Gänsinger über den Neubau einer „kammereigenen Bürodienststelle" in Telfs (Moritzenstraße 1) und Landeck (Malserstraße 39) und die Notwendigkeit, auch in Kitzbühel eigene Räume zu beziehen.

Im Mitteilungsblatt Nr. 3/1973 werden die Amtsstelle samt Amtsstellenleiter präsentiert. Erna Brunner blieb lange Zeit die einzige Frau in diesem Kreis und mit Dr. Günther Horwath war in Lienz erstmals ein Jurist angestellt worden. Aufgrund der Entfernung sollte er im Bezirk die Rechtsvertretungen selbst erledigen können.

Regionalisierungsoffensive

Die Bezirkskammern wurden ständig auf aktuellem Stand gehalten, was Bau und Ausstattung betraf.

Unter Präsident Erwin Zangerl und Direktor Dr. Fritz Baumann wurde das sogenannte „Bezirkskammerkonzept" entwickelt und mit Beschluss der Vollversammlung vom November 2010 die Regionalisierungsoffensive gestartet.[53]

Seither wurden die Bezirkskammern baulich modernisiert und vergrößert, möglich verkehrsgünstig situiert und zu echten regionalen AK-Zentren ausgebaut.

Die Teams der hauptberuflichen Mitarbeiterinnen und Mitarbeiter in den Bezirken wurden verstärkt und die Kammerrätinnen und Kammerräte des Bezirkes werden regelmäßig in die Arbeit eingebunden. Das Konzept wurde von Vorstand und Vollversammlung einhellig begrüßt: Möglichst nahe bei den Mitgliedern und zwar direkt und persönlich, nicht nur digital, wobei auch hier alle verfügbaren Möglichkeiten genutzt wurden und werden. Erstmals

Eine deutliche Verbesserung für die Mitglieder bedeutet der Standort Wörgl allein aufgrund der Verkehrslage. Beratung durch Dr. Robert Moser in Zeiten der Pandemie mit MNS und Plexiglas in der AK in Wörgl

in der 100-jährigen Geschichte der AK gab es eine Bezirkskammer in Wörgl. Sie wurde am 13. Dezember 2018 eröffnet.

324.040 Beratungen waren es 2020 insgesamt, der Großteil mit 241.792 telefonisch, 69.000 persönlich und 13.248 schriftlich. Vergleichsdaten aus den vergangenen Jahrzehnten gibt es dazu nicht, lange Zeit wurden nur schriftliche Interventionen statistisch erfasst. Bei so vielen Beratungen kann es fallweise schon zu Wartezeiten kommen wie z. B. in Telfs im Frühjahr 2020, wenn an einem Tag 113 Personen eine steuerrechtliche Beratung wünschen. Der Erfolg: Bezirkskammerleiter Mag. Gregor Prantl schließt aufgrund der Rückmeldungen, dass es in 95 % der Fälle zu einer Rückerstattung von bezahlten Steuern kommt.

In den Bezirkskammern finden auch regelmäßig Veranstaltungen statt, das reicht von Informationsveranstaltungen zu Kindergeld, Förderung der Weiterbildung oder Lernhilfen über Ausstellungen bis zum AK-Kunstmarkt.

Die Mitarbeiter der Bezirkskammern oder Kammerrätinnen vertreten die AK auch in diversen Gremien, z. B. in den LEADER Projekten der EU, bei denen es um die Finanzierung von innovativen Vorhaben im ländlichen Raum geht. Das betrifft natürlich die ArbeitnehmerInnen und deren Familien genauso wie die LandwirtInnen oder die Selbständigen und die AK sorgt dafür, dass diese Interessen Gehör finden.

Kunstmärkte in den Bezirken, hier die Eröffnung in Lienz durch den Leiter der Bezirkskammer Mag. Wilfried Kollreider

Vom Mitteilungsblatt zur Tiroler Arbeiterzeitung

Eine eigene Zeitung der Arbeiterkammer gab es ab 1950 in Form eines „Mitteilungsblattes", das in einer Auflage von 2.000 Stück vier- bis fünfmal jährlich an alle Betriebsräte und Gewerkschaftsfunktionäre verschickt wurde. Es informierte über die Tätigkeit der Arbeiterkammer und über Beschlüsse und Resolutionen der Kammervollversammlung bzw. des Österreichischen Arbeiterkammertages.

Heute würde man das als typische „Hofberichterstattung" bezeichnen. So sehr das auch einseitige Berichterstattung bedeutet, weil kritische Stimmen kaum vorkommen, so weiß man dabei doch, von wem eine solche Zeitung finanziert wird und wie der Inhalt zustande kommt. Schwieriger ist das mit jenen (Boulevard-)Medien, die zwar auch von Regierenden mitfinanziert und beeinflusst sein können, aber in den Augen der LeserInnen als unabhängig gelten. Dieses Spannungsverhältnis besteht, seit es Medien gibt.

Nach der niedrigen Wahlbeteiligung von 47,86 % bei der AK-Wahl 1969 wurde die Öffentlichkeitsarbeit verstärkt und 1970 erstmals eine Sondernummer in Farbe mit 12 Seiten an alle Haushalte geschickt. Seit September 1979 erhalten alle Tiroler Haushalte alle Ausgaben der AK-Zeitung, die seit 2008 offiziell „AK – Tiroler Arbeiterzeitung – AK Aktuell" und inoffiziell „Tiroler Arbeiterzeitung" heißt. Die 1889 gegründete sozialdemokratische Arbeiterzeitung gibt es seit 1991 nicht mehr.

Infobroschüren

Informationsbroschüren gab es auch schon in den ersten Jahren, sie stammten alle aus der Feder von Ernst Müller:

- Ratgeber für Arbeitslose
- Der Lehrvertrag
- Verzeichnis der Lehrlingsentschädigungen in Tirol
- Merkblatt über die Einkommenssteuer
- Die Urlaubsgesetze
- Berufsstatistik Tirol

Die Informationsbroschüre für Lehrlinge und die Mutterschutzbroschüre waren auch die ersten, die 1947 wieder erschienen. Dieses Angebot wurde laufend erweitert.

Bei der Herausgabe von Fachbroschüren, gedruckt und später auch als Download, kommt es auch immer wieder zu Kooperationen mit den Arbeiterkammern aus anderen Bundesländern oder der Bundesarbeiterkammer.

Die Liste aller gedruckten und elektronisch verfügbaren Veröffentlichungen der AK können in den Geschäftsberichten nachgelesen werden; 2019 waren es 62, von der Abfertigung alt über die Betriebskostenabrechnung und das Pflegetagebuch bis zum Wohnrecht.

Leistungskarte und Beratung

Eine organisatorische Erleichterung brachte die Einführung der Leistungskarte im gewohnten Scheckkartenformat in einer Pressekonferenz am 5. April 1996. Sie wird allen Mitgliedern mit einem Infofolder zugeschickt.

Ab November 1999 konnte man durch die Installierung einer neuen Telefonanlage die AK zum Nulltarif erreichen.

Eine besondere Qualität erreichte das Beratungsservice mit der Eröffnung des „Kundentreffs" in der Maximilianstraße 7 am 3.10.2003. Es nannte sich AKKU (AK Kundentreff). Dieser Name hat sich zwar nicht gehalten, die vorbildliche Betreuung im Wartebereich aber schon. „In der Cafeteria gibt es Erfrischungen und die aktuellen Tageszeitungen und Magazine zum Schmökern. Sie können auch die Zeit nutzen und im Internet surfen oder die Buch- und Medienmeile besuchen." – so die Ankündigung in der Presseaussendung vom 1.10.2003. Den wartenden Mitgliedern wird die Wartezeit erfahrungsgemäß eher zu kurz als zu lang, weil die Beratungstermine sehr gut organisiert sind.

Anfang 2004 ging die Homepage der AK Online, in der Folge wurden alle Möglichkeiten aus dem Bereich Social Media, von Facebook bis Youtube, genützt.

Die Geschäftsberichte 2019 und 2020 zeigen die Unterschiede zwischen Normalbetrieb und weitgehend stillgelegter Republik. Digital verfügbare Informationen, denen man vertrauen kann, sind unersetzbar. Für eine breite Kommunikation mit der Internet-Community bieten sich derzeit Facebook und Instagram an, das kann aber schon ein halbes Jahr später ganz anders sein.

Von Mitte März bis 4. Mai 2020 gab es keine persönlichen Beratungen, sondern nur telefonisch, schriftlich oder auch schon per Videokonferenz. In der Märzausgabe der Tiroler Arbeiterzeitung und in Inseraten wurde ein komplettes Beratungsangebot bereitgestellt.

Im neuen Kundentreff in der AK in Innsbruck wird dafür gesorgt, dass sich die AK-Mitglieder auch während allfälliger Wartezeiten wohlfühlen.

C) DIREKTE HILFE FÜR DIE MITGLIEDER UND IHRE FAMILIEN

2019 wurden 2.745.770 Euro an direkten finanziellen Zuwendungen an die AK-Mitglieder ausbezahlt. Der Großteil davon entfiel mit 1,95 Mio. auf Aus- und Weiterbildungsbeihilfen, 430.000.– auf den Unterstützungsfonds und der Rest auf Wohnungsdarlehen und die Unterstützungsaktion zu Weihnachten. Das waren 6 % der 44,2 Mio. an Einnahmen aus der AK-Umlage.

Armut und Not waren 1921 um vieles drückender als 2019. Menschen vor dem Verhungern und Erfrieren zu bewahren, war für die Arbeiterkammer in den ersten Jahren ihres Bestehens geradezu ein Muss. Am 6. April 1925 beschloss die Vollversammlung,[54] 50 Mio. Kronen aus dem Kammerbudget zur Unterstützung von Arbeitslosen bereitzustellen. Das waren 5 % der damaligen Einnahmen und die AK war gerade selbst erst im Aufbau.

In den kommenden Jahren wurden die Unterstützungsleistungen jährlich erhöht, wobei trotz Einführung eines „harten" Schillings die Inflationsrate hoch blieb.

In Schilling:[55] 1925: 4.308.– / 1926: 7.842.– / 1927: 9.112.– 1928: 9.977.– / 1929: 17.502.– / 1930: 27.689.–

1930 waren das rund 9,5 % des Budgets von 290.000.– Schilling.

Im Winter 1932/33 wurden 12 Waggons Häringer Kohle gekauft und von Anfang Dezember bis Ende Jänner in Schwaz, Hall, Wattens, Wörgl, Jenbach, Kitzbühel, Telfs, Landeck, Kufstein, Häring, Kirchbichl und Innsbruck an Arbeitslose verteilt. Für den Winter 1933/34 berichteten die Innsbrucker Nachrichten vom 21. Juli 1934 unter dem Titel „Die Winterhilfe Innsbruck-Hötting 1933/34" über eine „Kohlenspende" der Arbeiterkammer von 60 Tonnen aus dem Häringer Bergbau.

Zwischen 1921 und 1938 finden sich auch schon geringe Summen für Studienbeiträge, das waren im heutigen Sinne Stipendien für Kinder aus Arbeitnehmerfamilien beim Besuch einer höheren Schule oder der Universität.

Diese Schiene wurde ab 1947 zu einem fixen Bestandteil, um die Bildungschancen für Kinder aus Arbeiterfamilien zu verbessern.

Einmal am Tag ein warmes Essen: Ausspeisung von Schulkindern in Jenbach 1919

Nur eines dieser 39 Mädchen einer Pradler Volksschulklasse aus dem Jahr 1926 hatte damals die Chance auf ein Studium.

Im Jahresbericht 1947 (S. 61f) liest man: „Besonders hervorzuheben ist auch die finanzielle Unterstützung von Schülern, die den Kreisen der Arbeiter- und Angestelltenschaft entstammen ... hat die Kammer ... für Mittelschüler für das Schuljahr je 400 S und für Hochschüler für das Semester ebenfalls 400 S bewilligt." Das waren zu Beginn 40 Mittelschüler und 80 Hochschüler. 1950 waren es 82 Hochschüler („darunter 11 Studentinnen") und 63 Mittelschüler und seit damals erhielten auch „mittellose Lehrlinge, die eine besondere Begabung nachweisen können", eine Lehrlingsbeihilfe. Es waren 1950 „42, darunter fünf weibliche".[56]

Die Vergabe solcher Beihilfen geschah einerseits im Rahmen der finanziellen Möglichkeiten der AK, andererseits auch in Abstimmung mit anderen Stipendienstellen, vor allem bei Bund und Land.

Jahr	1948	1957	1967	1977	1987	1997	2007	2017
Lehrlinge		234	509	720	1291	520	645	739
SchülerInnen	40	174	246	275	462	546	812	710
Studierende	80	67	57	24	197	260	568	1065

Lehrausbildungsbeihilfen und Stipendien 1948–2017

Die Tabelle zeigt einerseits die Schwerpunktsetzungen, wie sie von den KammerrätInnen bei der Beschlussfassung der Richtlinien im Bildungsausschuss und im Vorstand gesetzt werden. Sie belegen den zunehmenden Anteil an Arbeiterkindern an Universitäten und sie zeigen am Beispiel der Lehrlinge, wie das Land Tirol finanzielle Förderungen, die zuvor von der AK geleistet wurden, übernommen und ausgebaut hat. Natürlich gab es auch in allen Jahren dazwischen Beihilfen, die Tabelle soll die Steigerungen verdeutlichen.

Im Verlauf dieser mehr als 70 Jahre haben sich die Richtlinien immer wieder verändert. Mit der Öffnung des europäischen Hochschulraumes kamen Auslandsstipendien hinzu und ab 1998/1999 die Zukunftsaktie für EDV- und Sprachkurse. Sie erreichte kurze Zeit nach Einführung bereits 1.100 Personen, die damit einen Teil ihrer Kurse finanziert haben. Vorausgegangen war eine Studie zur Weiterbildung, aus der ersichtlich war, wo es Bedarf gibt, und zwar in Verbindung von beruflichen und privaten Erfordernissen. Bei der Förderung der Sprachkurse war ein Argument die Mitgliedschaft Österreichs bei der Europäischen Union und der damit verbundene stärkere Bedarf nach Sprachkenntnissen auch im Berufsleben.

Bei den Ausbildungen in verschiedenen Gesundheitsberufen war es jahrzehntelang üblich, dass die SchülerInnen eine Entschädigung oder ein Taschengeld erhielten, weil sie ja auch in der Pflege in den verschiedenen Einrichtungen im Einsatz sind. Das hat sich mit der „Privatisierung" der Spitäler und der Akademisierung des Berufes nach und nach geändert: Die Schüler bezahlen nun Schulgeld oder Ausbildungskosten oder ähnlich bezeichnete Beiträge und seither können sie von der AK auch Beihilfen erhalten. Beihilfen gibt es auch für die Ablegung von Prüfungen im 2. Bildungsweg (Lehrabschlussprüfung oder Berufsreifeprüfung). Eine Neuerung war 2019 die Auslobung von drei 10.000 Euro Stipendien für das erste studierende Kind einer Arbeitnehmerfamilie.

Beihilfen für Wohnen

Ab 1957 spielten die zinslosen AK Wohnungsdarlehen[57] eine beachtliche Rolle sowohl in der Finanzierung für die betroffenen Familien als auch in der Werbung für die AK. Bilder mit schmucken Einfamilienhäusern und modern ausgestatteten Küchen sind das häufigste Motiv in den Jahrbüchern der 50er und 60er Jahre.

Je nach Bautätigkeit, Zinsentwicklung und öffentlicher Wohnbauförderung gab es hier ein Auf und Ab, das auch von den finanziellen Möglichkeiten der AK beeinflusst war. Eine Höchstzahl an genehmigten Darlehen wurde 1999 mit 773 verzeichnet, derzeit befindet sich die Aktion in einer Neuorientierung.

Der Unterstützungsfonds

Der Unterstützungsfonds ist 2009 aus dem „Josefikreis" hervorgegangen. Der ehemalige National-, Bundes- und Innsbrucker Stadtrat der SPÖ Dr. Lothar Müller beschreibt in einem Mail, wie es dazu gekommen ist: „Dafür weiß ich

Eigenheim eines Metallarbeiters in Schwaz, eines Postbediensteten in Alpbach, eines Angestellten in St. Johann i. T. u. eines Eisenbahners in Telfs

Über 500 Anträge gab es kurz nach Einführung der zinslosen Wohnungsdarlehen 1957 und geförderte Bauten im ganzen Land.

noch genau, wie es begonnen hat! Es war irgendwann im Jänner/Februar bei Elmar.[58] Der hat mich gefragt, ob ich eine Idee für den Josefitag hätte. Bis dahin: Vormittag Pressekonferenz mit ÖGB, am Abend die Josefsmesse. Und da haben wir das später so genannte Josefitreffen entwickelt."

Wie schon bei früheren Präsidenten sprachen immer wieder Frauen und Männer vor, die unverschuldet in eine Notlage geraten waren und für die es keine rasche Hilfe gab. Erwin Zangerl wollte ein Instrument, um schnell, wirksam und gerecht helfen zu können.

Das Josefitreffen war eine Einladung an alle bekannten Organisationen in Tirol, die in irgendeiner Form Menschen in sozialen Notlagen helfen. „Treffen der Hilfseinrichtungen" steht in meinem Kalender. Dieses Treffen war das erste dieser Art in Tirol und es war für alle überraschend, wie wenig man bisher voneinander gewusst hatte. Aus der Erfahrung dieser Treffen wurde der von Lothar Müller geleitete AK Unterstützungsfonds entwickelt, der 2010 bereits an 521 unverschuldet in Not geratenen Personen insgesamt 211.000.– Euro bereitstellte. Die Leistungen aus diesem Fonds spiegeln die allgemeine wirtschaftliche Lage und die Verbesserungen oder Kürzungen bei den staatlichen Sozialtransferleistungen wider. 2020 wurden aus dem Fonds 375.000.– ausbezahlt, wobei teilweise auch der Corona-Unterstützungsfonds zum Einsatz kam, dessen administrative Betreuung die AK kurzfristig übernommen hat.

D) DIE BEDEUTUNG DER LEHRE

Zur Einordnung: In der AK-Berufsstatistik aus dem Jahr 1926 werden in Tirol 2.861 Lehrlinge bei rund 44.000 unselbständig Beschäftigen angeführt, 2019 waren es 10.874 bei 344.000 unselbständig Beschäftigten. Der Anteil der Lehrlinge hat sich also von 6 % auf 3 % halbiert. Das ist vor allem auf den Ausbau der berufsbildenden mittleren und höheren Schulen zurückzuführen. Trotz dieses Rückganges bleibt die Lehre für die Ausbildung der benötigten FacharbeiterInnen für die Unternehmen wertvoll.

Die Lehrlingsausbildung hatte für die Arbeiterkammer Tirol von Beginn an einen sehr hohen Stellenwert. Schon in der ersten Funktionsperiode von 1921 bis 1926 gab es einen Lehrlingsbeirat, dem von den Freien Gewerkschaften Heinrich Hundsdorfer, Franz Hüttenberger, Max Klappholz und Ernst Müller angehörten, von der christlich-nationalen Arbeitsgemeinschaft Josef Mayr und Franz Novak. Mayr war auch Obmann dieses Ausschusses.

Ausreichend Lehrstellen, eine gute und dem bescheidenen rechtlichen Rahmen entsprechende Ausbildung, eine flächendeckende Berufsberatung und die Verbesserung der gesetzlichen Bestimmungen waren die Hauptaufgaben für die noch junge AK. Maßgebliche Rechtsgrundlage war eine veraltete Gewerbeordnung; ein modernes Gesetz für die Berufsausbildung, wie von der AK gefordert, scheiterte am Widerstand der Wirtschaft.

Missstände

Zur Vollversammlung am 29. September 1924 legte die Lehrlingsschutzstelle der Kammer eine „Denkschrift über

Ein schonungsloses Zeitdokument über die Lehrlingsausbildung in den Zwanzigerjahren

die Missstände im Lehrlingswesen Tirols" vor.⁵⁹ Der Bericht ist einzigartig, die folgenden Zitate stammen daraus. Er beginnt damit, dass auch 1918 für die Lehrlinge keine Neuregelung erfolgte und dass „heute für diese Gruppe von Arbeitnehmern noch die zünftlerische Auffassung einer dahingegangenen Zeitperiode maßgebend ist."

Dem Lehrling Kost und Logis zu bieten war inzwischen weggefallen, an deren Stelle sollte eine Lehrlingsentschädigung treten. Diese sollte von den Genossenschaften (die zusammengeschlossenen Unternehmer) und den Gehilfenausschüssen (der Arbeitnehmer) bis 1922 festgelegt werden, die Genossenschaften hatten aber „keine Eile", sodass in verschiedenen Berufen erst die „Industrielle Bezirkskommission" (eine Art Sozialpartnereinrichtung unter behördlicher Leitung) diese Entschädigungen festsetzen mussten. In verschiedenen Berufen wurde zwar rechtzeitig festgesetzt, aber im ersten Lehrjahr mit Null und in den weiteren Lehrjahren so wenig, dass man das geradezu als „schmachvoll" bezeichnen müsse. Manche Lehrbetriebe setzten als Gegenrechnung „Ausbildungskosten" in die Verträge ein, sodass auch hier der Lehrling gar nichts erhielt.

„Als eine der betrüblichsten Erscheinungen im Lehrlingswesen muss wohl die Lehrlingszüchterei bezeichnet werden". Gemeint waren jene Betriebe, in denen fast nur Lehrlinge als Hilfsarbeiter unter Anleitung eines Meisters oder eines Gesellen beschäftigt waren und praktisch keine Ausbildung erhielten. Die akribische Auflistung der Branchen einschließlich der Zahl der Lehrlinge je Ausbildner überrascht, standen doch damals keine elektronischen Daten zur Verfügung, sondern es musste alles direkt an Ort und Stelle erhoben werden. Dann gab es Versuche, mit diversen Begründungen die Lehrzeit zu verlängern, Lehrlinge wurden nicht bei der Krankenkasse gemeldet oder Eltern mussten große Summen an „Schadenersatz" zahlen, wenn sie ihr Kind vorzeitig aus einem untragbaren Lehrverhältnis herausnehmen wollten. Der Bericht schloss mit fünf Forderungen, u. a. nach einer sechsmonatigen Behaltezeit mit Gesellenlohn nach Ende der Lehre.

Die Missstände besserten sich nur wenig. Im Tätigkeitsbericht 1927/28 wird über die unzureichende Unterstützung durch die Bezirkshauptmannschaften und das Amt der Tiroler Landesregierung berichtet. Zu einem Fall wiederholter körperlicher Züchtigungen vermerkt der Bericht, auch die Landesregierung stehe auf dem „sehr merkwürdigen Standpunkt, dass Ohrfeigen und ähnliche althergebrachte Erziehungsmittel für die Entwicklung der Jugend keinesfalls schädlich sind."

Kilos sammeln am Möserer See

Nach 1945 stand zunächst die durch Unterernährung gefährdete Gesundheit der jugendlichen Lehrlinge und ArbeitnehmerInnen im Focus; in Mösern wurde das ehemalige Seecafé am Möserer See übernommen und ab 15. September 1946 dort ein Lehrlingserholungsheim betrieben.

Gebietskrankenkasse und Gesundheitsämter hatten 1947 eine Untersuchung bei in einem Arbeits- oder Lehrverhältnis stehenden Jugendlichen durchgeführt. 31 % waren aufgrund von Unterernährung „erholungsbedürftig", 7,5 % davon dringend, bei den Mädchen etwas weniger, bei den Burschen etwas mehr (Jahresbericht 1947, S. 49). Die Jugendlichen wurden beim Eintritt gewogen und trotz viel Sport, wie Baden, Schifahren, Fußball u. a., konnte man eine durchschnittliche Gewichtszunahme von 1.300 Gramm feststellen, bei Burschen gleich wie bei Mädchen, Spitzenwert waren sechs Kilo. Die Jugendlichen waren medizinisch und pädagogisch gut betreut. Im Jahresbericht 1947

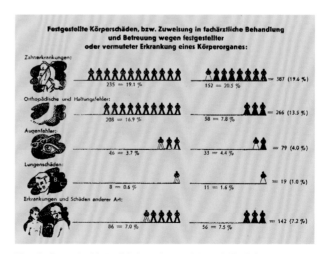

Manche heute 85- bis 90-Jährige erinnern sich noch: Täglich sattessen im AK-Jugenderholungsheim am Möserer See. Grundlage war eine Gesundenuntersuchung bei Lehrlingen mit diversen Auswertungen, hier eine Grafik aus dem AK-Jahrbuch 1947, S. 51.

ist auch zu lesen, dass die Freizeitgestaltung bei Mädchen viel leichter war, vor allem an Regentagen, „da mit Flicken und Stricken bei Radiokonzert viel Zeit ausgefüllt werden konnte", während die Burschen „zum Spielen angeregt werden" mussten (S. 55).

Lehrlingswettbewerbe

1949 begann die AK gemeinsam mit der Gewerkschaftsjugend die Lehrlingswettbewerbe. Sie sollte die Motivation der jungen Menschen steigern, in ihrer Ausbildung ihr Bestes zu geben.

1972 wurden die Flugreisen und die Österreichfahrt eingestellt und stattdessen die Zahl der Sachpreise aufgestockt, die Schlussveranstaltung wurde als große Disco organisiert, Stargast war Elfi Graf, Gewinnerin der Show-Chance 1971, einer Vorläuferin der heutigen Castingshows. Die Sachpreise brachte viele Jugendliche dazu, sich auch mit Themen wie Arbeitsrecht oder Arbeiterkammer zu beschäftigen: Ein Puch-Maxi-Moped oder eine Philips-Stereoanlage, Kofferradios oder eine Spiegelreflexkamera. Wo immer es möglich war, wurden in Österreich hergestellte Produkte verschenkt.

Die Wettbewerbe wurden laufend verändert. 1979 präsentierte der ORF bei der Schlussveranstaltung die Showtalente des Tiroler Schlagerderbys und einen besonderen Gast konnte der Moderator bei der Schlussveranstaltung der AK- und ÖGB-Lehrlingswettbewerbe 1982 begrüßen: Reinhard Fendrich. Er stand damals am Beginn seiner Karriere und hatte im Jahr zuvor mit „Strada del sole" seinen ersten Hit gelandet.

Es folgte eine Umwandlung zu „Projektwettbewerben", bei denen Lehrlinge aus verschiedenen Sparten allein oder in Teams Projektaufgaben zu lösen und zu präsentieren hatten, wobei die professionelle Präsentation bei Jury und ZuseherInnen immer wieder für Staunen sorgte.

Die gastgewerblichen Lehrlinge messen sich nach wie vor und inzwischen sind viele neue Angebote hinzugekommen, die den Interessen der Jugendlichen von heute besser entsprechen.

Die Klassenbesten des Berufsschuljahrganges 1948/49 auf ihrer Fahrt über die Großglockner-Hochalpenstraße

Die bis auf den letzten Platz gefüllte Innsbrucker Dogana beim Lehrlingswettbewerb 1991

Die Lehre – das Ende der „Sackgasse"

Die Lehre galt lange als „Sackgasse". Natürlich konnte man anschließend die Meisterprüfung und Konzessionsprüfungen machen, aber die schulischen Wege waren versperrt. Sie zu öffnen war ein Ziel der AK. Es gelang mit der Einführung der Externistenprüfungen, mit der Berufsreifeprüfung und der Studienberechtigungsprüfung und schließlich mit einem regulären Zugang zu FH-Studien für FacharbeiterInnen. Das Berufsförderungsinstitut hat bei alledem wertvolle Hilfe geleistet.

Demokratisches Handeln in Schule und Betrieb

Das Gesetz über die Jugendvertrauensräte und das Schulunterrichtsgesetz mit den SchülervertreterInnen in den Berufsschulen waren nicht nur interessenpolitische Erfolge, sie mussten auch mit Leben erfüllt werden. Dem dienten die gemeinsam mit der Gewerkschaftsjugend durchgeführten Kurse für die Jugendvertrauensräte und für Schul- und KlassensprecherInnen von Berufsschulen.

Mädchenheim in der Schöpfstraße

In Innsbruck und Umgebung gab es mehr Lehrstellen als Lehrstellensuchende, in den Bezirken war es vielfach umgekehrt. Daher eröffnete die AK Tirol am 8. Februar 1963 in der Schöpfstraße in Innsbruck ihr neues Mädchenheim. 1959 hatte der Vorstand den Beschluss gefasst, das Haus in der Schöpfstraße in ein Heim für von auswärts stammenden Lehrlingen und Lehrmädchen umzugestalten, für männliche Jugendliche sollten durch einen Bau-

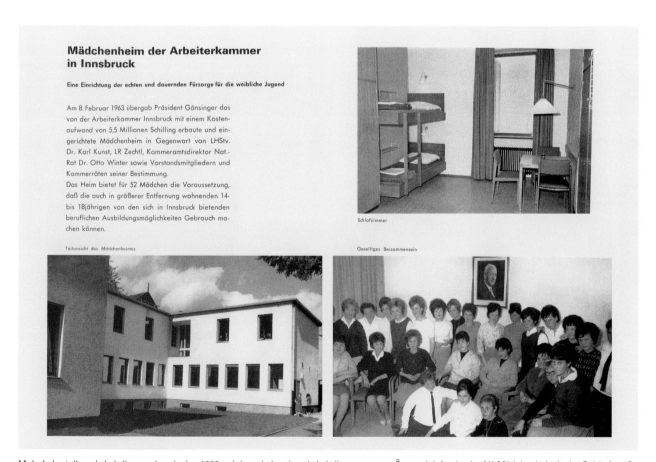

Mehr Lehrstellen als Lehrlinge gab es in den 1960er Jahren in Innsbruck. Lehrlinge aus ganz Österreich fanden im AK-Mädchenheim in der Schöpfstraße während der Ausbildung ihr Zuhause.

kostenbeitrag von S 400.000.– an das Aufbauwerk der Jugend 40 Heimplätze in einem Lehrlingsheim am Rennweg gesichert werden. Die Heimplätze übersiedelten 1988 in das Kolpingheim in der Viktor-Franz-Hess-Straße.

Weitere Projekte

1997 wurde gemeinsam von AK, ÖGB und BFI das Ausbilderforum gegründet, zunächst als EU-Projekt, dann als ständige Einrichtung. Dabei treffen sich LehrlingsausbildnerInnen zum Erfahrungsaustausch und zur Weiterbildung.

Ein anderes Projekt für junge ArbeitnehmerInnen war ab 2006 „Tirolerinnen und Tiroler auf der Walz". Dabei handelt es sich um von der EU geförderte Auslandspraktika. Für diese Aktion erhielt die AK im Dezember 2008 den Lifelong Learning Award der Bundesministerin für Bildung und Wissenschaft.

Ebenfalls den europäischen Geist trägt das 2013 gestartete Projekt „Rückenwind". Finanziert von EU und Arbeiterkammer und in Kooperation mit dem Verein CUBIC nützen Jugendliche die Möglichkeit, in Europa an Freiwilligenprojekten teilzunehmen und dabei berufliche Erfahrung zu sammeln, über ihre künftigen Berufspläne Klarheit zu gewinnen und nach der Rückkehr neue Ausbildungswege zu beschreiten. Es erhielt 2015 den Europa-Staatspreis[60] und 2019 den Kaiser-Maximilian-Preis der Stadt Innsbruck.

Auf großes Interesse stoßen die Theaterpädagogischen Workshops für Berufsschulen und der Erfahrungsaustausch der Prüferinnen und Prüfer der Lehrabschlussprüfungen im Rahmen regelmäßiger „Prüferabende", die auch in den Bezirkskammern stattfinden.

Aus einer Mitwirkung am Innsbrucker Ferienprogramm und einem Programm zur Auslastung des „Seehof" im Sommer entwickelten sich die „Ferienwochen", 2019 nahmen daran 1.500 Kinder und Jugendliche teil.

Preisträgerinnen, Akteure, Ideengeber und Schirmherr bei der Preisverleihung 2019

Zentrale Aufgabe bleibt die Beratung und Vertretung für Lehrlinge. 8.680 Beratungen und 165.720.– Euro, die für Lehrlinge erstritten oder durch Intervention hereingebracht wurden, waren es 2019. Und während heutzutage Jugendliche „auf der Walz" für die Öffentlichkeit interessant sind, finden die jährlich über 100 „Feststellungsverfahren" über die Eignung eines Betriebes zur Ausbildung von Lehrlingen oder die Verfahren bei vorzeitiger Auflösung eines Lehrvertrages nur selten den Weg in die Medien.

E) SCHULUNGEN UND SCHULUNGSEINRICHTUNGEN FÜR BETRIEBSRÄTE UND FUNKTIONÄR*INNEN

Das Bildungshaus „Seehof" auf der Hungerburg

Die Funktionäre- und Betriebsräteschulung der Tiroler Arbeiterkammer ist eng mit dem Bildungshaus „Seehof" verbunden. Bei der Eröffnung am 24. November 1954 bezeichnete ihn Präsident Gänsinger als „Burg des Wissens", Präsident Dinkhauser nannte ihn 50 Jahre später nach einer umfangreichen Renovierung einen „Bildungshochstand". Die Geschichte der Betriebsräteschulungen durch die Arbeiterkammer reicht aber bis ins Jahr 1921 zurück.

Bereits in der Vollversammlung vom 14. November 1921 wurde auf Antrag des Bildungsausschusses der Beschluss gefasst, ab Jänner 1922 eine Betriebsräte-Instruktorenschulung einzurichten. Im April 1922 begann ein erster Abendkurs in Innsbruck und ab dem 2. Halbjahr 1925 gab es Halbtags- und Abendkurse in Innsbruck, Landeck, Hall, Kirchbichl und Telfs.

Erste Betriebsrätekurse in Form eines fünftägigen Lehrgangs fanden ab 1929 statt, Hauptthemen waren Arbeitsrecht, Volkswirtschaftskunde und Gewerkschaftskunde.

In den Jahren der Diktatur 1934 bis 1945 gab es keine von den ArbeitnehmerInnen selbst gewählten Betriebsräte und keine Betriebsdemokratie.

Nach 1945 hatte die Ausbildung einer neuen Generation von engagierten FunktionärInnen in Betrieben, Gewerkschaften und Arbeiterkammer hohe Priorität. Die Bildungsreferenten der AK und des ÖGB, Hans Ebenberger und Karl Fassl, leisteten die Vorarbeiten dafür, dass im Jänner 1947 eine erste Schulung im Gasthof „Sonnenheim" in Natters stattfinden konnte. Schulungsraum war die Gaststube, die Zimmer waren „bescheiden, aber sauber" und es gab die Möglichkeit der Verköstigung, weil der Gasthof auch über eine Landwirtschaft verfügte. 1947 wurden dort 14 Kurse „in Internatsform" und 1948 14 Schulungen durchgeführt, „deren Dauer sich auf vier, acht und zwölf Tage erstreckte"; 1949 waren es nur mehr neun Kurse, die Gastwirtschaft hatte wieder zu florieren begonnen und störte den Kursbetrieb erheblich. Unterrichtet wurden Arbeitsrecht, Arbeiterschutz, Betriebsrätegesetz, Sozialpolitik, Volkswirtschaft, Kollektivvertragsrecht, Sozialversicherung, Gewerkschaftsfragen, Frauenarbeit, Frauenschutz und Heimarbeit. Bei den Jugendkursen kamen noch Lehrlingsrecht, Jugendschutz, Berufsförderung und Berufsplanung hinzu. Erlernt wurde auch das Abfassen schriftlicher Arbeiten und die Leitung von Sitzungen und Versammlungen.

Am Abend gab es Diskussionen, Kino- und Theaterbesuche mit Fußweg nach Innsbruck und zurück.

Bereits im Mai 1950 fanden im angemieteten Schulungsheim „Seehof" auf der Hungerburg erste „Funktionäre- und Betriebsräteschulungen" statt.[61] Dabei handelte es sich um sieben- bis achttägige Kurse zu den Themen Betriebsrätegesetz, Sozialpolitik, Arbeitsrecht, Kollektivvertragsgesetz, Geschichte der österr. Gewerkschaftsbewegung, Sozialversicherung, Jugendschutz, Volkswirtschaft und Betriebswirtschaft. Dazu gab es Betriebsbesichtigungen, z. B. in der Gebietskrankenkasse und deren neuen Ambulatorien, dem Röhrenwerk oder der Konsumgenossenschaft, eine Fahrt auf das Hafelekar und Besuche von Vorstellungen des Landestheaters. Schon damals wurden bei Kursende Fragebögen ausgegeben, um die Qualität der Kurse ständig zu verbessern.

Wochenendkurse für Betriebsräte fanden in Imst, Lienz, Kitzbühel, Kufstein, Landeck und Reutte statt.

Der Ankauf des „Seehofs"

Die Vollversammlung vom 28. September 1950 fasste den Grundsatzbeschluss, dass der Kammervorstand zum Ankauf und Ausbau eines Bildungsheimes auf der Hungerburg und eines Heimes für die Gewerkschaftsjugend in der Höttinger Au ermächtigt wird. 1951 kaufte die Arbeiterkammer den „Seehof" samt dem nördlich der Straße gelegenen Grundstück von den Kinderfreunden, die den südlichen Teil samt dem Kinderfreundeheim weiter für ihre Zwecke nützten und 2020/21 ein neues Vereinshaus errichten. Konkret war der Verkäufer der sozialdemokratische Restitutionsfonds, der das zurückgestellte Vermögen verwaltete, das 1934 und 1938 den sozialdemokratischen Organisationen entzogen worden war.

Über die Geschichte des „Seehofs" hat der Innsbrucker Historiker Horst Schreiber anlässlich der 50-Jahr-Feier 2004 eine ausführliche Arbeit verfasst, die im Studienverlag erschienen ist.

Nach umfangreichen Umbauarbeiten und einer zeitgemäßen Ausstattung als Bildungshaus wurde der „Seehof" am 24. November 1954 in einer betont schlichten Feier eröffnet.[62] Im Jahresbericht heißt es: „Dieses neue, dreistöckige Gebäude liegt in einer herrlichen Umgebung, unmittelbar am ehemaligen Hungerburgsee, der in einen Park umgewandelt wurde und von dessen steilem Ufer der Hungerburgturm grüßt. Es ist vollkommen in ländlichem Stil gehalten und entspricht doch allen Gepflogenheiten des Modernen, angefangen vom eleganten Schulungssaal, den behaglichen Speisesälen, Schlafzimmern bis zum Bilder- und Blumenschmuck an den Wänden."

Am „Seehof" gab es seit der Eröffnung 1954 immer wieder Renovierungs- und Erweiterungsarbeiten, 1962/63, 1970/71, 1988/89 und im ersten Halbjahr 2013, als er generalsaniert mit einer Ausstellung „101 Jahre Seehof" am 28. Juni 2013 wiedereröffnet wurde.

Ein zeitgemäßer Standard ist für mehrtägige Schulungen unumgänglich. Aber noch wichtiger ist die Vermittlung der Inhalte durch die besten ReferentInnen und mit den aktuellen technischen und didaktischen Möglichkeiten.

Inhalte, Didaktik und Schulungsunterlagen werden zwischen den Arbeiterkammern und Gewerkschaften koordiniert und die Fachabteilungen und ExpertInnen beider Organisationen übernehmen einzelne Fachbereiche.

Das Kinderfreundeheim in einem Zeitungsartikel, vermutlich aus dem Jahr 1928

Bilder der Eröffnungsfeier 1954 mit Ehrengästen

Das AK Bildungshaus „Seehof": Seit der Eröffnung 1954 Lern- und Begegnungsort für tausende Betriebsräte aus ganz Österreich, im Bild rechts nach der Generalsanierung 2013

Nach gründlicher Modernisierung wieder in Betrieb genommen: der „Seehof" – im Bild ÖGB-Vorsitzender Otto Leist, Landeshauptmann Günter Platter, Seehofleiter Andreas Liepert, Präsident Erwin Zangerl und Landesrätin Dr. Beate Palfrader

Vertretungsprofis in Arbeitnehmerfragen: Die Absolventinnen und Absolventen des Betriebsräte-Kollegs, im Bild der Jahrgang 2016 mit BIWEST-Vorsitzendem Direktor Mag. Gerhard Pirchner, Präs. Zangerl (beide li.) und Gf. Norbert Nairz (re.)

Im März 1998 wurde auf Basis eines Vollversammlungsbeschlusses vom November 1997 eine neue „Informations- und Koordinationsstelle für Betriebsräte" vorgestellt.[63] Dieses betreut heute als „Betriebsservice" in Zusammenarbeit mit der zuständigen Gewerkschaft die Betriebsräte bei ihrer Arbeit; sehr gefragt sind die individuellen Coachingangebote.

Seit 2014 wird gemeinsam mit den Arbeiterkammern Salzburg und Vorarlberg ein Betriebsräte-Kolleg im Bildungshaus „Seehof" angeboten. Es ist ein vierzehnwöchiger Vollzeit-Lehrgang, angelehnt an die Betriebsräteakademien der Arbeiterkammern Graz und Wien.

Veranstalter ist der zu diesem Zweck gegründete BIWEST (Verein für Bildung der Arbeiterkammern Salzburg, Tirol und Vorarlberg). Mit jeweils rund 18 TeilnehmerInnen weist das Kolleg eine fast ideale Größe auf, die Betriebsräte stammen aus den verschiedensten Unternehmen der drei Länder.

F) DIE EINFÜHRUNG DER ARBEITNEHMERFÖRDERUNG DES LANDES TIROL ALS BEISPIEL FÜR INTERESSENPOLITISCHE ERFOLGE

Am Beginn der Arbeitnehmerförderung des Bundeslandes Tirol stand 1977 eine Budgetanalyse des neubestellten Leiters der Volkswirtschaftlichen Abteilung der AK Tirol, Anton Schneider, die heute beinahe noch aktueller ist als damals: Tirol ist zu stark vom Tourismus abhängig und das ist im Falle einer Wirtschaftskrise und ausbleibender Gäste gefährlich. Der hohe Anteil an Beschäftigten im Dienstleistungssektor ist außerdem der Hauptgrund, dass die Arbeitnehmereinkommen in Tirol unter dem Österreichdurchschnitt liegen.

Präsident Karl Gruber ging damit in die Öffentlichkeit und forderte eine grundlegende Änderung in der Wirtschaftsförderung in Richtung Ganzjahresarbeitsplätze und Fördermittel für besondere Belastungen der Arbeitnehmer, zum Beispiel durch tägliches Pendeln.

Die 80. Vollversammlung am 8. November 1977 erweiterte diese Forderungen um ein modernes Wirtschaftsförderungsgesetz für alle Wirtschaftszweige, die Gründung einer Betriebsansiedlungs- und Entwicklungsgesellschaft (später Standortagentur), die Einrichtung überbetrieblicher Ausbildungszentren und gezielter Arbeitnehmerförderungsmaßnahmen in Form einer Bildungs-, einer Lehrlings- und einer Pendlerförderung.

Die Forderungen der Vollversammlung wurden mit Daten untermauert und als Programm „Vollbeschäftigung für Tirols Arbeitnehmer – Vorschläge für Wirtschaftsförderungsmaßnahmen des Landes Tirol" von Präsident Gruber persönlich Landeshauptmann Wallnöfer überreicht und allen Landtagsklubs mit der Bitte um Unterstützung zugeschickt.

Die Kammerräte und Landtagsabgeordneten Alfons Kaufmann und Leo Plattner (beide SP) brachten daraufhin im Landtag einen Antrag für ein Tiroler Arbeitnehmerförderungsgesetz ein. Im Budgetlandtag im Dezember 1981 wurden erstmals im Landesbudget 1982 fünf Mio. Schilling für Arbeitnehmerförderungsmaßnahmen vorgesehen. Dazu wurde unter Vorsitz von LAbg. Ekkehard Abendstein (VP – Mitglied des AK-Vorstandes) ein Landtagsunterausschuss eingesetzt, der einerseits ein Gesetz beraten und andererseits die Grundzüge für die Maßnahmen und die Abwicklung der Arbeitnehmerförderung festlegen sollte.

Grundlage für die Tiroler Arbeitnehmerförderung: Präsident Gruber überreicht 1978 Landeshauptmann Wallnöfer das AK-Programm „Vollbeschäftigung für Tirols Arbeitnehmer".

Tausende Arbeitspendler profitieren seit 1983 von der Pendlerförderung.

Zu einem Gesetz konnte sich die Mehrheitspartei ÖVP noch nicht durchringen, es wurden aber von der Tiroler Landesregierung Richtlinien für die Arbeitnehmerförderung beschlossen, die mit 1.10.1982 in Kraft traten. An der Erarbeitung dieser Richtlinien war die AK Tirol maßgeblich beteiligt. Für berufsspezifische Kurse gab es einen „Bildungsförderungsausgleich", bei auswärtiger Unterbringung den „Wohnkostenzuschuss für Lehrlinge" und bei sehr niedrigem Familieneinkommen den „Lehrlingsförderungszuschuss". Die AK informierte ihre Mitglieder umfassend über diese neuen Förderungen.

Eine neue AK-Pendlerstudie unterstützte 1982 die Forderung nach einer Pendlerförderung und bald darauf beschloss die Landesregierung rückwirkend auch die Fahrtkostenbeihilfe für Pendler. Die tatsächlichen Aufwendungen des Landes betrugen 1983 3,4 Mio. Schilling und 1984 4,2 Mio. Schilling.

Mit den geänderten Mehrheitsverhältnissen in der Arbeiterkammer seit der Wahl 1984 stieg der Druck des ÖAAB innerhalb der ÖVP, ein Arbeitnehmerförderungsgesetz zu beschließen, und 1988 kam es auf Vorschlag des damaligen VP-Klubobmannes Ing. Helmut Mader zu einem einstimmigen Landtagsbeschluss mit der Aufforderung an die Regierung, ein solches Gesetz vorlegen.

> Die wirtschaftliche Situation während und nach der Corona-Pandemie wird sicher Anlass sein, mit der Arbeitnehmerförderung darauf zu reagieren. Die Zielsetzung, im produzierenden Bereich, heute in Kombination mit ökologischen Aspekten, Arbeitsplätze nicht nur zu erhalten, sondern auch zu schaffen, ist aktueller denn je. Vieles von dem, was heute nur mehr aus Billiglohnländern und vor allem aus China importiert wird, wurde noch vor zwei Jahrzehnten auch in Tirol produziert.

Das Arbeitnehmerförderungsgesetz wurde schließlich am 20. November 1991 im Tiroler Landtag einstimmig beschlossen und im LGBl. Nr. 3/1992[64] veröffentlicht.

Alle Förderungen waren einkommensabhängig, alle Förderungen kamen mehrheitlich Arbeitnehmerfamilien zugute.

Die Arbeitnehmerförderung und einzelne Förderungen wurden laufend evaluiert, sei es von externen ExpertInnen oder vom Landesrechnungshof, und diese Ergebnisse in Begleitgremien und Arbeitsgruppen besprochen und die Förderungen angepasst. Die Vertretung der Arbeiterkammer nahmen der Präsident und die zuständigen MitarbeiterInnen der Bildungspolitischen Abteilung wahr. Aus diesen ersten Förderungen entwickelten sich u. a. die Bildungs- und Begabtenförderung für Lehrlinge, das Bildungsgeld Update und die Vergütung für die VVT-Jahreskarte für Pendler.

Seit 1983 wurden 144,8 Mio. Euro an Tiroler Arbeitnehmerinnen und Arbeitnehmer einschließlich der Förderungen für Lehrlinge ausbezahlt.[65] In diesem Sinne wurde ein Stück Gerechtigkeit geschaffen.

G) BETRIEBE IN SCHWIERIGKEITEN – HILFSMASSNAHMEN FÜR ARBEITNEHMERINNEN UND ARBEITNEHMER

Bemühungen um Arbeitsplätze ziehen sich wie ein Roter Faden durch die Geschichte der Arbeiterkammer.

Schon in der Vollversammlung am 24. September 1923 wurde eine einstimmige Resolution für konkrete produktive Beschäftigungsmaßnahmen gefasst, sie enthält eine Liste von Projekten, vom Bahnhofumbau über die Höhenstraße auf die Hungerburg bis zum Verbot der Anstellung von ausländischen Arbeitskräften.[66]

Im Februar 1924 setzte sich Präsident Scheibein für den Ausbau einer direkten Verbindung von Innsbruck über Franzensfeste und Innichen ins Pustertal und den Bau der Reschen-Scheideck-Bahn[67] ein, die von Landeck bis Meran führen und das Paznaun mit dem Vinschgau verbinden sollte.

Der Bau der Vinschgaubahn schien zum Ende des Ersten Weltkrieges tatsächlich sehr realistisch. Im April 1918 gab es von Seiten des Ministeriums die Bewilligung für die Strecke Landeck-Pfunds. Der daraufhin begonnene Weiterbau wurde aber aus Geldmangel bald wieder eingestellt.[68]

2020 haben sich Befürworter einer Eisenbahn von Landeck nach Meran wieder zu Wort gemeldet.

Auf Initiative von Präsident Scheibein gelang es 1926, mithilfe von Pensionsübernahmen durch den Staat und zusätzliche Investitionsmittel die Schließung der Montanhütte in Brixlegg zu verhindern.[69]

Auch der Umbau des Hauptbahnhofes in Innsbruck findet sich auf verschiedenen Listen der Bauprojekte, die von der AK als vordringlich erachtet wurden, dieser wurde dann tatsächlich 1927 begonnen und 1928 vollendet.

Der Name Scheibein ist schließlich auch mit der Geschichte des Felbertauerntunnels verbunden. Diese Verkehrsverbindung stand ebenso auf der AK-Liste der vorgeschlagenen Bauprojekte wie die Fortsetzung des Baues der Gerlosstraße und der Ausbau der Achentalerstraße.

Am 15. Juli 1960 waren das Karbidwerk Landeck und dessen Staub- und Rauchbelastungen für die Umgebung Thema der AK-Vollversammlung. Dabei wären die Touristiker dort mit einer Betriebspause in den Sommermonaten zufrieden gewesen. Die AK versuchte, öffentliche Gelder für die Anschaffung von Filtern zu beschaffen, damit die dortigen Arbeitsplätze nicht verloren gingen.

So gut wie alle Bezirkskammern waren immer wieder mit Arbeitsplatzfragen beschäftigt. Dabei ging es oft weniger um eine Betriebsfortführung, sondern darum, die Ansprüche der ArbeitnehmerInnen in der Insolvenz zu sichern, die ausstehenden Löhne zu berechnen und Ansprüche anzumelden, rechtliche Fragen von Arbeitslosengeld oder Pension zu klären und Umschulungs- oder Weiterbildungswege aufzuzeigen. Erst mit dem Insolvenzentgeltsicherungsgesetz von 1977 (IESG) gab es einen Fonds, aus welchem die

Arbeitnehmerforderungen bezahlt wurden. Die Amtsstelle Lienz mit dem damaligen Amtsstellenleiter Dr. Horwath machte damit erste Erfahrungen im Zusammenhang mit der Firma Armaturen Seidl in Matrei i. Osttirol: „Es war kurz vor Weihnachten, und die Leute hatten immer noch keinen Lohn. Da haben wir ein Vorfinanzierungsmodell ausgearbeitet, eine Bank hat die Forderungen an den IESG-Fonds übernommen und die AK die Zinsen. So haben die Leute noch vor Weihnachten ihr Geld bekommen."[70] In der Folge ging es um einige knifflige Rechtsfragen, u. a. gibt es ein vorzeitiges Austrittsrecht des Arbeitnehmers bei Nichtzahlung der Löhne und Gehälter. Dieses Recht hatte die Firma im Zuge der Darlehensaufnahmen zugestanden und später bestritten, weil die Mitarbeiter ja über die Bank ihr Geld bekommen hätten. Mit Unterstützung der Arbeiterkammer ging die Sache bis zum Obersten Gerichtshof, der 1983 schließlich den Arbeitnehmern und der AK Recht gab.

Um die Ansprüche der Arbeitnehmer im Insolvenzverfahren noch besser wahren zu können, wurde 1997 von ÖGB und Arbeiterkammern der bevorrechtete Gläubigerschutzverband ISA gegründet.

Seit dem Beitritt Österreichs zur Europäischen Union und deren Gesamtausrichtung auf eine deutlich marktwirtschaftlich orientierte Wirtschaftspolitik sind staatliche Direkthilfen nur mehr in Ausnahmefällen und mit EU-Genehmigung möglich; Wettbewerbsverzerrungen sollen vermieden werden. Mit massiven Hilfen seit April 2020 und einer gewaltigen Neuverschuldung der öffentlichen Haushalte wurde der sofortige Zusammenbruch von Millionen von Unternehmen in der Europäischen Union verhindert. Wenn es darum geht, die Schäden der Lockdowns wieder zu beseitigen wird es großer Solidarität und Kraft bedürfen, damit die Lösungen gerecht sind.

H) KONSUMENTENSCHUTZ

2019 betraf ein Drittel aller Aussendungen der AK Tirol Beratungs- und Konsumententhemen. Ein kleiner Auszug daraus: „Experten helfen, bares Geld zu sparen", „Heizöl rekordverdächtig teuer", „Kunden sauer auf Saturn-Kundenservice", oder „Dreiste Abzocke mit Geräteversicherung".

Bahn- und Straßenprojekte verhalfen in den 1920er Jahren noch vielen Menschen zu Arbeit; im Bild eine Gleisbaupartie bei Kufstein 1925.

Im Arbeiterkammergesetz 1920 gibt es den Begriff „Konsumentenschutz" noch gar nicht. Erst mit der Gesetzesnovelle 1982 kam der Konsumentenschutz als ausdrückliche Aufgabe der Arbeiterkammer in das Arbeiterkammergesetz.[71]

1921 beschränkte sich der Konsumentenschutz auf die Gesetzesbegutachtungen, beispielsweise zum Preistreibereigesetz oder zur Gewerbeordnung: Hatte ein Unternehmer die nötigen Fähigkeiten und Qualifikationen für sein Handwerk? Die Arbeiterkammer konnte zu jedem einzelnen Konzessionsansuchen eine Stellungnahme abgeben. Heute gibt es das nur mehr im Verfahren zum Entzug einer Gewerbeberechtigung.

Konsumententests im heutigen Sinn gab es nicht, für die Qualität hatte die Behörde zu sorgen, die AK konzentrierte sich auf die Preisentwicklung und die Export- und Importregelungen, um die Grundversorgung sicherzustellen.

Die ersten Jahrzehnte nach 1945 sind von stark planwirtschaftlichem Denken getragen. Die Artikel des Leiters der Volkswirtschaftlichen Abteilung der Arbeiterkammer Univ. Prof. DDr. Hans Bayer behandeln Planungen von der Energieversorgung über das Wohnen bis zur Lebensmittelproduktion und dieses zielgerichtete und zugleich sozialpartnerschaftliche Vorgehen hat den raschen Wiederaufstieg Österreichs begünstigt. Die Lohn-Preis-Abkommen prägten diese Jahrzehnte. Jährliche Preissteigerungen von über 100 % waren keine Seltenheit, der Preis von einem Kilogramm Schwarzbrot stieg z. B. zwischen 1945 und 1948 von 38 auf 118 Groschen; die Löhne mussten da mithalten.

Die AK-Berichte dieser Jahre weisen im Detail alle Löhne und Preise aus, sie ist in allen Preiskommissionen vertreten, in 1.250 Fällen hat sie 1947 schriftliche Gutachten zu Preiserhöhungsanträgen abgegeben, die Gewerkschaften wurden für ihre Kollektivvertragsverhandlungen mit all diesen Daten versorgt.

Im Jahresbericht 1948 wird vorgerechnet, dass sich die Konsumenten viel Geld erspart haben, weil die Arbeiterkammer zu hohe Preisforderungen nach unten „korrigiert" hat: „Aufs Jahr berechnet" bei den Fleisch- und Wurstpreisen 4 Millionen Schilling, beim Halbweißbrot 2 Millionen, bei den Schuhreparaturpreisen 4 Millionen und

> Regulierungen zum Schutz der KonsumentInnen sind wichtig. Der große Beratungsbedarf in AK und Verein für Konsumenteninformation zeigt aber, dass sich die KonsumentInnen immer weniger auskennen. Die Beipackzettel von Medikamenten sollten die KonsumentInnen informieren und schützen. Wenn sie aber nicht mehr lesbar sind, verkehrt sich ihre Funktion ins Gegenteil: Sie schützen den Hersteller vor allfälligen Schadenersatzansprüchen, weil ja auf alle Gefahren ausführlichst hingewiesen wurde. Die Datenschutzgrundverordnung sollte ein Schutz für die Persönlichkeit vor unzulässiger Datenverarbeitung und -weitergabe sein. Aktuell führt sie dazu, dass fast jede/r von uns tagtäglich auf diversen Internetseiten mit einem Click die Zustimmung zur Weitergabe seiner Daten gibt, ohne die Litanei dazu gelesen zu haben.

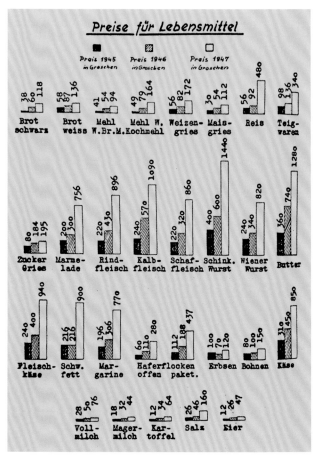

Drastische Steigerungen bei den Lebensmittelpreisen: Grafik aus dem AK-Tätigkeitsbericht 1947, S. 102

Bohnenkaffee (gebrannt, offen):	Verbraucherpreis je kg in Schilling
Hörtnagl & Co.	
Sorte III	92.—
Sorte II	102.—
Sorte I	112.—
Konsumgenossenschaft	
Haushalts-Mischung	86.—
Brasil-Mischung	96.—
Wiener Mischung	104.—
Spezial-Mischung	110.—
Karlsbader Mischung	115.—
Meinl Julius AG.	
Mischung IV	82.—
Mischung III	88.—
Mischung II	94.—
Mischung I	104.—
Wiener Mischung	114.—
Drei Stern	128.—
Mölk Therese	
Haushalts-Mischung	80.—
Wiener Mischung	96.—
Spezial-Mischung	112.—
Festtags-Mischung	120.—
Nosko Heinrich	
Mischung VI	90.—
Mischung V	98.—
Mischung IV	108.—
Mischung III	118.—
Mischung II	124.—
Mischung I	130.—
Unterberger & Co.	
Wirtschafts-Mischung	96.—
Unterberger-Mischung	106.—
Wiener Mischung	112.—
Spezial-Mischung	120.—
Karlsbader Mischung	132.—
Voglsanger Franz	
Haushalts-Mischung	88.—
Wiener Mischung	104.—
Mokka-Mischung	122.—

Detailliert wurden alle Preise erhoben und mit den festgesetzten Richtpreisen verglichen, hier ein Auszug aus dem Preisspiegel vom 31. August 1952 mit den Preisen für Bohnenkaffee der vielen Tiroler Röstereien.

beim Zuckerpreis eine Million, alles in allem im Jahr rund 50 Millionen Schilling.

Die Arbeiterkammer ist aber auch mit landwirtschaftlichen Fragen beschäftigt: Wie viel Milch wird produziert, liefert eine Kuh im Jahr wirklich nur 1.600 Liter, wie die Bauern meinen, oder 2.000, wie die AK annimmt, wie viel davon brauchen wir im Inland, wie viel kann exportiert werden?

Wo und wann Milch verkauft werden durfte, war damals in einer eigenen Verordnung geregelt. Mit dem Argument der Versorgung setzte sich die Arbeiterkammer dafür ein, dass die Verkaufszeiten der Milchverschleißstellen in Innsbruck ausgeweitet werden sollten.[72]

Der Erste Sekretär Dr. Otto Winter berichtete in der Vollversammlung am 28. September 1950 von der Freigabe zusätzlicher Kartoffelimporte. Aufgrund der hohen Nachfrage u. a. durch Schnapsproduzenten war der Kilopreis für die Einlagerungskartoffel von 56 auf über 80 Groschen gestiegen. Um den Preis auf ein erträgliches Maß zu drücken, hat sich die Arbeiterkammer erfolgreich für die Freigabe von weiteren Importkontingenten eingesetzt.[73] Die wichtigsten Preise wurden regelmäßig erhoben und im „Tiroler Preisspiegel" publiziert.

Die erste Konsumentenberatungsstelle

1958 erfolgte die Einrichtung einer Konsumentenberatungsstelle und gleichzeitig die Herausgabe einer „Konsumenteninformation" mit kurzgefassten Berichten über

Welcher Elektroherd ist zu empfehlen? Plattenspieler oder Tonbandgerät? Eine Collage der Konsumentenausstellungen aus dem Jahrbuch 1960

Marktlage und Preisentwicklung bei Lebens- und Genussmitteln, weil diese rund 50 % der Ausgaben für Verbrauchsgüter einer Arbeitnehmerfamilie ausmachten.[74]

Eine erste Ausstellung „Wie heize ich richtig und sparsam" verzeichnete 1959 „viele hunderte Besucher".

Die Landesstelle Tirol des Vereins für Konsumenteninformation wurde 1965 gegründet. Wie schon beim 1961 gegründeten Bundesverein waren die Wirtschaftskammer, die Landwirtschaftskammer und der ÖGB die weiteren Gründungsmitglieder. Heute sind die Bundesarbeitskammer bzw. die Länderkammern Träger des Vereins, außerordentliches Mitglied ist die Republik Österreich, vertreten durch das für Konsumentenschutz zuständige Ministerium.

Für die Beratungen wurden zunehmend auch externe und firmenunabhängige Spezialisten herangezogen und die Bereiche ausgebaut; so gab es zu bestimmten Terminen Beratungen über Haushaltsgeräte, Kraftfahrzeuge, Radio- und Fernsehen, Fotografie oder neue Textilien.

Aus gehäuften Problemfeldern bei Beratungen resultierten immer wieder auch Initiativen für Gesetzesänderungen. Beispielsweise für ein neues Ratengesetz, das mit 1. März 1962 in Kraft trat. Wenige Jahre später waren Probleme bei Ratenverträgen kein Thema mehr. Gegen Fehlentwicklungen bei „Vertreterbesuchen" gab es ab 1968 das „Kolonnenhandelsgesetz", die Regelungen wurden 1973 in die Gewerbeordnung übernommen, sodass schon 1975 die Anfragen stark zurückgingen.

Bei der Winterolympiade 1964 in Innsbruck hatten die KonsumentInnen in Bezug auf die Preisentwicklung sehr unerfreuliche Erfahrungen gemacht, 1976 sollte sich das nicht wiederholen. Der VKI ernannte Dipl. Vw. Philipp Lassnig zum „Preisombudsmann" für die Olympiade, das Innenministerium stellte fünf zusätzliche Kräfte für die Preisüberwachung an und sensibilisierte die Gendarmerie- und Polizeidienststellen. Die Überwachungsorgane des Landes konnten sich während der Winterspiele ausschließlich dieser Aufgabe widmen und die Ergebnisse der Preisüberwachung wurden laufend veröffentlicht. Die Preise blieben im Rahmen.

Im Jänner 1978 war ein Drittel der „Spezialbrote" gewöhnliches Schwarzbrot. Im Juli 1978 ergab ein AK Test 54 % untergewichtige Semmeln! Dazu fein säuberlich aufgelistet jene 49 Geschäfte, in denen das Mindestgewicht

Heute kein Thema mehr: Festgelegter Semmelpreis und Ausbackgewicht sind Vergangenheit.

unterschritten war, darunter ebenso viele Bäckereien mit langer Tradition wie große Lebensmittelketten.[75] Die Paritätische Kommission für Lohn- und Preisfragen hatte am 1. August 1977 den Semmelpreis mit 1,10 Schilling und das Ausbackgewicht dazu mit 46 Gramm festgelegt.

Der Erfolg der Aktion hielt sich jedoch in Grenzen: ein Jahr später war der Semmelpreis bei S 1,20, das Gewicht unverändert und beim Test im Dezember 1979 exakt wieder 54 % der Proben untergewichtig. Das Thema hat sich inzwischen erledigt. Mindestgewicht oder Höchstpreis, beides ist Geschichte.

Von den vielen Aktivitäten der folgenden Jahrzehnte können nur einige Highlights erwähnt werden:

– 1980: Start der Energiesparberatung
– 1982: AK-Konsumentenberatung bezieht neue Räume in der Lieberstraße 1 und zeigt dort die Ausstellung „Sicherheit beim Schilauf"
– 1983: Ausstellung „Ja zu A" mit Tiroler Firmen
– 1986: Ausstellung Konsumentenerziehung im Unterricht
– 1991: Untersuchung, dass 120.000 österreichische Familien unter Schuldendruck leiden; die Studie wird Grundlage für die neue Schuldnerberatung und für die Einführung der „Privatinsolvenz"

- 1996: Schlichtungsstelle für Beschwerden gegen überhöhte Telefongebühren
- 1999: seit November erhalten in Tirol alle AK-Mitglieder die Zeitschrift „Konsument" des VKI gratis
- Ab 2007 ist ein deutlicher Anstieg der Beratungen und Rechtsfälle aufgrund von Teleshopping und Internetbestellungen zu verzeichnen.
- 2010: Beratungen und Betrugswarnungen betreffen zunehmend Internet und Smartphone samt Lockangeboten bis hin zu Betrug in diversen Formen, u. a. eine Warnung der AK vor „WhatsApp-Kettenbriefen mit Todesdrohung" oder vor Anrufen „falscher Microsoft-Mitarbeiter".
- 2011: Körberlgeld für Bausparkassen: Ein Bankentest zeigt mickrige Guthabenzinsen und exorbitant hohe Überschreitungszinsen; Verbandsklage gegen UniCredit-Bank Austria, Warnung vor neuen Pishingattacken, AK fordert Straftatbestand für Gewinnzusagen ohne Auszahlung.
- Ab 2013 bietet die AK eine sehr erfolgreiche Informationsreihe mit dem Titel „Wer gesünder lebt, kauft näher ein". Sie wird später umgetauft auf „Wer weiter denkt, kauft näher ein", und soll die KonsumentInnen darin bestärken, wenn möglich Produkte zu kaufen, die in ihrem Nahbereich erzeugt werden, weil davon sie selbst und die regionalen Unternehmen profitieren.

Der vorläufig letzte große Erfolg von VKI und AK betraf die TIWAG und die Frage, ob deren Preiserhöhung 2019 rechtens war: Rückzahlungen von bis zu 150.– Euro waren die Folge. Leider war dies nicht der erste Fall bei den Tiroler Landesgesellschaften. Schon 2011 gab es ein Urteil gegen die TIGAS, auch hier ging es um Vertragsklauseln, die dem Konsumentenschutzgesetz widersprachen und schon damals musste Präsident Erwin Zangerl öffentlich verlangen, dass das zu viel Verlangte allen Kunden zurückgezahlt werden müsse.

Der Leiter der Bezirkskammer in Kufstein MMag. Georg Ritzer begrüßt die Referentin Brigitte Staffner zum ausgezeichnet besuchten Vortrag „Gesund mit alten Hausmitteln".

I) BILDUNG UND KULTUR

Für die AK-Führung ging es in der Ersten Republik um „Erziehungs- und Bildungsarbeit". In der Volksschule würde man sich begnügen, „dem zukünftigen Staatsbürger das Allernotwendigste im Lesen, Rechnen und Schreiben beizubringen ... Ansonsten wird die staatsbürgerliche Erziehung in unverantwortlicher Weise vernachlässigt" (Müller 1926, S. 17).

Um dies nachzuholen wurden „Volkswirtschaftler, Ärzte, Künstler und Lehrer" eingeladen, volksbildnerische Vorträge zu halten. Die Themenpalette war sehr breit. Vom Bankenkrach über die Bedeutung der Gewerkschaften in der Krise, Verhalten bei der Tuberkulose, die Schäden des Alkohols bis zur Kinderpflege. Damals gab es kein Wikipedia oder Youtube-Tutorial, in Arbeiterhaushalten in der Regel auch kein Lexikon oder gar medizinisches Fachbuch.

Künstlerlesungen aus Werken der Literatur, von Gerhart Hauptmann bis Friedrich Schiller, Geografie und Wirtschaftsräume, Geschichte, Technik oder Biologie. Die Vorträge fanden im ganzen Land statt und waren bestens besucht.

Fast wöchentlich gab es für verschiedene Gruppen (Frauen von Wilten, Kath. Burschenverein, Buchdrucker, Eisenbahner etc.) Führungen durch das Tiroler Landesmuseum Ferdinandeum.

Spannende und lehrreiche Vorträge gibt es in der AK heute wie vor 90 Jahren. Im Bild der bekannte Gerichtspsychiater und Autor Reinhard Haller bei seinem von 450 TeilnehmerInnen besuchten Vortrag in Imst, v. l. n. r.: Vizepr. Winkler, Prof. Haller und Bezirksstellenleiter Mag. Günter Riezler

Die Bilderserien sind leider nicht mehr auffindbar und auch die kostbaren (aber heute nur mehr antiquarischen) Geräte haben die „Deutsche Arbeitsfront" nicht überstanden.

Mit Landestheater, Exl-Bühne und Symphonieorchester und anderen wurden Verträge über vergünstigte Eintritte für AK- und Gewerkschaftsmitglieder abgeschlossen und Ernst Müller kommt beinahe ins Schwärmen: „Es zeigt sich, daß die Sehnsucht der Masse nach dem sinnlichen Klang der Musik gerade in der Zeit sozialer Not die gewaltigste Steigerung erfährt." Das betraf die Operettenvorstellungen, Liederabende und Konzerte.

Ab 1947 wurden diese Förderung der „kulturellen Interessen" wieder aufgenommen. Zunächst durch um 50 % verbilligten Abos bei Landestheater und Orchesterkonzerten des Konservatoriums. Für jene, die nicht nach Innsbruck kommen konnten, organisierte die Kammer ab 1953 in den Bezirksorten Bunte Abende, eine Mischung aus Theater-, Operetten- und Musicalszenen, Ballett und Kabarett, aufgeführt in meist vollen Sälen von bekannten Künstlerinnen und Künstlern.

Zur Collage auf S. 101: Die Studienbücherei bot vor allem Betriebsräten, aber auch Studentinnen und Studenten und AutorInnen eine sehr reichhaltige Fachliteratur im Arbeits- und Sozialrecht und in den Wirtschaftswissenschaften, besonders geschätzt wurde auch das Angebot an Fachzeitschriften und die unkomplizierte Möglichkeit, damit zu arbeiten.

Die Berufswettbewerbe wurden im Kapitel zur Lehre behandelt, die Vorträge von Dr. Alois Jalkotsky im Rahmen der Elternschulen füllten die Säle, die beiden „Urgesteine"

Bildung und Kultur

1. Studienbücherei 2. Berufsschulwettbewerb, Überreichung der Preise durch Herrn Präsidenten Gänsinger 3. Elternschule 4. Angelobung des Präsidenten durch Landeshauptmannstellvertreter Hüttenberger 5. Schulungs- und Erholungsheim „Seehof", Hungerburg 6. Parteienberatung in den Amtsstellen 7. Kinder begrüßen den Bundespräsidenten Körner im Schulungsheim „Seehof" 8. Internationale Kurse und Tagungen 9. Sozialminister Maisel im Schulungsheim

Die Fotocollage aus dem Jahrbuch 1956 zeigt recht umfassend, was in dieser Zeit vor allem im Bereich Bildung und Kultur veranstaltet wurde. Das waren die gesellschaftlichen Ereignisse und die Zeit für Begegnungen in größerem Rahmen, wobei die Mitglieder die interessierte und kompetente Beratung unter vier Augen durchaus zu schätzen wussten.

Hüttenberger und Scheibein, der neugestaltete „Seehof", in dem Betriebsrätinnen und Betriebsräte alles erfahren und erlernen sollten, was sie für ihre verantwortungsvolle Tätigkeit brauchen, die Rechtsberatungen auf Augenhöhe und ohne Barrieren, Bundespräsident Theodor Körner und Sozialminister Karl Maisel als Ehrengäste im Bildungshaus „Seehof" und die Teilnehmerinnen einer internationalen Gewerkschaftstagung und eines Betriebsrätinnen-Seminars.

Natürlich gab es immer wieder Neuerungen. Für die Bunten Abende auf den Großbaustellen gäbe es heute nicht genug Arbeiter, die dort mehrere Wochen verbringen und die Suche in wissenschaftlichen Zeitschriften erfolgt fast ausschließlich am Bildschirm.

Ein kulturelles Highlight waren (meistens aber nicht immer) die AK-Kulturtage. Sie wurden erstmals 1968 als gemeinsame Kulturtage von AK und ÖGB durchgeführt.

Im Rückblick gesehen war die AK thematisch manchmal sehr früh dran. Etwa mit den Kulturtagen 1983 zum Thema „Arbeitswelt 2000". Die dort dargestellten Eingriffe in die private Sphäre nicht nur im Betrieb, sondern bis in die eigenen vier Wände durch mögliche Entwicklungen auf dem Computersektor schienen damals noch fern. Neben technischen Geräten wie einem Stressmessapparat wurde das Stück „Nicht Fisch nicht Fleisch" des bayrischen Autors und Regisseurs Franz Xaver Kroetz aufgeführt.

Passend zu den gerade stattfindenden Umschulungen ging es im Stück um die Einführung des Fotosatzes, gewerkschaftliches Engagement und Selbstausbeutung in der neuen „Selbständigkeit". Es war ein sehr tiefsinniges Stück, aber die Zuschauerzahlen der Bunten Abende wurden nicht annähernd erreicht.

Die Büchereien der Arbeiterkammer

Errichtung und Ausbau von Büchereien war der Kammerführung in der Ersten Republik ein großes Anliegen. Bis 1926 waren bereits 25 Bibliotheken eingerichtet und mit einer Grundausstattung von 150 Büchern versehen, die laufend erweitert wurde. Es ging der damaligen Kammerführung durchaus auch darum, durch die Auswahl der Literatur so etwas wie Klassenbewusstsein zu schaffen.

1932 war die Zahl der Orte auf 39 angewachsen: Axams, Brixlegg, Fieberbrunn, Fulpmes, Hall, Häring, Hochfilzen, Hopfgarten, Imst, Inzing, Jenbach, Jochberg, Kirchberg, Kirchbichl, Kitzbühel, Kranebitten, Kufstein, Kundl, Landeck, Lienz, Matrei a. Br., Mayrhofen, Mühlaus, Patsch, Patsch-Bahnhof, Reutte, Roppen, Rum, Scharnitz, Schwaz, Steinach, St. Anton a. A., St. Gertraudi, Telfs, Wattens, Westendorf, Wörgl, Zell am Ziller und Zirl.

Der Bestand war je nach Einzugsbereich zwischen 114 (Kranebitten) und 417 (Wörgl) Büchern, insgesamt betrug er 10.215. Dies stellte einen erheblichen Anschaffungswert dar, von dem ein Teil 1934 und der Rest 1938 der Vernichtung durch das autoritäre Regime und den Nationalsozialismus zum Opfer fielen. Die Büchereien wurden 1934 zunächst geschlossen und mit Erlaß des Bundesministeriums für Unterricht wurde der Volksbildungsreferent des Landes Tirol angewiesen, eine Revision des Bestandes vorzunehmen. Ein Viertel des Gesamtbestandes wurde als „ungeeignet für eine öffentliche volksthümliche Bücherei" bewertet. Das betraf jüdische und sozialdemokratische Autoren. Eine besondere Aufgabe war auch die Säuberung der Arbeiterkammerbüchereien von „volksverhetzender und klassenkämpferischer" Literatur.[76] Die Bücher wurden nicht, wie wenig später unter den Nazis, öffentlich verbrannt, aber sie waren nicht mehr in den Karteien und Regalen. Ab Ende 1934 wurden die meisten Büchereien wiedereröffnet, nachdem auch ein Teil der BibliothekarInnen ausgetauscht worden war.

1945 veröffentlichte die Arbeiterkammer Aufrufe in den Zeitungen, Personen, die noch Bücher aus dem Be-

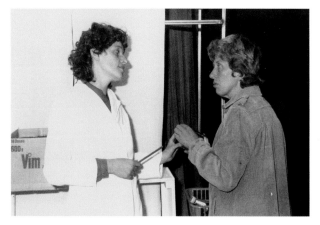

Kulturtage 1984: Szenenausschnitt aus dem Kroetz-Stück „Nicht Fisch nicht Fleisch" mit Gerda Thaler und Margit Hellrigl von der Innsbrucker Werkstattbühne

stand der AK zu Hause hätten, mögen diese zurückbringen. Rund 200 Bücher kamen tatsächlich zurück, sie waren aber für den Wiederaufbau in neuen Büchereien nicht mehr verwendbar. Beim Büchereibudget waren sich aber alle Fraktionen einig und 1949 gab es bereits in 28 Orten wieder Arbeiterkammerbüchereien mit einem Bestand von 9.376 Büchern.

Am 1. Februar 1951 wurde die Freihandbücherei in Innsbruck mit 4.000 Büchern eröffnet, „Freihand", weil die LeserInnen sich dort in den Regalen die Bücher selbst aussuchen und sie dann zur Entlehnverbuchung bringen konnten. Ende 1951 hatte sie über 1.000 LeserInnen und 23.000 Entlehnungen zu verzeichnen. 1981 waren es knapp unter 8.000 LeserInnen und 51.000 Entlehnungen, 2011 309.000 Entlehnungen von physischen Medien und 20.400 in digitaler Form und 2019 zählte die AK Bibliothek 341.300 Entlehnungen und 102.430 Besucher.

Zur „Leserbindung" tragen kompetente und kundenorientierte MitarbeiterInnen ebenso bei wie Veranstaltungen in Form von Buchausstellungen, Lesungen, Führungen und Einschulungen in die digitale Bibliothek.

Analog und digital in den AK Büchereien

In den AK Büchereien begann 1979 das digitale Zeitalter: Leserverwaltung und Entlehnung wurden auf EDV umgestellt und erste Versuche mit Serienbriefen wurden unternommen.

Bei den eBooks war die Arbeiterkammer Vorreiterin und treibende Kraft für eine Lösung, an der sich nach und nach auch die Arbeiterkammern der anderen Bundesländer beteiligten. Nach ersten Gesprächen im November 2008 bei der Buch Wien und intensiven Planungen startete im März 2011 die digitale Bibliothek mit 7.500 eBooks. Das war damals das größte digitale Angebot Österreichs, Partner war die in München ansässige Ciando-Gmbh. Durch die Beteiligung weiterer Länderkammern konnte

Gedruckt oder digital – das Angebot der AK Bücherei ist in jeder Hinsicht aktuell, breit gefächert und interessant.

Analog oder digital – alles ist im Katalog.

das Ankaufsbudget deutlich erhöht und die auch als eBook verfügbaren Titel laufend erweitert werden.

Ein halbes Jahr nach dem Start, im Oktober 2011, hatten sich von den 13.800 Leserinnen und Lesern 1.500 auch für die eBooks angemeldet und über 8.000 Entlehnungen getätigt. Einschulungen waren selbstverständlich, die eBook-Leserschaft fand sich in einem Altersspektrum von sechs bis 87 Jahren. Neben Populärliteratur gibt es auch eine arbeitsrechtliche Spezialbibliothek als eBook für Betriebsräte, später hinzu kamen als Spezialbibliotheken Literatur für Gesundheitsberufe und für SchülerInnen, die mit der Vorwissenschaftlichen Arbeit beschäftigt sind.

Von Anfang an war es der AK bei den Verträgen mit den Verlagspartnern wichtig, dass auch die Autorinnen und Autoren einen fairen und gerechten Anteil bei den elektronischen Medien erhalten und weiterhin von ihren Büchern leben können. Inzwischen haben beide Formen ihren Platz gefunden und es gibt mehrere Anbieter, derer man sich bedienen kann. Seit 2018 gibt es neben den Büchern auch 300 Zeitungen kostenlos zum Online-Lesen und Kurse für 16 Sprachen. Der Bestand ist auf 45.000 Bücher gewachsen, hinzu kommen 3.000 Hörbücher zum Herunterladen. Seit 2020 ist Over Drive der neue Partner.

Bildungspioniere

Das Gymnasium für Berufstätige[77] ist ein gutes Beispiel für eine Pionieraktivität der Arbeiterkammer. Nach vier Jahren Austrofaschismus und fast acht Jahren Naziherrschaft und Krieg gab es einen großen Bedarf an Volksbildung und dem Nachholen von schulischen Ausbildungen und Abschlüssen. Daher gründeten Arbeiterkammer und Gewerkschaft 1945 die „Arbeitermittelschule", eine Abendschule für Berufstätige, die die Matura ablegen wollten. Von Beginn an hat die Arbeiterkammer diese Einrichtung und die SchülerInnen mit namhaften Geldbeträgen unterstützt. Die Maturanten aus der Arbeitermittelschule erhielten dann auch für das Studium eine Beihilfe von 400.– Schilling je Semester, das war damals in etwa ein Monatsgehalt für einen Briefträger. Die Abendschule entwickelte sich prächtig und von Innsbruck aus wurde für Vorarlberger AbendschülerInnen mit Hilfe der dortigen Arbeiterkammer eine ganz neue Form eines „gelenkten Privatistenstudiums" entwickelt, bei dem sich Selbstlernen und Präsenzphasen (vor allem an den Wochenenden) abwechselten. Ab Beginn der 60er Jahre gab es erste Zusagen für eine „Verbundlichung", am 1. Jänner 1966 erfolgte die Übernahme ins Bundesbudget. Die AK unterstützt die Schule nach wie vor im Rahmen des Fördervereins.

Eine längere Geburtsgeschichte hatten auch die Fachhochschulen in Tirol, die sich mit dem Management Center Innsbruck (MCI), der FH Kufstein und der FH für Gesundheitsberufe sehr gut entwickelt haben.

1993 hatte das Parlament das Fachhochschulstudiengesetz beschlossen, der 1.10.1993 war der Zeitpunkt des Inkrafttretens.

Schon 1992 lud die Arbeiterkammer zu einer Podiumsdiskussion mit der Frage „Brauchen wir in Tirol Fachhochschulen?". Und obwohl auch der zuständige Landesrat Fritz Astl das bejahte, musste Präsident Dinkhauser im Mai 1994 öffentlich die Frage stellen: „Wie lange noch verschläft das Land die Fachhochschulen?" Bis zu diesem Zeitpunkt gab es nämlich beim Fachhochschulrat, der für die Genehmigung der Studiengänge zuständig war, keinen Antrag aus Tirol. Der Bildungsausschuss der AK Tirol machte sich im Rahmen einer Exkursion zu den Fachhochschulen in der Schweiz und in Liechtenstein kundig, worauf die Erfolge der dortigen FHs zurückzuführen sind. Die AK plädierte damals jedenfalls für Studiengänge in den Gesundheitsberufen und den technischen Berufen und trat dafür ein, dass auch der Zugang über die Lehre und für Berufstätige gegeben sein muss. In einer Arbeitsgruppe bei der Landesregierung fand die AK in dieser Frage weitgehende Übereinstimmung und Unterstützung beim Leiter der Sektion Industrie der Wirtschaftskammer Dr. Tolloy. Wie überhaupt zwischen Arbeitnehmervertretungen und Arbeitgebervertretungen in Bildungsfragen große Übereinstimmung darin besteht, dass alle Begabungen bestmöglich gefördert werden müssen, dass Österreich die qualifiziertesten Köpfe in Unternehmen und Verwaltung braucht und dass es nicht von elterlicher Bildung und Vermögen abhängen darf, ob ein Kind seine Begabungen voll entwickeln kann oder nicht.

Die Arbeiterkammer Tirol hat als Mitglied der jeweiligen Trägerorganisationen, sei es in Innsbruck oder Kufstein, die FH-Entwicklung nach Kräften unterstützt und ihr Wissen in die weiteren Aktivitäten eingebracht.

Für die Arbeiterkammer war die Möglichkeit eines offeneren Zuganges zu einem Hochschulstudium bei Anrechnung berufsbezogener Vorkenntnisse und ein kürzeres, strukturiertes Studium Faktoren, die vielen ihrer Mitglieder bzw. deren Kindern den Zugang zu einem Hochschulstudium erst ermöglichen konnten. Das hat die Praxis bestätigt.

Die Tiroler Arbeiterkammer und die Künstlerinnen und Künstler

Das Verhältnis zu Kunstschaffenden war in all den Phasen unterschiedlich intensiv, aber ständig präsent.

An den Kulturtagen 1974 nahmen beim Grafik-Wettbewerb bzw. an der Verkaufsaktion „Moderne Kunst für jeden" Künstler wie Anton Christian, Reiner Schiestl, Peter Prantstetter, Oswald Oberhuber, Norbert Drexel und Karl Plattner teil. Lois Weinberger[78] konnte 1980 zur Beteiligung an der „Präsentation Tiroler Künstler" gewonnen werden, Aufmerksamkeit bei den Besuchern fand auch seine Installation mit dem Hamsterrad im Saal des Sozialhauses in Wattens.

Im Garten des Bildungshauses „Seehof" finden sich die Steine einer Gemeinschaftsausstellung von Alois Schild, Heinz-Peter Stössl und Friedrich Thurner im Oktober 1989 zum Thema „Arbeit in der Kunst" und Prof. Heinrich Tilly erzählte bei der Wiedereröffnung der neuen Bezirksstelle in Telfs freimütig und öffentlich, wie dankbar er der Kammer in der Anfangszeit seines Schaffens für den Ankauf

Die FH-Studiengänge haben den Anteil an Studierenden aus Arbeiterfamilien deutlich erhöht, im Bild die Fachhochschule in Kufstein.

„Sichtbar"-Ausstellung in Reutte; v. l. n. r.: Lebenshilfe-Regionalleiter Franz Peter Witting, Bezirksleiterin Dr. Birgit Fasser-Heiß, Vbgm. Klaus Schimana und Wendelin Prantl

eines Bildes war, das nach wie vor ein Büro in der Bezirkskammer schmückt.

Im Herbst 1980 fand der erste „Freie Tiroler Kunstmarkt" der AK Tirol statt, bei dem vor allem Laienkünstler eingeladen waren, ihre Schöpfungen vor Publikum zu präsentieren. Aufgrund des großen Interesses musste in Innsbruck sogar die Dogana des Kongresshauses angemietet werden. Freitagabend ist Vernissage, dann folgen zwei Tage Ausstellung mit Verkaufsmöglichkeit am Samstag und Sonntag. Der Kunstmarkt wird nach wie vor im Intervall von zwei Jahren durchgeführt,[79] der Nachwuchs an Kreativen jeden Alters geht nie aus und in jedem Ausstellungsjahr gibt es in allen Bezirken zusammen über 400 AusstellerInnen.

Die Förderung des kreativen Schaffens erfolgte aber nicht nur über die Kunstmärkte, sondern auch direkt. „Wochen der Bildnerischen Freizeit" gab es ab Oktober 1972 zuerst im Alpenhof in Kirchberg, im Jahr darauf im „Haus Rief" im Salzburger Taxach. Es folgten Schnitzkurse in Elbigenalp, Malkurse im Bildungshaus „Seehof" und natürlich immer wieder Ausstellungsmöglichkeiten – etwas vom Wichtigsten für jede Künstlerin und jeden Künstler.

Das Foyer der AK in Innsbruck, die Galerie „am Gang", Foyer, 1. Stock und Stiegenhaus des „Seehof" und seit der baulichen Bezirkskammeroffensive auch nahezu alle Bezirkskammern boten und bieten einen Rahmen für Ausstellungen. Die KünstlerInnen mussten ihre Bilder

AK-Kunstmarkt in der Innsbrucker Dogana, 1981

Die Liste der bisher ausgestellten Künstlerinnen und Künstler ohne die Kunstmärkte umfasst über 600 Namen, im Bild die Vernissage von Peter Paul Tschaikner (Mitte), der Laudator Herbert Prock (links) und Fritz Dinkhauser (rechts).

hängen oder Plastiken positionieren und Adressen für die Einladung zur Vernissage bereitstellen; alles andere erledigten die MitarbeiterInnen der Bildungsabteilung oder der Geschäftsstelle im Bezirk, die Verkaufserlöse gehen zu 100 % an die KünstlerInnen. Die Auswahl ist eine Mischung aus unentdeckten Talenten und bekannten Künstlerinnen und Künstlern.

Bildungschancen verbessern

Die AK Sommerschule und NachhilfePLUS begannen im Sommer 1977 mit kostengünstigen Vorbereitungskursen auf die Wiederholungsprüfung. Sie waren Reaktion auf eine im Auftrag der Arbeiterkammern durchgeführte Studie über die hohen Kosten für Nachhilfe. Bildungspolitisches Ziel bleibt eine „Schule ohne Nachhilfe", aber bis diese erreicht ist, sollten sich auch Kinder aus ärmeren Familien Nachhilfe leisten können.

Das Angebot wurde schon bald um Nachhilfe in den Semesterferien, dann auch in den Osterferien, erweitert und in den Sommerferien nach dem ersten Corona-Lockdown war das Interesse besonders groß.

Die AK beteiligte sich auch an der Aktion des Landes Tirol für günstige oder kostenlose PCs und Tablets.

Studium ohne „Matura"

Eine besondere Initiative mit Langzeitwirkung startete die Arbeiterkammer 1983/84. Es war eine Art Wiederbelebung des „Fischer-Erlasses". 1945 hatte in der damaligen provisorischen Regierung der Staatssekretär im Unterrichtsministerium Ernst Fischer einen Erlass herausgegeben, mit dem man über eine Berufsreifeprüfung einen Zugang zum Universitätsstudium erhielt. Wer kriegsbedingt an der Ablegung der Matura verhindert war, konnte aufgrund „beruflicher Bewährung" und dem Nachweis notwendiger Deutsch- und Mathematikkenntnisse studieren. Vielleicht braucht es für die nächsten Maturajahrgänge, die durch die Coronamaßnahmen der Regierung am Schulbesuch gehindert wurden, auch so einen mutigen Erlass.

In Zusammenarbeit mit der Universität Innsbruck wurde ein Vorbereitungslehrgang für die Berufsreifeprüfung für das Jusstudium gestartet. Ab September 1986 wurde die Berufsreifeprüfung durch die Studienberechtigungsprüfung ersetzt und das BFI Tirol begann sofort mit den Vorbereitungskursen, die bis heute tausenden Frauen und Männern den Weg zu einem Studium eröffnet haben. Auch zu diesem Thema gab es viel Beratungsbedarf.

Im überquellenden Saal der AK informierten Lehrende und OrganisatorInnen über den Studienzugang durch die Ablegung der Berufsreifeprüfung.

Schule fürs Leben – Praxis durch die AK

In der AK Schuldnerberatung gibt es reiche Erkenntnisse über die Ursachen von Überschuldungen. Unkenntnis ist eine davon. Um dieses Wissen schon an Jugendliche weiterzugeben, startete die AK die Unterrichtsblöcke „Schau aufs Geld", deren neueste Fassung nennt sich „FIT – Financial Training". 2019 haben 252 Workshops mit 5.078 SchülerInnen dazu stattgefunden.

Unverzichtbar dafür sind mathematische Grundkenntnisse und dass es da immer noch bei einem Fünftel der Schulabgänger hapert, prangert die AK seit Jahren an.

Die Berufsberatungen der 1950er und 1960er Jahre wurden abgelöst durch eine breite Themenpalette an Infoveranstaltungen; die AK beteiligt sich an der Ausbildung von BerufsorientierungslehrerInnen an den Pädagogischen Hochschulen und schenkt den Jugendlichen aufwändige Unterlagen für eine kombinierte Berufssuche aus Berufsinfo und Selbsterkenntnis: „My future" nennt sich diese Mappe, 2019 wurden 7.500 Exemplare an SchülerInnen ausgegeben.

Die AK werkstatt begeisterte schließlich seit 2018 über 20.000 Kinder und Jugendliche mit ihren kostenlosen Angeboten. 2020 waren es aufgrund von Homeschooling und körperlichem Abstandhalten[80] leider nur viel weniger, und wer die Jugendlichen in der Werkstatt an der Arbeit sieht, der weiß, dass diese Lernatmosphäre online nicht herstellbar ist.

> **Bildungspolitik**
>
> Die zentrale bildungspolitische Forderung war und ist neben der besseren Verankerung von politischer Bildung und Berufsorientierung in den Lehrplänen ein gerechtes Schulsystem ohne herkunftsbedingte Hürden. Das betrifft ein flächendeckendes ganztägiges Angebot und eine gemeinsame Mittelstufe. In beiden Punkten ist sich die Tiroler Arbeiterkammer auf Landesebene mit ÖVP, SPÖ, Grünen und Neos einig, auch in der Stadt Innsbruck war dies Teil der im Frühjahr 2021 aufgekündigten Koalitionsvereinbarung. Auch auf Sozialpartnerebene gibt es österreichweit dazu seit dem Bad Ischler Dialog 2007 zum Thema „Chance Bildung" Konsens. Der Tiroler AK-Präsident erinnerte 2012 noch einmal daran: „AK-Zangerl: Volle Unterstützung zum Vorstoß von LH Platter für die Gesamtschule".[81] Trotzdem ist die Entwicklung seit 2017 wieder deutlich in Richtung frühe Selektion zwischen Gymnasium und Mittelschule gegangen.

4. ORGANISATIONEN IM UMFELD DER AK – BEISPIEL BFI

Über die Arbeitsmarktförderungsgesellschaft Tirol, die Bildungsinfo Tirol, die Geschützte Werkstätte und die Beteiligung an den Trägervereinen für die Fachhochschulen wurde schon in den vorangehenden Kapiteln berichtet. „Abendgymnasium" und Volkshochschule kennen die meisten, aber nur wenige wissen, dass an ihrer Wiege auch die Tiroler Arbeiterkammer gestanden ist.

9. November 2020, 11.32: die Homepage des Berufsförderungsinstituts Tirol vermeldet, dass unter Einhaltung aller erforderlichen Covid-19-Sicherheitsbestimmungen die Kurse nach wie vor in Präsenzform stattfinden. Ein Schweißkurs ist online schwer vorstellbar, Sprachkurse gibt es im Distance Learning schon länger. Im BFI arbeiten Profis, viele Angebote enthielten schon früher Kursteile in Form des Distance Learning. Aber LERNEN, sich Fertigkeiten und Wissen aneignen, ist zuallererst ein kommunikativer Prozess, der in neun von zehn Fällen besser funktioniert, wenn er im Team und in Präsenz passiert.

Dass die berufliche Erwachsenenbildung trotz Teil-Lockdowns ähnlich den Unternehmen weiterarbeiten konnte und Vorbereitungen auf Abschlussprüfungen in der Erwachsenenbildung möglich waren, ist auf eine jahrzehntelange vertrauensvolle Zusammenarbeit zwischen den Erwachsenenbildungseinrichtungen und den zuständigen Ministerien Bildung und Soziales zurückzuführen, der Missbrauch für Schiurlaube hätte niemals zugelassen werden dürfen.

> Der Staat bietet Bildung und Ausbildung in Schulen, Hochschulen und Universitäten an. Manche schaffen im Verlauf ihrer Schulzeit keinen regulären Abschluss, andere benötigen eine Auffrischung ihrer Kenntnisse und wieder andere eine Umschulung. Dies erledigen in Österreich die Interessenvertretungen durch Kurse, die vor allem ihren Mitgliedern angeboten werden, und das liegt in der Geschichte begründet. Es gab kein staatliches und kein leistbares privates Angebot und die Mitglieder, Arbeiter wie Unternehmerin, brauchten diese Kurse. BFI, LFI und WIFI zählen heute zu den renommierten Einrichtungen in der beruflichen Erwachsenenbildung. Sie sind direkte Gründungen von Arbeiterkammer, Landwirtschaftskammer und Wirtschaftskammer.

2020: Die Homepage des BFI informiert über den Präsenzunterricht.

1945 standen zunächst Berufsförderungsmaßnahmen im Vordergrund. Es gab 600.000 Kriegsheimkehrer, davon hatte ein Drittel keine Ausbildung in einem Zivilberuf.

Für die allgemeine Erwachsenenbildung und die Führung eines Abendgymnasiums wurde von ÖGB und Arbeiterkammer auf Vorschlag von Univ. Doz. Dr. Koch 1946 die Volkshochschule gegründet, die berufsbildenden Kurse führte die AK zunächst selbst durch. Das Referat „Berufsförderung" begann mit Umschulungen und Fachkursen. In einem eigenen „Landesumschulungsausschuss" wurden Mangelberufe und Umschulungsmaßnahmen dazu festgelegt.

1946/47 nahmen 215 Personen an zehn Umschulungskursen teil, für weitere 480 wurden Einzelumschulungen in Betrieben organisiert. Bei der Berufsförderung konnte man 1947 bereits 1.132 Teilnehmer in 66 Kursen verzeichnen.

Kursorte waren Innsbruck, Landeck, Kufstein, Reutte und Wörgl.

Stenografie, Buchhaltung, Englische Handelskorrespondenz, Gewerbliches oder Technisches Rechnen, Schaufenstergestaltung, Grundlagen der Elektrotechnik oder die Vorbereitung auf die Dampfkesselwärterprüfung und Sprengbefugtenkurse finden sich im Angebot. Gewerkschaftsmitglieder zahlten nur zwei Drittel der Kurskosten.

In einzelnen Bundesländern waren seit 1959 Berufsförderungsinstitute gegründet worden, ab 1963 gab es auch in Tirol dazu vorbereitende Gespräche zwischen Arbeiterkammer und Gewerkschaft und am 24. November 1966 schließlich die Gründungsversammlung.

Vorsitzender der Landesleitung wurde Karl Gruber (Landessekretär der Gewerkschaft Bau-Holz und AK-Vizepräsident), erster Geschäftsführer war Alfons Kaufmann (Bildungssekretär des ÖGB). Weitere Mitglieder der Landesleitung waren der Landessekretär der Gewerkschaft Druck und Papier Ernst Pechlaner, GR Rudolf Krebs von der Gewerkschaft der Privatangestellten und AK-Vizepräsident Vbgm. Hans Maier.

Der Landesleitung gehörte auch Berufsschuldirektor Gottfried Knab und Dr. Erich Posanna vom Landesarbeitsamt an. Direktor Knab öffnete die Türen zu den Vortragenden, vielfach LehrerInnen und PraktikerInnen aus dem berufsbildenden Schulwesen und das Arbeitsamt (heute AMS) konnte direkt seinen Bedarf an Qualifizierungsmaßnahmen im BFI einbringen. Konkurrenzunternehmen gab es keines, das WIFI war auf die Zielgruppe der Selbständigen ausgerichtet. So war es möglich, beispielsweise bei rasch auftretendem Umschulungsbedarf aufgrund einer Betriebsschließung oder bei Problemen in einer Branche binnen weniger Wochen den gekündigten MitarbeiterInnen maßgeschneiderte Angebote zu machen, damit sie wieder rasch eine gleichwertige oder oft aufgrund der Umschulung sogar besser entlohnte Arbeit aufnehmen konnten.

Die Kurse wurden in den ersten Jahren vor allem abends und in Schulen abgehalten; von Beginn an gab es neben Innsbruck (34[82]) auch in Fulpmes (1), Imst (3), Kitzbühel (2), Kufstein (8), Landeck (4), Reutte (4), Schwaz (3) und Telfs (2) Kursorte des BFI, dazu ein „Sekretärinneninternat" mit einem Grundlehrgang im AK-Bildungshaus Jägermayrhof in Linz, einem Aufbaulehrgang im Schulungsheim „Seehof" und einen Direktionssekretärinnen-

Wirtschaftskammer, Arbeiterkammer und Arbeitsamt warben gemeinsam für Umschulungskurse, Plakat von 1947.

Rudolf Krebs, Ernst Pechlaner, Karl Gruber, Gottfried Knab und Alfons Kaufmann (v. l. n. r.) bildeten das erste Präsidium des BFI Tirol.

Lehrgang im Schulungsheim Annental in Niederösterreich, außerdem noch 29 Fernkurse, von der Bilanzbuchhaltung über Italienisch bis zur Werkstoffkunde.

Die folgenden Jahre werden durch zwei Bauwerke in Wattens versinnbildlicht: das Metallzentrum und das Gastgewerbezentrum.

Der Mangel an gut ausgebildeten Metallfacharbeitern bestand schon seit längerem und die Schließung des Magnesitbergbaues in Tux-Lanersbach im Zillertal stand 1975 bevor. Innerhalb kurzer Zeit konnte den dort Beschäftigten eine interessante und meist ihren Neigungen entsprechende Umschulung angeboten werden. Nach dem Muster der eigenen Lehrwerkstätten stellte die VOEST (Vereinigte österr. Eisen- und Stahlwerke Linz – damals das größte Industrieunternehmen des Landes) in wenigen Monaten dieses Umschulungszentrum auf die grüne Wiese hinter dem Volkshaus der Arbeiterkammer in Wattens. Am 15. Dezember 1975 erfolgte die Eröffnung durch Sozial-

Impulse für die Tiroler Wirtschaft durch die Ausbildung von FacharbeiterInnen in der Metallverarbeitung im BFI-Umschulungszentrum in Wattens seit 1975

minister Ing. Rudolf Häuser im Beisein der beiden stellv. Landeshauptleute Dr. Fritz Prior und Dr. Herbert Salcher.

Das Programm in Wattens wurde seither laufend auf die Bedürfnisse des Arbeitsmarktes angepasst, bald schon kamen zu den Metallberufen auch Kunststoffberufe hinzu und ein Teil der Räume diente zwischen 1978 und 1987 der Umschulung von Druckereifacharbeitern.

Vom Bleisatz zum Fotosatz

„Die Zeit der Lettern und des Bleisatzes, die seit Johannes Gutenberg durch Jahrhunderte das Berufsbild des Setzers in den Druckereien prägte, geht dem Ende zu", schrieb die Pressestelle der AK am 22. Mai 1978. Sie hatte die Tiroler Medien nach Wattens ins neue Fotosatzzentrum des Berufsförderungsinstituts geladen.

Zu Beginn der 70er Jahre hatte der Fotosatz auch die ersten Druckereien in Tirol erreicht. Die Lettern aus Blei, die ab 1450 den Druck bestimmt hatten, waren veraltet, der neue Lichtsatz bot mehr an Gestaltungsmöglichkeiten, war schneller und billiger. Die „Jünger Gutenbergs" machten Pläne, wie sie diese Herausforderung stemmen konnten.

Der zuständige Fachausschuss in der AK, die Gewerkschaft, das Berufsförderungsinstitut und das Landesarbeitsamt vereinbarten die Errichtung eines Schulungsbereiches im Metallzentrum des BFI in Wattens.

1,5 Mio. Schilling kostete die Errichtung, eine Million davon die Fotosatzmaschine mit Schriftträger, Leucht- und Arbeitstischen, Kopiergeräte, Reproapparat, Offsetplattenentwicklungsgerät und -tisch und das nötige Verbrauchsmaterial. Es war für die Umschulung von FacharbeiterInnen aus Oberösterreich, Salzburg, Tirol und Vorarlberg konzipiert, die Zuweisung der KursteilnehmerInnen und sämtliche Kurskosten übernahm das Arbeitsamt.

In den folgenden 28 Kursen wurden alle betroffenen ArbeitnehmerInnen umgeschult und das Zentrum 1982 wieder geschlossen.

Ungefähr zur gleichen Zeit hat die EDV auch im Metallzentrum mit der Anschaffung von CNC-gesteuerten Drehbänken Einzug gehalten.

Ein halbes Jahr nach dem Metallzentrum wurde 1977 das Umschulungszentrum für das Gastgewerbe eröffnet. Qualifiziertes Personal ist im Tourismusland Tirol immer gefragt und wenn die Entlohnung passt und die Bestimmungen zum Schutz der Gesundheit der Arbeitnehmer eingehalten werden, dann kann es sich um sehr interessante und abwechslungsreiche Berufe handeln. Von kürzeren Nachschulungen bis zum kompletten Lehrabschluss im zweiten Bildungsweg wurde damit in Wattens alles angeboten, was mit den Metall- und Gastgewerbeberufen zusammenhängt.

Untrennbar verbunden sind diese Einrichtungen mit den Namen Knapp, Pechlaner und Leitner. Herbert Knapp war von Beginn an Organisator und Lehrender im Metallzentrum, unterstützt von Franz Platzer; Helmut und Annelies Leitner haben neben der Tätigkeit als Berufsschullehrer die Kurse bis zum Lehrabschluss im Gastgewerbezentrum geleitet und durchgeführt, während Ernst Pechlaner sen. als Landessekretär der Druckgewerkschaft und BFI-Vorstandsmitglied für das Druckzentrum verantwortlich zeichnete. Die Finanzierung all dieser Einrichtungen erfolgte durch die Tiroler Arbeiterkammer und mit wesentlicher Beteiligung der Arbeitsmarktverwaltung.

Im Herbst 1977 startete die zweijährigen Büro- und Verwaltungsschule (BVS) unter Berufsschuloberlehrer Erich Wörister, ab 1978 übernahm dann Prof. Mag. Ernst Madlener die Direktion. Die BVS war eine Privatschule der Tiroler Arbeiterkammer, die organisatorischen Belange wurden vom BFI wahrgenommen. Ebenfalls im Herbst 1977 begann am BFI eine zweijährigen Werkmeisterschule für Berufstätige für industrielle Elektronik.

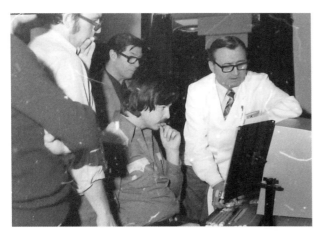

BFI-Fotosatzzentrum Wattens

Kursende mit der Lehrabschlussprüfung für Köche und Kellner im Gastgewerbezentrum Wattens 1982, im Hintergrund die Plastik von Lois Weinberger, rechts Helmut Leitner, in der Mitte HR Dr. Gosch vom AMS und der langjährige BFI-Geschäftsführer Helmut Muigg

Lehrgang der Büro- und Verwaltungsschule 1982, in der Mitte der neue Direktor Ernst Madlener, links Erich Wörister und rechts Vizepräsident Abendstein und Direktor Dr. Josef Rohringer

Tiroler aus Brasilien erlernte im BFI das Schlosserhandwerk

Ein exotischer Schüler mit Tiroler Dialekt beendete kürzlich im BFI-Schulungszentrum Metall in Wattens seine Ausbildung zum Schlosser. Der 25-jährige Bernhard Josef Gratt kam aus Dreizehnlinden, einer hauptsächlich von Tiroler Auswanderern gegründeten Niederlassung in Brasilien, zurück in seine alte Heimat, um im zweiten Bildungsweg den Schlosserberuf zu erlernen. In Dreizehnlinden mangelt es einerseits an qualifizierten Schlossern und andererseits gibt es keine Ausbildungsplätze. Kurz entschlossen machte er sich auf den Weg in seine alte Heimat. Dort wurden ihm besonders die Ausbildungsmöglichkeiten des Berufsförderungsinstituts empfohlen. Ganz besonders gefiel ihm das vom BFI entwickelte Ausbildungsmodell für Schlosser im zweiten Bildungsweg. Dieses Modell sieht die Ausbildung in zwei Teilkursen zu je 13 Wochen im Schulungszentrum Metall in Wattens vor. Zwischen den beiden Teilkursen müssen die Teilnehmer eine betriebliche Praxiszeit absolvieren, wobei das Arbeitsamt bei der Beschaffung von geeigneten Arbeitsplätzen behilflich ist. Nach Abschluß des zweiten Teilkurses tritt der Teilnehmer, sofern er das 21. Lebensjahr vollendet hat, zur Lehrabschlußprüfung an.

Bernhard Josef Gratt erlernte im BFI das Schlosserhandwerk.

Für Bernhard Gratt, der seine Schulbildung in portugiesischer Sprache erhalten hatte, begann mit dem Eintritt in den Ausbildungslehrgang vorerst eine schwere Zeit. Doch mit Fleiß, Zähigkeit und der gezielten Förderung seiner Kurslehrer schaffte Gratt alle Hindernisse. Auf Grund der intensiven Vorbereitung im Kurs war für ihn die Lehrabschlußprüfung kein Problem. Derzeit bildet sich Gratt zum Schmied aus und möchte sodann die Meisterprüfung ablegen. Erst dann wird er in seine brasilianische Heimat zurückkehren.

Im Kursjahr 1977/78 erreichte das BFI mit 350 Kursen in ganz Tirol die Marke von 5.000 TeilnehmerInnen.

1978 kaufte die AK den 1. Stock des ehemaligen Hotels Arlbergerhof in der Salurnerstraße 1 in Innsbruck an und richtete auf 640 m² Büros und Schulungsräume ein. Die Lage in unmittelbarer Bahnhofsnähe war für auswärtige KursbesucherInnen ein großer Vorteil. Die funktionsgerechten Schulungsräume bestanden aus einem modernen Sprachlabor mit 20 Plätzen, vier Lehrsälen, einem Phonotypiesaal, einem Mehrzwecksaal mit variablen Wänden und einem Elektroniklabor. Zeitgleich mit der Übersiedlung im August 1978 wurde Univ. Ass. Dr. Bernhard Rathmayr zum

> „Tiroler aus Brasilien erlernte im BFI das Schlosserhandwerk"
>
> Bernhard Josef Gratt aus Dreizehnlinden in Brasilien kam 1981 als 25-Jähriger nach Wattens, weil er auf der Suche nach einer Schlosserausbildung war. Über Bekannte hatte er von diesem Schulungszentrum gehört. „Mit Fleiß, Zähigkeit und der gezielten Förderung seiner Kurslehrer schaffte Gratt alle Hindernisse."[83] Er kehrte wieder in seine Heimat zurück und gründete dort sein eigenes Unternehmen, heute die Gratt Industria de Maquinas Ltda. in Santa Catarina[84] in Brasilien. Über den Anruf aus Tirol im Rahmen dieser Recherchen hat er sich sehr gefreut.

Von Dreizehnlinden nach Wattens und zurück nach Santa Catarina: Grundlage für eine erfolgreiche Berufslaufbahn. Bernhard Gratt 1983 (li.) und 2021

hauptamtlichen Leiter bestellt. Ihm folgte bereits ein Jahr später Helmut Muigg, der diese Funktion über zwei Jahrzehnte ausüben sollte.

Seit 1985 bietet das BFI Tirol Kurse für den Hauptschulabschluss im zweiten Bildungsweg an und in Zusammenarbeit mit dem Landesarbeitsamt wurde der erste Kurs zur Vorbereitung auf die Hauptschul-Externistenprüfung gestartet. Die wertvollen Erfahrungen wurden in die Konzeption des neuen Pflichtschulabschlusses 2012 eingebracht.

1987 folgte die erste Werkmeisterschule Österreichs für Holzbau in Lienz, 1989 wurde die Jahresmarke von 10.000 TeilnehmerInnen erreicht und im 25. Jubiläumsjahr beschäftigte das BFI 50 Mitarbeiterinnen und Mitarbeiter, hatte 800 Vortragende unter Vertrag und ein Kursvolumen von über 60.000 Stunden.

Am 20. April 2002 wurde neuerlich eine Eröffnung in Wattens gefeiert, die Ausstattung war komplett erneuert worden und es öffnete das „modernste Facharbeiter-Ausbildungszentrum Europas seine Pforten".[85]
Ab 2005 begannen sich das BFI und seine Träger AK und ÖGB nach neuen Räumen umzusehen, der Arlbergerhof war längst zu klein geworden und diverse Schulungs- und Verwaltungsräume über die ganze Stadt verstreut. 2008 wurde der heutige Standort in der Ing.-Etzel-Straße 7 eröffnet. Im Jahr darauf folgte nach Wattens ein zweites Ausbildungszentrum für Metallberufe in Kufstein.

Die Berufsreifeprüfung und Lehre mit Matura haben im BFI Tirol von Beginn an einen kompetenten Partner gefunden. In den letzten Jahren bereichert das BFI die Fachszene mit speziellen „Tagen", z. B. zur Elektrotechnik, zum Baurecht, zum Datenschutz u. a.: Anerkannte SpezialistInnen

Nach einer gründlichen Erneuerung war das Umschulungszentrum in Wattens wieder bereit für die nächste Etappe in der Facharbeiterausbildung.

BFI-Haus des Lernens in der Innsbrucker Ing.-Etzel-Straße

Das neue Metall-Ausbildungszentrum in Kufstein

Kurs im neuen Sprachzentrum des BFI Tirol

halten Vorträge zu aktuellen Themen und anschließend besteht jeweils die Möglichkeit, sich fachlich auszutauschen. Nach der Ausbildung von Tagesmüttern sind jetzt die BFI-Ausbildungen in der Elementarpädagogik (Arbeit mit Kindern im Alter von 0–6 Jahren) stark nachgefragt.

Im September 2019 eröffnete das BFI Tirol sein neues Sprachzentrum und nahm neue Kurzkurse in Albanisch, Georgisch, Litauisch, Nepali und Vietnamesisch in sein Programm auf. Für Lehrende und Vortragende wurde eine Ausbildung als „E-TrainerIn" neu entwickelt. Im Rahmen der österreichweiten Initiative Erwachsenenbildung bietet das BFI Tirol in Basisbildung und für den Pflichtschulabschluss an und das neue Angebot „LAP-Plus" richtet sich an Personen mit nichtdeutscher Muttersprache, die sich auf eine Lehrabschlussprüfung vorbereiten. Das ist ein kleiner Auszug aus den 1.893 Bildungsveranstaltungen des Programms 2019. Die Zahl der Teilnahmen betrug 22.614.

Das BFI ist ein Unternehmen, in das die AK nicht nur VertreterInnen entsendet, sondern das sie gemeinsam mit dem ÖGB gegründet hat und bei dem wichtige Entscheidungen in der Arbeiterkammer getroffen werden.

Die AK ist aber in vielen Gremien auch „nur" vertreten und meldet sich dort mit ihrem Fachwissen zu Wort. Das reicht vom Tiroler Raumordnungsbeirat und die Bezirksraumordnungskonferenz über Projektausschüsse in der Regionalförderung und die Elementarschadenskommission, den Landesberufsausbildungsbeirat oder den Arbeitsausschuss des Verkehrsverbundes Tirol bis zum Vorstand der Volkshochschule. In den Zeiten der „großen" Koalition aus SPÖ und ÖVP wurde kaum ein Gremium geschaffen, in dem die Sozialpartner nicht vertreten waren. Das hat sich geändert. Heute werden beispielsweise 50 und mehr Milliarden an Covid-Hilfen an Unternehmen vergeben, ohne dass die Arbeiterkammer in irgendeiner Form mitreden kann, obwohl es auch um die Zukunft von Arbeitsplätzen geht. Umgekehrt entscheidet die Wirtschaftskammer bei den Mitteln über die Kurzarbeit und bei den Maßnahmen des Arbeitsmarktservice sehr wohl mit.

5. DIE ARBEITERKAMMER UND DIE WISSENSCHAFT – STUDIEN UND WAS DARAUS FOLGT

Was bedeutet die Vertretung der sozialen, wirtschaftlichen, beruflichen und kulturellen Interessen im Lauf dieser 100 Jahre? Wie wird die konkrete Lage der Arbeitnehmerinnen und Arbeitnehmer im Umfeld der Gesamtbevölkerung beurteilt? Wo sind Verbesserungen möglich und gerecht?

Daten als Grundlage

Seit Beginn sammelt und analysiert die Arbeiterkammer Daten, welche die Lage der Arbeitnehmerinnen und Arbeitnehmer und ihrer Familien beschreiben. Sie liefern der Arbeiterkammer und den Gewerkschaften die Argumente für ihre Forderungen. Schon der erste Bericht der AK Tirol über die Jahre 1921–1926 enthält solche Informationen: In welchen Branchen und in welchen Bezirken sind die 43.938 ArbeiterInnen und Angestellten im Jahr 1925 beschäftigt, wie war die Entwicklung, in welchen Betrieben werden Lehrlinge ausgebildet, wie hoch ist der Anteil an Arbeitnehmerinnen, was sind die Branchen mit Dauerstellen und wo gibt es lange Zeiten der Arbeitslosigkeit? Der Innsbrucker Historiker Gerhard Oberkofler verweist auf die besondere Situation in Tirol, weil die Aufschlüsselung der Berufe eine deutliche Mehrheit von 53 % der Berufstätigen in der Land- und Forstwirtschaft nachweist; auf Industrie und Gewerbe entfallen nur 22 % (Oberkofler 1979, S. 161).

Regelmäßige, umfangreichere Programme, die der Landesregierung und dem Landesparlament vorgelegt wurden, lassen sich für die Zeit der Ersten Republik nicht feststellen. Vielmehr gab es ständige Anträge und Beschlüsse in den Vollversammlungen für die Finanzierung von Investitionsprogrammen, für die Abstellung von Missständen (bei der Lehrlingsausbildung, bei der Arbeitszeit etc.) oder für eine bessere gesetzliche Absicherung gegen Krankheit und Arbeitslosigkeit. Diese Form der Beschlüsse der Vollversammlungen wurde auch in der Zweiten Republik beibehalten.

Studien

Adressaten der ersten Studien nach 1946 waren die eigenen Funktionäre sowie die BetriebsrätInnen und Vertrauenspersonen, die über das Mitteilungsblatt der AK in mehrseitigen Artikeln mit Argumenten versorgt wurden, beispielsweise im Jahr 1950:

– „Was kann die Arbeiterschaft von einem Kartellgesetz erwarten?"
– „Wohnbauförderung und Lebenshaltungskosten"
– „Störung des Wirtschaftsablaufes im Zuge des Überganges zur freien Wirtschaft"
– „Der soziale Wohnungsbau"
– „Europäische Zahlungsunion"
– „Das österreichische Investitionsprogramm 1950/52 und die Entwicklung der Weltwirtschaft".

Die in der Folge im Auftrag der AK durch externe WissenschafterInnen oder durch die AK-MitarbeiterInnen selbst

Regionale Wertschöpfung vor 80 Jahren: Gerberei in Pfaffenhofen

erstellten Studien können hier nur kursorisch erwähnt werden.

Untersuchungen über die Arbeitspendler (Zahl, Strecken, Zeit, Kosten usw.) und über die Arbeitnehmereinkommen gab es laufend.

Ab 1970 wurden in größerem Umfang Studien in Auftrag gegeben. Dies steht in Zusammenhang mit dem Eintritt von Dr. Josef Rohringer als Direktorstellvertreter in den Dienst der AK Tirol.

Die ersten beiden Studien über „40 Jahre Arbeitsmarkt in Tirol" und „Pendelwanderung in Tirol" kommentierte Direktor Dr. Rainer: „Die Kammer will durch eine umfassende Darstellung eines wichtigen Teilbereiches der Wirtschaft, nämlich des Arbeitsmarktes, einen Beitrag zu einer sachlichen Raumplanung und Regionalpolitik leisten."[86] Ein modernes Raumordnungsgesetz, Raumplanung und Regionalentwicklung waren seit Mitte der 60er Jahre Forderungen der AK Tirol. Im Dezember 1971 wurde das erste Raumordnungsgesetz in Tirol beschlossen.

Unter dem Titel „AK erforscht Tirols Zukunft"[87] wurden im Dezember 1970 zwei weitere Studien vorgestellt:

– „Bevölkerungsentwicklung in Tirol 1961–1980" und
– „Finanzentwicklung in Tirol 1960–1980"

Die erste stammte aus dem eigenen Statistikreferat, die Bevölkerungsprognose für 1980 erwartete ca. 592.000 Einwohner und die Botschaft war: rechtzeitig vorsorgen durch Kindergärten, Schulen, Lehrer, Lehrstellen, Arbeitsplätze usw.

Die zweite verfasste der damalige Univ. Assistent am Institut für Volkswirtschaftslehre und -politik an der Linzer Hochschule, Dr. Ewald Nowotny.

Zentrale Aussage: Dem Land geht es finanziell sehr gut, den Gemeinden schlecht. Das Land hat Schulden abgebaut, die Gemeinden haben neue aufgenommen: Ohne Änderung bei den Finanzzuweisungen können die Gemeinden ihre Aufgaben nicht mehr wahrnehmen.

Auf Basis dieser Datenlage wurde im Februar 1971 der erste umfangreiche und mit vielen Daten untermauerte Forderungskatalog[88] an den Landtag und an die Landesregierung erstellt. „Evidence-based Policy"[89] würde man das heute nennen. Sie trug den Titel „Vorschläge zur Wirt-

Eine intensive Verbindung zur Wissenschaft ist für die AK unerlässlich und die Kontakte zu den Universitäten und Hochschulen sind Impulsgeber für eine faktenbasierte Arbeitnehmervertretung.

schafts-, sozial- und Kulturpolitik an den Tiroler Landtag und an die Tiroler Landesregierung".

Das Programm enthielt insgesamt 49 Forderungen, z. B. die Schaffung einer Betriebsberatungsstelle und eines Vereins für Konsumenteninformation, Mietzins- und Annuitätenbeihilfen des Landes, ein modernes Sozialhilfegesetz, Gesundenuntersuchungen, Heime für alleinstehende Mütter, einen Landesaltenplan und einen Tiroler Krankenanstaltenplan, einen Hausstandsgründungsfonds, ein Kindergarten- und Hortgesetz, die Fünftagewoche an den Schulen, einen Sportstättenplan und die Einrichtung eines Kulturbeirats.

Rund 85 % der damaligen Forderung sind inzwischen erfüllt. Bei etwa der Hälfte war dies innerhalb von zehn Jahren der Fall, teils auch aufgrund von Aktivitäten auf Bundesebene (z. B. Sportstättenplan, Lehrlingsausbildung). Manches scheint inzwischen überholt („Bevorratungspolitik", vielleicht auch schon wieder aktuell), anderes ist in Kraft getreten und hat die erhoffte Wirkung nicht im erwarteten Umfang erbracht (z. B. Raumplanung und Ganzjahresarbeitsplätze). Die „Betriebsberatungsstelle" wurde später zur Forderung nach einer Betriebsansiedlungs- und Entwicklungsgesellschaft. Sie heißt derzeit „Standortagentur Tirol". Den steten Rückgang des Produktionssektors hat auch sie nicht verhindern können, da waren vielleicht die Erwartungen zu hoch und der Start zu spät.

In den letzten Jahren hat Präsident Zangerl die Mitarbeit der AK in den diversen Raumordnungs- und Regionalgremien wieder deutlich verstärkt, vor allem in jenen Bereichen, in denen es um konkrete Förderprojekte geht. Die Vertretung erfolgt durch MitarbeiterInnen und/oder KammerrätInnen des Bezirkes.

1971 erstellten die Innsbrucker Universitätsassistenten Dipl. Vw. Ernst Gattol und Dr. Alexander van der Bellen eine Studie über die regionale Verdienststruktur, die mit dazu beigetragen hat, in wirtschaftsschwachen Regionen gezielt und mit Unterstützung von Bund und Land Betriebe anzusiedeln. So gelang 1977 die Einbeziehung Osttirols in das ERP-Programm zur „Schaffung von industriellen und gewerblichen Arbeitsplätzen in grenznahen Entwicklungsgebieten", was den Zugang der dortigen Unternehmen zu günstigen Krediten zur Folge hatte und erhebliche Investitionen in die Modernisierung einer Reihe von Osttiroler Unternehmen auslöste.[90]

Durchleuchtet – Die Lage der ArbeitnehmerInnen

1974 untersuchte Ing. Walter Exeli „Haushaltsbudget und Verbrauchsstruktur von Tiroler Arbeitnehmerfamilien 1948–1972", dann folgte eine Untersuchung von Univ. Prof. Dr. Rudolf Weiss über „Berufsausbildung und Berufslaufbahn von Lehrlingen", 1975 eine Erhebung über „Die kulturellen Interessen der Tiroler Bevölkerung", eine Studie, die 2004 gemeinsam mit dem Land Tirol wiederholt wurde. Ebenso aus dem Jahr 1975 stammt ein Bericht von Pfeifer/Berger/Schuster/Gehmacher über die Lage der GastarbeiterInnen in Tirol.

1976 feierten die Arbeiterkammern 30 Jahre Wiedererrichtung. Die AK Tirol tat dies mit einem 300-seitigen

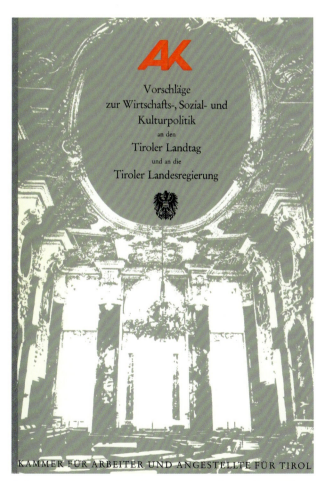

Titelbild „Vorschläge zur Wirtschafts-, Sozial- und Kulturpolitik", 1971

„Bericht zur Lage der Tiroler Arbeitnehmer": „Eines der gravierendsten Ergebnisse ist, dass sich die regionalen Unterschiede in fast allen Bereichen weiter verschärft haben", heißt es dazu in AK Aktuell Nr. 2/1976, S. 1. Viele weitere „Berichte zur Lage ..." mit immer wechselnden Schwerpunkten folgten.

1983 veröffentlichte die AK eine umfangreiche Studie zur Mitbestimmung in den Tiroler Betrieben, es folgen regelmäßige Untersuchungen zu den Kosten für Nachhilfe, über das Angebot an ganztägigen Betreuungsangeboten in Kindergärten und Schulen, Analysen des Arbeitsmarktes, der Kosten des Wohnens, der Dauer von Arbeits- und Sozialgerichtsverfahren, der Serviceleistungen von Banken usw.

Seit Herbst 1988 erfolgten die Veröffentlichungen meist im WISO (Tirol), den Wirtschafts- und sozialstatistischen Informationen mit vier bis sechs Ausgaben pro Jahr, weitere kürzere Untersuchungen wurden als Sondernummern des AK-Pressedienstes herausgebracht.

1997 wurden die Arbeitsverhältnisse im Handel beleuchtet und im Beschäftigungsverein wurde 1997 die „Aktion 100" entwickelt. Das Ziel war, die nach Abschluss eines Studiums für den Einstieg in den Beruf oft verlangte Berufspraxis nachzuweisen. Die Mitarbeiter in der Aktion waren verschiedenen Abteilungen in der AK zugeordnet. Im Herbst 1997 ins Leben gerufen, waren im Februar 1998 bereits 20 Personen beschäftigt. Die Arbeiten waren sehr vielfältig: Beispiele sind die Erfassung und Digitalisierung des kompletten Bestandes an Kunstwerken, die von der AK angekauft worden waren, einschließlich einer Bewertung (durch KunstexpertInnen des Museums), die Mitarbeit an einer Studie über die „Zufriedenheit von Frauen im Arbeitsleben", die Ausarbeitung von Musterverträgen nach dem Bauträgervertragsgesetz, Vorarbeiten für „Tiroler Erwachsenenbildung online", Assistenz bei der Auswertung von Konsumentenschutztests, Erhebungen zu den Wasserkosten in Tirol und als großes Projekt die Entwicklung und Umsetzung der AK-Zukunftsaktie. Im Tätigkeitsbericht 1998 wurde eine erste Bilanz gezogen: „Das Projekt hat mittlerweile 30 Jungakademikern eine befristete Beschäftigung in Projekten gegeben. Die Projektthemen ergeben sich aus der Aufgabenstellung der Arbeiterkammer. Ein Großteil der Absolventen hat im Anschluss an das Aktion 100 Projekt Arbeit gefunden. Durch das Projekt wird ein wichtiger Engpass bei der Arbeitssuche – nämlich der Mangel an Berufspraxis – beseitigt".

Zwischen 2000 und 2011 übernahm das AK-Zukunftszentrum die Aufgabe, neben den Standarderhebungen spezifische Themen zu bearbeiten. Es wurden über 100 vielfach sehr interessante Studien publiziert, wobei die hohe Zahl unter dem Aspekt des Bekanntmachens und der Diskussion der Ergebnisse eher ein Nachteil war. Studienergebnisse benötigen gerade nach ihrer Veröffentlichung noch eine mehrmonatige Zeit der Aufmerksamkeit, bis sie von einer ausreichenden Zahl an EntscheidungsträgerInnen wahrgenommen werden.

Ein gutes Beispiel ist das 2003 im Auftrag der AK Tirol vom Salzburger Universitätsprofessor Dr. Böhm erstellte Gutachten zum Bauträgervertragsgesetz. Die Vorschläge für einen besseren Käuferschutz wurden viele Monate in JuristInnenkreisen diskutiert, ehe das Gutachten in einer Arbeitsgruppe des Justizministeriums als Grundlage für eine Gesetzesänderung herangezogen und das Gesetz letztendlich auch novelliert wurde.

2012 analysierte die AK die verschiedenen Kindergeldvarianten und 2015 wurde der Frage nachgegangen, was bei den vorgeschriebenen Pflichtpraktika im Sommer tatsächlich gelernt wird. In eine ähnliche Richtung ging 2019 die Untersuchung über die Einschätzung der Ausbildungsqualität im Tourismus durch die Betroffenen nach einem Zeitraum der beruflichen Erfahrung.

Auf die Bedeutung dreier Studien zu Wohnbau und Wohnungskosten zwischen 2013 und 2018 wurde bereits in Kapitel 1 ausführlicher eingegangen.

6. BILANZ UND AUSBLICK

Dies führt zu zwei abschließenden Fragen: Wie ist die Bilanz dieser 100 Jahre, in denen die Arbeitnehmerinnen und Arbeitnehmer in Österreich nicht nur durch ihre Gewerkschaften, sondern auch durch eine Arbeiterkammer vertreten wurden? Und was ist für die Zukunft zu erwarten?

Österreich hat sich nach schwierigem Beginn 1918 und 1945 zu einem der reichsten Länder der Welt entwickelt. Nach BIP pro Kopf, nach der Sparquote, nach Gleichheitsindikatoren, nach Umweltstandards, nach dem Gefühl, wer wir sind.

Die Bodenschätze können nicht der Grund sein, die Forschungsquote ist niedrig, naturgegebene Intelligenzvorteile und größere Frömmigkeit kann man ausschließen, selbst im „heiligen Land".

Was uns deutlich unterscheidet, und hier komme ich auf die bereits erwähnte Studie (S. 43) von Pelinka, Pernthaler, Preglau und Smekal zurück, ist der soziale Friede und das ständige Bemühen um einen gerechten Interessenausgleich. Wenn sich die Sozialpartner auf einen fairen Ausgleich einigen, dann sollte das Parlament diesen auch nicht zugunsten einer Seite verändern.

Trotz dieses positiven Befundes ist die Existenz der Arbeiterkammer als von den Arbeitnehmern frei gewählte Vertretung ihrer Interessen, die von den ArbeitnehmerInnen selbst ausreichend finanziert wird, regelmäßig gefährdet, wenn sie den politisch Mächtigen lästig wird. Die letzte von Regierungsseite begonnene Diskussion über die Kürzung der AK-Einnahmen liegt gerade einmal zwei Jahre zurück.[91]

Kann der Einfluss der AK gemessen werden?

Daten gibt es zu allen möglichen Aspekten, von der Einkommensentwicklung über die Vermögensverteilung, den Gesundheitszustand, Zahl und Ursachen von Arbeitsunfällen, Umweltbelastungen am Arbeitsplatz und durch Firmen und Branchen und vieles mehr. Hier geht es um eine viel allgemeinere Einschätzung und sie erfolgt durch einen Autor, der als pensionierter, langjähriger Mitarbeiter der AK Tirol nicht unbefangen ist.

Die Arbeiterkammer Tirol war von 1921 bis 1934 und von 1945 bis 1984 von sozialdemokratischen Mehrheiten und Präsidenten geführt, seit 1984 verfügt der ÖAAB/FCG über eine deutliche Mehrheit in der Vollversammlung. VP-geführte Arbeiterkammern gibt es nur in Tirol und Vorarlberg, was die enge gesamtösterreichischen Zusammenarbeit in der Bundesarbeitskammer nicht beeinträchtigt. Ob aktuelle Positionierungen oder längerfristige Programme, fraktionelle Aspekte spielen fast keine Rolle. Das ist sowohl auf Landes- als auch auf Bundesebene eine Garantie für größtmöglichen Erfolg.

In Tirol lag die politische Mehrheit in Landtag und Landesregierung in all dieser Zeit immer bei der Volkspartei. Die Arbeiterkammer hat unter Scheibein bei den christlichsozialen Landeshauptleuten Schraffl und Stumpf und den Mitgliedern der Landesregierung in vielem Gehör gefunden. Beschlüsse der Kammer, die einstimmig waren, hatten größere Chancen auf Umsetzung als Mehrheitsbeschlüsse. Das Vorgehen der Landesregierung beim Eisenbahnerstreik 1927, als bewaffnete Heimatwehrformationen Bahnhöfe übernahmen und als Streikbrecher gegen die Gewerkschaft agierten, hat das Vertrauensverhältnis zwischen dem christlichsozialen Landeshauptmann und dem sozialdemokratischen Kammerpräsidenten nachhaltig beschädigt.

Die rasche Wiedererrichtung der Arbeiterkammer stand 1945 außer jedem Zweifel. Die Arbeiterkammer war für den Wiederaufbau eine unverzichtbare Stütze, vor allem durch ihre Fachleute und über die Gewerkschaft durch ihre Verbindung zu den ArbeitnehmerInnen in den Betrieben. Darin besteht ein deutlicher Unterschied zum Wiederbeginn nach der Coronapandemie, voraussichtlich im Jahr 2021, wo jedenfalls die Bundesregierung wenig Bereitschaft zeigt, bei der Erarbeitung einer Zukunftsstrategie und bei gemeinsamen Überlegungen für den Einsatz der vielen Steuermittel die Arbeitnehmerorganisationen fair zu beteiligen.

Die Auseinandersetzungen wegen zu lascher Behörden, z. B. bei Preisüberwachungen oder Mietwucher, und der Streit mit den Bauern, die ihre Produkte lieber dorthin verkauften, wo sie die höchsten Preise erzielen konnten, anstatt sich um das Überleben der hier Wohnenden zu sorgen, blieben auch nach 1945 bestehen. Aber die Gesprächsbereitschaft war gegeben. Sozialer Friede durch Sozialpartnerschaft war das Erfolgsgeheimnis. Es gab und gibt Branchen, in denen es zu besonders vielen Übertretungen bei schlechter Bezahlung kommt, das Gastgewerbe zum Beispiel, und es gibt Branchen mit vielen und solche mit fast keinen Konfliktpunkten, das können einmal die Wursterzeuger und dann wieder die Banken sein. Darauf hinzuweisen gehört zu den Aufgaben der Arbeiterkammer.

Im Verhältnis zu Landeshauptmann, Landesregierung und Landtag sind natürlich alle FunktionärInnen und MitarbeiterInnen wichtig, in erster Linie aber der Präsident. Unter den Präsidenten in der Zweiten Republik gab es „leisere" und „lautere" und vor notwendiger Kritik hat keiner zurückgeschreckt. Am Erfolg – im Sinne der Durchsetzung von Vorschlägen und Forderungen – kann ich dabei keinen Unterschied erkennen.

Die Arbeiterkammer und die Gesetzgebung

Der Einfluss auf die Gesetzgebung durch das Recht, im Rahmen des Begutachtungsverfahrens zu einem Regierungsentwurf Stellung zu nehmen, war den Betreibern des Arbeiterkammergesetzes von Beginn an wichtig. Unter fallweise hunderten von Stellungnahmen sind für viele Abgeordnete jene der Sozialpartner „Pflichtlektüre". Das ist aber nur der formale Teil. Aufgrund des Begutachtungsverfahrens wird der Gesetzesentwurf geändert. Das erledigen in Absprache mit den politischen Verantwortlichen (MinisterIn / LandesrätIn, Bereichssprecher der Regierungsparteien) die Beamten im Amt der Landesregierung bzw. in den Ministerien. Dann kommt die Gesetzesvorlage in den Landtag oder Nationalrat. In diesen Phasen sind Netzwerke unverzichtbar.

Zu den Beratungen im zuständigen Ausschuss können Expertinnen und Experten der AK geladen werden und

Ob Arbeitnehmerförderung, Bildung, Raumordnung oder Wohnbau: Der Tiroler Landtag und die Landesregierung sind erste Ansprechpartner für die gesetzliche Arbeitnehmervertretung.

schließlich gibt es Abgeordnete, die selbst FunktionärIn oder MitarbeiterIn einer Interessenvertretung sind. Das gab es bei den Arbeiterkammern in Tirol seit Wilhelm Scheibein und in Wien seit dem ersten Präsidenten Franz Domes.

Die Praxis in den Arbeiterkammern und bei den Sozialpartnern generell ist heute unterschiedlich. Das Mandat in der gesetzgebenden Körperschaft verspricht unmittelbaren Einfluss auf Entscheidungen und ungehinderten Zugang zu den Regierungsmitgliedern. Es müssen fallweise aber auch Entscheidungen, die nicht im Sinne der Kammermitglieder sind, mitgetragen werden.

Von den neun gewählten Präsidenten der AK Tirol waren drei während ihrer Präsidentschaft auch Abgeordnete: Wilhelm Scheibein als Nationalrat, Josef Gänsinger und Ekkehard Abendstein als Landtagsabgeordnete. Hermann Schmidberger und Karl Gruber strebten während ihrer Präsidentschaft ebenso kein Mandat an wie Josef Kern, Fritz Dinkhauser und Erwin Zangerl. Die Erfolge einer Arbeiterkammer scheinen unabhängig davon zu sein, ob der Präsident/die Präsidentin auch Abgeordnete/r ist oder nicht.

Setzt man Erfolge bei Maßnahmen für die ArbeitnehmerInnen (Steuern, Soziales, Arbeitszeit, Beihilfen etc.) in Bezug zur wirtschaftlichen Situation (BIP-Entwicklung, Arbeitslosenrate, Steuereinnahmen, Konjunktur etc.), dann ist evident, dass diese bei Hochkonjunktur und reichlichen Steuereinnahmen leichter zu erzielen waren als in Zeiten budgetärer Sparpakete.

Wenn die Mittel knapp werden, dann hängt viel von der Ausrichtung und der beruflichen Herkunft der Mitglieder der Landesregierung und des Landtages ab, inwieweit die AK für ihre Anliegen Verbündete findet.

Die kommenden Jahre werden ein Gradmesser sein, wie weit es in Österreich gelingt, die Sozialpartnerschaft als Instrument eines fairen und auf Fakten basierenden Interessenausgleichs weiterhin zu nützen, wenn es um den Wiederaufbau der Wirtschaft und um die gerechte Verteilung beim Abbau des Staatsdefizits geht.

Wir haben in der Geschichte der Arbeiterkammern das Beispiel der Dreißigerjahre, in denen der innere Zusammenhalt gefehlt hat und dieser faire Interessenausgleich nicht gelungen ist, die in Bürgerkrieg und Diktatur endeten. Die Geschichte muss Warnung genug sein, es diesmal besser zu machen. Wenn Verteilungskämpfe auf der Straße ausgetragen werden müssen und die Gesprächsverbindungen abgebrochen sind, ist es in der Regel zu spät.

Und Gerechtigkeit für die große Gruppe der Arbeitnehmerinnen und Arbeitnehmer in unserer Gesellschaft ist dann am besten gesichert, wenn sich auch die handelnden Personen in Betriebsräten, Gewerkschaft und Arbeiterkammer bewusst sind, dass Gerechtigkeit ohne Solidarität nicht erreichbar ist.

ANHANG

Ergebnisse der Arbeiterkammerwahlen

Jahr	Wahlberechtigte	Wahlbeteiligung in %	Mandate	Freie Gew. / FSG / SP	Christliche FCG / ÖAAB	Christlich-nationale Arbeitsgemeinschaft	Nationale Gewerkschaften / WdU / FPÖ	KPÖ / GE – Gewerkschaftliche Einheit / Linksblock	Parteilose / parteifreie Gewerkschafter / Betriebsräte / Arbeitnehmer	Grüne / Grüne Alternative	SOLI[92]
1921	33.986	60	50	33		17					
1926	36.425	54	50	36	10		4				
1949	55.965	70	68	38	18		11	1			
1952[93]			68	36	17		8	1	6		
1954	76.148	61	70	42	19		2[94]	1	6		
1959	87.879	53	70	39	24		2	1	4		
1964	103.204	54	70	42	24		2	0	2		
1969	113.336	48	70	42	23		3	0	2		
1974	132.435	55	70	36	32		2	0			
1979	137.753	59	70	36	33		1	0			
1984	136.665	69	70	33	37		0	0			
1989	166.297	44	70	30	34		6	0			
1994	216.456	27	70	25	33		9	0		3	
2000	196.702	60[95]	70	13	46		6	0		3	2
2004	207.984	55	70	17	44		2	0		5	2
2009	219.518	53	70	14	46		4	0		5	1
2014	246.462	41	70	13	47		4	0		6	0
2019	263.454	34	70	14	45		6			5	

Wahlergebnisse für die Vollversammlung der Arbeiterkammer Tirol 1921–2019

Präsidenten – Direktoren – KammerrätInnen 1921–2021

Die Präsidenten	
1921–1933	Wilhelm Scheibein
(1934–1938)	(Hans Kostenzer, Vorsitzender der Verwaltungskommission, vom Sozialminister bestellt)
(1945–1946)	(Ernst Müller – von der Landesregierung und dem Bundesminister für Soziales mit der Wiedererrichtung betraut)
1946–1949	Josef Wilberger
1949–1964	Josef Gänsinger
1964–1974	Hermann Schmidberger
1974–1984	Karl Gruber
1984–1985	Ekkehard Abendstein
1985–1991	Ing. Josef Kern
1991–2008	Fritz Dinkhauser
seit 2008	Erwin Zangerl

Die Direktoren	
1921–1925	Dr. Viktor Koller
1926–1935	Ernst Müller
1935–1938	Dr. Engelbert Kiechl
1945–1946	Ernst Müller (bis 1.7.1946)
1946–1966	Dr. Otto Winter
1967–1972	Dr. Karl Rainer
1973–1985	Dr. Josef Rohringer
1985–2006	Mag. Martin Hirner
2006–2011	Dr. Fritz Baumann
seit 2012	Mag. Gerhard Pirchner

Die Kammerrätinnen und Kammerräte von 1921 bis 2021 mit Angabe der Funktionsperioden

Die Listen sind wegen der vielen Änderungen durch Ausscheiden aus der Funktion und Nachrücken und der vor allem für die Erste Republik fehlenden Unterlagen nach bestem Wissen erstellt, aber nicht vollständig, Korrekturen und Ergänzungen werden hier und generell gerne angenommen. Für die Durchsicht der Wählerlisten und Protokolle seit 1946 und die Erstellung der Gesamtliste danke ich Karin Jabinger und Mag. Ingrid Bailoni.

Name	Fraktion	Funktion	von	bis
Abendstein Ekkehard	AAB-FCG	P	1964	1985
Ager Andrea	AAB-FCG		2019	laufend
Agerer Hermann	FSG		1979	1984
Agerer Johann	AAB-FCG		1946	1949
Aigner Johann	FSG		1954	1974
Ailec Gerhard	FSG		1974	1979
Amort Alois	FSG		1946	1949
Andre Julie	FSG		1949	1964
Angermann Richard	FSG		1974	1984
Anhaus Franz	FSG		1964	1979
Anrain Anton	AAB-FCG		2000	2004
Appeltauer Reinhold	FSG		2004	2013
Arnold Adolf	FSG		1946	1949
Arnold Alois	Freie Gewerkschafter		1926	1929
Arnold Johann	WdU / Fraktion der Parteifroion		1949	1954
Ascher Fritz	AAB-FCG		1974	1979
Auckenthaler Friedrich	Freie Gewerkschafter		1921	1949**
Auer Alois	FSG		1949	1959
Auer Franz	FSG		1989	1994
Auer Fritz	FSG		1954	1959
Auer Hermann Dr.	Freie Gewerkschafter		1921	1922
Bacher Frieda	AAB-FCG		1954	1959
Bachinger Arno	AAB-FCG		1979	1989
Bachmann Erwin	AAB-FCG		2014	2019
Basol Celal	SOLI		2013	2014
Bauer Michael	GRÜNE		2010	2014
Baumgartner Wilhelm	FSG		1964	1969
Beer Anton Mag.	AAB-FCG		2000	2009
Belutti Albrecht	Freie Gewerkschafter		1926	1931
Berger Johann	Fraktion der Parteifreien		1954	1964
Berger Johann	FSG		1974	1984
Berger Josef	Freie Gewerkschafter		1921	1926
Berger Peter	FSG		1969	1989
Bergmann Doris	AAB-FCG		2014	laufend
Bergmann Erwin	AAB-FCG		2000	2004
Berktold Walter	FSG		2004	2009
Berlinger Josef	Freie Gewerkschafter		1921	1926
Bertel Stephan Dr.	FSG		2019	laufend
Bielowski Peter	WdU		1950	1954
Bitzan Erich	FSG		1946	1949
Blaas Günter	AAB-FCG		2000	2018
Blünegger Anton	FA-FPÖ	VP	1969	1994

Name	Fraktion	Funktion	von	bis
Bobko Leopold	WdU		1949	1950
Brandstätter Josef	FSG		1979	1989
Braunegger Karl	Christl. Gewerkschafter*		1923	1926
Braunias Karl	FSG		1946	1949
Breitenberger Hans	AAB-FCG		1959	1979
Brenner Heinrich	Christl. Gewerkschafter*		1921	1926
Brettauer Leonhard	AAB-FCG		2000	2004
Brix Andreas	FSG		1979	1989
Brunner Josef	AAB-FCG		2019	laufend
Brüstle-Supper Daniela	GRÜNE		2014	2018
Bucher Anita	FSG		1984	1989
Burchell Caroline	GRÜNE		2000	2004
Bussjäger Günter	FSG		1979	1984
Buzzi Paul	WdU		1949	1954
Cabella Josef	Freie Gewerkschafter		1921	1926
Carpentari Eva BSc.	AAB-FCG		2019	laufend
Carpentari Karl	FSG		1989	1994
Carpentari Reinhard	AAB-FCG		2014	2019
Danler Rudolf	Christl. Gewerkschafter*		1926	1949**
Deiser Marc MMag.	FSG		2019	laufend
Dejaco Johann	WdU		1949	1954
Dellemann Siegfried	AAB-FCG		2000	2018
Denifl Florian	AAB-FCG		1989	1994
Derflinger Vinzenz	AAB-FCG		1974	1979
Deutinger Helmut	GRÜNE		2004	laufend
Diefenbach Heinz	Fraktion der Parteifreien		1954	1959
Dietl Anton Ing.	Deutsche Verkehrsgewerkschaft		1926	1949
Dinkhauser Friedrich	AAB-FCG	P	1979	2009
Dittrich Konrad	Freie Gewerkschafter		1921	1923
Dörflinger Erich	FSG		1994	2000
Ebster Franz	FA-FPÖ		2009	2018
Eder Hans	FSG		1954	1989
Egartner Karl	AAB-FCG		1989	2000
Egg Herbert	FSG	VP	1959	1994
Egger Hans	FSG		1954	1964
Egger Hermann	AAB-FCG		1989	2009
Egger Joachim	FSG		1959	1964
Egger Johann	Freie Gewerkschafter		1921	1949**
Egger Michael	AAB-FCG		1979	1984
Egger Richard	FSG		1969	1989
Egger Walter	AAB-FCG		1989	2000
Eichinger Konrad	AAB-FCG		1963	1964

Name	Fraktion	Funktion	von	bis
Eigentler Karl-Heinz	AAB-FCG		1994	2013
Engelstorfer Emma	FSG		1989	1994
Entner Leopold	WdU		1950	1954
Eppensteiner Ernst	AAB-FCG		2000	2013
Erler Hermann	k. A.		1922	1923
Erler Josef	FSG		1984	2000
Ernstbrunner Ulrike	FSG		2004	2019
Esterhammer Alois	FSG		1946	1949
Esterhammer Fritz	FSG		2004	2009
Exenberger Hans	FSG		1954	1974
Fae Reinhold	FSG		2004	2009
Falbesoner Walter	FSG		1959	1979
Fankhauser Roman	AAB-FCG		2019	2020
Faßl Karl	FSG		1946	1959
Fauster Josef	Christlich-nationale Arbeitsgemeinschaft		1921	1949**
Feichtinger Karl	Freie Gewerkschafter		1926	1949
Felbinger Gottfried	Freie Gewerkschafter		1921	1926
Fila Arthur	FSG		1949	1969
Finger Otto	FSG		1954	1959
Fitzthum Anton	Freie Gewerkschafter		1926	1949
Fleischmann Josef	AAB-FCG		1959	1974
Flunger Beate	AAB-FCG		2000	laufend
Föger-Kalchschmied Sonja	FSG		2020	laufend
Foidl Alois	AAB-FCG		1989	1994
Foidl Anton	AAB-FCG		1946	1949
Foidl Sebastian	AAB-FCG		1969	1989
Folie Josef	FSG		1959	1964
Frank Herbert	FSG		2019	laufend
Freschauer Karl	Freie Gewerkschafter		1922	1926
Friedrich-Hagen Ruth	FSG		2019	laufend
Fröhlich Georg	FSG		1946	1949
Froschauer Karl	Freie Gewerkschafter		1921	1949**
Frötscher Franz	FSG		1959	1974
Frühwirth Walter	FSG		1952	1979
Fuchs Franz	AAB-FCG / SOLI	VP	1974	2009
Fuchs Josef	Freie Gewerkschafter		1926	1949**
Gabl Johann	FSG		1984	1989
Gaisbacher Albin	FSG		1954	1974
Gallian Karl	KPÖ		1946	1949
Gander Eduard	AAB-FCG		1984	1989
Gang Andreas	FA-FPÖ		2019	laufend
Gänsinger Josef	FSG	P	1949	1964
Garba Hans	FSG		1949	1954
Gartlacher Josef	Fraktion der parteilosen Gewerkschafter		1952	1954
Gassebner Josef	Freie Gewerkschafter		1926	1949**
Gastl Alois	FSG		1964	1974
Gedik Güler	GRÜNE		2009	2010
Geiger Helga	FSG		2004	2009
Genser Karl	WdU		1949	1950
Giner Thomas	FSG		2019	laufend
Gitteresberger Philipp	FSG		1946	1949
Glaß Helene	FSG		1951	1954
Gleinsler Erwin	FSG		1954	1964
Gnigler Michael	AAB-FCG		1959	1964
Gollner Elisabeth	AAB-FCG		2000	2013
Gollner Johann	FSG		1984	2000
Gottein Rudolf	Freie Gewerkschafter		1925	1949**
Götz Richard	GRÜNE		2009	2014
Gramshammer Alois	AAB-FCG		1954	1959
Grass Konrad Ing.	AAB-FCG		1974	1984
Graßl Anton Dr.	AAB-FCG		1949	1954
Grill Liebreich	FSG	VP	1946	1959
Grössl-Wechselberger Petra	AAB-FCG		2009	laufend
Gruber Arthur	AAB-FCG		2004	2009
Gruber Gustav	FSG		1946	1949
Gruber Helmut	FSG		1989	2000
Gruber Hermann	Freie Gewerkschafter		1929	1949
Gruber Hubert	FSG		1984	2000
Gruber Karl	FSG	P	1964	1989
Gruber Ludwig	Freie Gewerkschafter		1921	1926
Gruber Peter	FSG		1959	1969
Gruber Viktoria Mag., MA	GRÜNE		2019	laufend
Gruska Josef	AAB-FCG		1959	1964
Gsaller Anton	AAB-FCG		1949	1964
Gschwandtner Hans	FSG		1949	1964
Gspan Andreas	FA-FPÖ		2014	2019
Gstaltmeyr Maria	AAB-FCG		2000	2013
Gstrein Barbara	FSG		2019	laufend
Guggenbichler Johann	AAB-FCG		1959	1964
Gurgiser Fritz	AAB-FCG		2000	2018
Gürtler Edgar	AAB-FCG		1989	2000
Gvatter Karl	Freie Gewerkschafter		1922	1926
Haara Theodor	FSG		1954	1959
Habenschuß Georg	FSG		1959	1964
Hackl Nadja	AAB-FCG		2009	2018
Hafner Alfred	AAB-FCG		1984	2000
Hagele Engelbert	Freie Gewerkschafter		1921	1923
Hager Peter	AAB-FCG		1969	1979
Hampl Ernst	FSG		1955	1959
Handle Josef	AAB-FCG		1974	1994
Hannig Josef	FSG		1946	1949
Härting Siegfried	AAB-FCG		2019	laufend
Hartl Josef	Freie Gewerkschafter		1921	1922
Härtl Rudolf	Freie Gewerkschafter		1926	1932
Haselwanter-Schneider Andrea Dr.	AAB-FCG		2000	2009
Hasenhüttl Reinhard	FSG		2004	2009
Haslwanter Karl	AAB-FCG		1954	1959
Haslwanter Patrick	FA-FPÖ		2019	laufend
Hatzl Christopher	FSG		2014	laufend
Hauser Christian	FSG		2004	2018

Name	Fraktion	Funktion	von	bis
Hauser Franz	AAB-FCG		2000	2004
Hauser Herbert	AAB-FCG		1994	2004
Hauser Hermann	FSG		1964	1989
Heinrich Hermann	FA-FPÖ		1974	1984
Heinz-Ofner Silke Dr. Mag.	AAB-FCG		2000	2009
Heiser Franz	FSG		1969	1974
Heiß Alois	FSG		1946	1949
Heiss Gottfried	AAB-FCG		1974	1984
Helfer Leopold Dr.	FSG		1984	2000
Hemrich Erich	FSG		1954	1961
Hengl Walter Dr.	FSG		1979	1984
Henninger Alfred	Christl. Gewerkschafter*		1923	1926
Hentschel Karl	FSG		1946	1954
Herke Hans	Freie Gewerkschafter		1926	1949**
Hilber Gabriele Mag.	AAB-FCG		2019	laufend
Hirsch Ferdinand	AAB-FCG		1946	1949
Hirschegger Michael	Freie Gewerkschafter		1921	1949**
Hochmuth Josef	AAB-FCG		1946	1964
Höck Otto	FSG		1949	1954
Hödl Gerhard	AAB-FCG		2000	laufend
Hofer Herbert	FSG		1984	2004
Hofer Hermann	FSG		1949	1954
Hofer Josef	AAB-FCG		1964	1974
Hofer Peter	FSG		2000	2015
Hofer Walter	AAB-FCG		2000	2004
Hofer Walter	AAB-FCG		1989	2013
Hofer Walter	FSG		2006	2009
Hoffmann Wenzel	Freie Gewerkschafter		1921	1922
Hofinger Alois	FSG		1946	1949
Höfler Bernhard	FSG		2014	laufend
Höflinger Josef	AAB-FCG		1964	1989
Höger Bernhard	AAB-FCG		1994	2013
Holaus Daniela	AAB-FCG		2009	laufend
Hollaus Heinz-Peter Dr.	AAB-FCG		1989	1994
Hollaus Josef	AAB-FCG		1959	1964
Holzer Egon	AAB-FCG		1974	1979
Holzer Franz	AAB-FCG		1984	1989
Holzer Luise	Christl. Gewerkschafter*		1926	1933
Holzhammer Bruno	AAB-FCG		1969	1974
Hopfgartner Albrecht	WdU		1949	1954
Horngacher Christian	FSG		1954	1964
Hörtnagl Josef	FSG		1946	1954
Hotter Anton	FSG		1954	1959
Hotter Hermann	AAB-FCG		1984	1989
Hribar Gert	AAB-FCG		1984	2000
Huber Erich	AAB-FCG		1946	1949
Huber Michael	AAB-FCG		2000	2014
Huber Peter	FSG		1974	1979
Huber Simon Hermann	FA-FPÖ		1989	1994
Hundsdorfer Heinrich	Freie Gewerkschafter		1922	1926
Hupfauf Hans	FSG		1946	1949
Hüttenberger Franz	Freie Gewerkschafter	VP	1921	1949**
Ilmer Franz	FA-FPÖ		1994	2000
Inwinkl Franz	FSG		1959	1964
Jäger Walter	AAB-FCG		1974	1994
Jelinek Herbert	FSG		1949	1984
Jerthner Alexander	AAB-FCG		1974	1979
Jestl Albert	Christl. Gewerkschafter*		1921	1926
Jöchl Leo	FSG		1984	1994
Juen Franz	Deutscher Gewerkschaftsbund		1926	1932
Jursitzka Josef	Christl. Gewerkschafter*		1921	1926
Jusko Richard	AAB-FCG		1964	1974
Kainz Albert	Fraktion der Gewerkschaftlichen Einheit		1954	1964
Kaiser Kathi	FSG		1946	1949
Kaltschmid Franz	AAB-FCG		1979	1994
Karnutsch Max	FSG		1949	1954
Karrer Sebastian	Freie Gewerkschafter		1926	1949**
Kaserer Hans	AAB-FCG		1979	1984
Kästner Helga	FA-FPÖ		1989	1994
Katzlinger Hubert	GA		1994	2000
Kaufmann Alfons	FSG		1969	1994
Kaufmann Martin	Freie Gewerkschafter		1926	1949**
Kaufmann Wilhelm	AAB-FCG		1974	2000
Keller Franz	AAB-FCG		1979	2000
Kern Josef Ing.	AAB-FCG	P	1974	1994
Keusch Thomas	AAB-FCG		2014	laufend
Kiechl Fritz	AAB-FCG		1946	1949
Kirchmair Heinrich	AAB-FCG		2014	laufend
Kirchmair Waltrude	AAB-FCG		1969	1979
Klappholz Max	Freie Gewerkschafter		1921	1946**
Klausner Wilfried Ing.	AAB-FCG		1979	1989
Kleindl Karl	FSG		1949	1951
Klingler Albert	FSG		1969	1984
Klocker Leonhard	AAB-FCG		2014	laufend
Klotz Norbert	FSG		2004	2009
Knapp Alois	FSG		1969	1974
Knapp Ambros	AAB-FCG	VP	1996	2018
Knapp Johann	FSG		1946	1949
Knoll Werner	FSG		2009	2013
Köchl Anton	AAB-FCG		1974	1989
Kogler Mathias	FSG		1989	2000
Kohler Friederike	FSG		1974	1979
Köll Martha	FSG		1984	1989
Köll Paul	FSG		1946	1949
Kölle Herbert	AAB-FCG		1949	1954
Kolp Josef	FSG		1989	1994
Konrad Monika	FSG		2004	2009
Kopainigg Gerhard	FSG		1989	1994
Kopf Eduard	AAB-FCG		1954	1959
Kostenzer Gottfried	AAB-FCG		2004	laufend
Kostenzer Hans	Christl. Gewerkschafter*	P	1926	1933***
Kowatsch Johann	FSG		1946	1949

Name	Fraktion	Funktion	von	bis
Krabacher Hermann	Christl. Gewerkschafter*		1930	1934
Kraft Josef	Christl. Gewerkschafter*		1921	1924
Krainer Franz	WdU		1950	1954
Krauss Klaus Peter	SOLI		2000	2004
Kräuter Manfred	FSG		1984	1989
Kreiner Ferdinand	FSG		1949	1954
Krimbacher Resi	k. A.		1923	1926
Krisch Edmund	Fraktion der Parteifreien		1952	1959
Krismer Franz	AAB-FCG		1946	1949
Kronthaler Michael	AAB-FCG		1969	1989
Kuen Willi	AAB-FCG		1974	1989
Kulajta Johann	WdU		1949	1954
Kumar Erich	AAB-FCG		1994	2009
Kunst Josef Ing.	FSG	VP	1954	1979
Küpeli Adem	GRÜNE		2014	2019
Kurz Anton	FSG		1949	1954
Laimer Josef	Christl. Gewerkschafter*		1921	1926
Lampichler Karl	Kommunist. Fraktion		1946	1954
Lamprecht Christof	Freie Gewerkschafter		1926	1949
Langer Sabine	FA-FPÖ		2014	2019
Lanthaler Franz	FSG		2014	2018
Larch Christian Dipl.-Ing. (FH)	AAB-FCG		2009	laufend
Larcher Waltraud	FA-FPÖ		1994	2000
Larl Johann	AAB-FCG		1946	1949
Larl Josef	FSG		1949	1954
Larl Reinhard	FSG		1984	1994
Lassnig Anton	FSG		1984	1994
Lechleitner Wilhelm	FSG		1984	2004
Lechner Heinrich Dr.	AAB-FCG		2009	2018
Lechner Ludwig	FSG		1964	1969
Lechner Max	FSG		1951	1954
Leidlmair Bernd	FSG		2019	laufend
Leisch Josef	FSG		1954	1959
Leismüller Franz	Freie Gewerkschafter		1923	1925
Leist Otto	FSG	VP	2004	2018
Leiter Gertraud	AAB-FCG		1959	1962
Leitgeb Gottfried	AAB-FCG		1949	1959
Leitgeb Otto	FSG		1954	1984
Leitner Georg	AAB-FCG		1974	1984
Leitner Guido	FA-FPÖ		2019	laufend
Leitner Josef	FSG		1964	1974
Lenk Jakob	FSG		1964	1984
Lenz Anton	AAB-FCG		1992	2013
Lenzi Elisabeth	Freie Gewerkschafter		1931	1933
Leo Rudolf	Parteifreie Liste		1964	1974
Leo Sepp	Fraktion der Unabhängigen und Parteilosen		1954	1959
Lerchner Anita	FSG		1989	2000
Lesink Beate	FSG		2019	2019
Leth Anton	FSG		1954	1979
Lewis Edgar	Freie Gewerkschafter		1922	1923
Lieder Günther	FSG		1946	1979
Liegerer Josef	FSG		1949	1954
Lindner Alois	FA-FPÖ		1959	1969
Lindner Hermann Ing.	AAB-FCG	VP	1989	2009
Lintner Anton	AAB-FCG		1946	1954
Lintner Thomas	AAB-FCG		2014	laufend
Linzgieseder Sabine	AAB-FCG		2014	laufend
Linzmaier Hermann	FSG		1974	2004
Löffler Karl	AAB-FCG		1964	1984
Loreck Rudolf	Christl. Gewerkschafter*		1921	1954**
Ludl Otto	Freie Gewerkschafter		1932	1933
Machatsch Rudolf	Freie Gewerkschafter		1925	1949**
Mader Adolf	FSG		1994	2000
Mader Hannes	AAB-FCG		2004	2009
Madersbacher Anton	FSG		1954	1964
Madruttner Hans	Freie Gewerkschafter		1921	1932
Maier Hans	AAB-FCG	VP	1949	1971
Mair Franziska	FSG		1979	1984
Mair Hansjörg	FSG		1979	1984
Mair Johann	FA-FPÖ		2009	2012
Mairhofer Josef	FSG		1959	1974
Mallaun Josef	FSG		1989	2000
Margreiter Gerhard	AAB-FCG		2009	laufend
Margreiter Heinrich	FSG		1949	1954
Mariacher Heribert	AAB-FCG / FA-FPÖ		2000	laufend
Mark Stefan Ing.	AAB-FCG		2019	laufend
Matt Christian	AAB-FCG		2009	2021
Mattersberger Bernhard	AAB-FCG		2000	2013
Matz Marianne	FSG		1949	1954
Maurer Gebhard	AAB-FCG		1984	1989
Mayer Raimund	AAB-FCG		1984	1989
Mayerhofer Kurt	FSG		1979	1984
Mayr Günter	FSG		2009	2018
Mayr Johann	GRÜNE		2009	2014
Mayr Josef	Christl. Gewerkschafter*		1921	1926
Mayrhofer Johann	Christl. Gewerkschafter*		1924	1926
Mayrhofer Robert	FSG		1959	2000
Meindl Georg	FSG		1961	1964
Meral Selime	FSG		2000	2004
Messner Anna	AAB-FCG		1994	2000
Michelmayer	k. A.		1993	1993
Mikesch Franz	Freie Gewerkschafter		1932	1933
Mimm Gerhard	FSG		1994	2009
Minatti Albin	FSG		1969	1974
Minatti Anton	Freie Gewerkschafter		1926	1932
Mitterbacher Anton	FSG		1954	1964
Mittermüller Siegfried	AAB-FCG		1984	1994
Moncher Bettina	FA-FPÖ		2019	laufend
Moser Andrä	AAB-FCG		1959	1964
Moser Andreas	AAB-FCG		1954	1959
Moser Elfriede	AAB-FCG		2000	2019
Moser Michael	k. A.		1946	1949

Name	Fraktion	Funktion	von	bis
Moser Peter	FSG		1979	1984
Mössmer Manuel	FA-FPÖ		2015	2019
Müllauer Ernst	FSG		1954	1959
Müller Alois	FSG		1979	1989
Müller Ernst	Freie Gewerkschafter	VP	1921	1925
Müller Rüdiger	GRÜNE		2014	laufend
Mutschlechner Johannes	AAB-FCG		2019	laufend
Nagele Friedrich	FSG		1949	1964
Nagele Silvia	FSG		2009	2019
Nairz Herbert	AAB-FCG		1959	1964
Nedl Richard	FSG		2004	2009
Nerad Barbara Dipl.-Ing. (FH)	AAB-FCG		2009	2018
Neubauer Karl	Freie Gewerkschafter		1921	1949**
Neuschmid Simon	AAB-FCG		1949	1964
Niedoba Karl	FSG		1946	1949
Niederegger Herbert	FSG		1954	1959
Niedermoser Franz	FSG		1974	1984
Niklas Anton	AAB-FCG		1946	1949
Noichl Fritz	FA-FPÖ		1989	1994
Novak Franz	Christl. Gewerkschafter*		1921	1926
Nowara Martina	AAB-FCG		2004	laufend
Oberacher Anton	AAB-FCG		1946	1964
Oberer Alois	FSG		1989	1994
Obergmeiner Hertha	AAB-FCG		2004	2013
Oberhofer Alois	k. A.		1923	1926
Oberhöller Herbert	FSG		1969	1974
Oberhuber Johann	FA-FPÖ		2000	2004
Obermair Hubert	FSG		1984	1989
Obermann Gustav	FSG		1946	1949
Oberthanner Siegfried	FSG		1984	1989
Obertimpfler Franz	Christl. Gewerkschafter*		1921	1923
Oberweger Werner	AAB-FCG		1984	1994
Obojes Markus	AAB-FCG		2014	laufend
Oehm Wilhelm	Freie Gewerkschafter	VP	1926	1954
Oellinger Franz	Freie Gewerkschafter		1921	1922
Öfner Ekkehard	FA-FPÖ		1969	1974
Ofner Johann	FSG		2009	2014
Oleszkiewicz Leo	Fraktion der Unabhängigen und Parteilosen		1954	1959
Olsacher Gustav	FSG		1969	1974
Oppitz Josef	FSG		1946	1969
Orgler Franz	FSG		1949	1951
Orgler Thomas	AAB-FCG		2014	laufend
Ortner Stefan Msc.	AAB-FCG		2019	laufend
Oschelda Franz	Freie Gewerkschafter		1922	1926
Özakar Aydan	GRÜNE		2004	2009
Özdemir Abdulkadir	FSG		2014	laufend
Palme Laura	Freie Gewerkschafter		1923	1926
Pancheri Josef	AAB-FCG		1959	1964
Paratscher Markus	AAB-FCG		2009	2019
Paukner Johann	AAB-FCG		1989	1994
Paulweber Joachim	AAB-FCG		1964	1969
Pechlaner Ernst	FSG		1964	1984
Pedross Eva	AAB-FCG		2004	2019
Peham Hubert	FSG		1994	2000
Pernlochner Andreas	FSG		2004	2013
Pernull Gottfried	FSG		1959	1974
Pertl Anton	AAB-FCG		2000	2019
Pfeffer Rudolf	Freie Gewerkschafter		1921	1949**
Pfister Johann	FSG		1946	1949
Pfleger Josef	FSG		1949	1969
Pfluger Josef	AAB-FCG		1979	2000
Pfurtscheller Rudolf	AAB-FCG		1954	2000
Pichler Anton	Freie Gewerkschafter		1926	1927
Pichler Walter	Fraktion der Parteifreien		1954	1959
Pirchmoser Adolf	FA-FPÖ		1959	1969
Pischl Karl	AAB-FCG		1949	1954
Pitscheider Sonja Mag.	GRÜNE		2009	2010
Pittracher Alfred	GRÜNE		2004	2009
Plattner Leo	FSG		1964	1984
Plattner Paul	Fraktion der parteilosen Gewerkschafter		1952	1954
Platzer Franz	AAB-FCG		1969	1994
Platzer Josef	Freie Gewerkschafter		1921	1949**
Platzer Simon	FSG		1954	1959
Platzer-Werlberger Sabine	FSG		2000	2004
Plitzner Franz	Fraktion der parteilosen Gewerkschafter		1952	1954
Pohl Wilfried Dipl.-Vw.	FA-FPÖ		1994	2009
Pollak Eduard	FSG		1979	1984
Porta Johann	AAB-FCG		1964	1969
Posch Hermann	FSG		1989	1994
Pöschl Christian	AAB-FCG		1994	2009
Prantl Karl	AAB-FCG		1959	1979
Preindl Josef	AAB-FCG		1964	1974
Prem Walter	FSG		1969	1989
Preyer Hubert	AAB-FCG		2000	laufend
Primus Peter	AAB-FCG		1946	1954
Probst Johann	FSG		1954	1959
Probst Martin	k. A.		1923	1926
Procopovici Erast	Fraktion der Parteifreien		1952	1959
Prosch Robert	FSG		2014	2019
Prosen Josef	FSG		1946	1949
Prünster Heinrich	FSG		1964	1969
Purner Klaus	AAB-FCG		2000	laufend
Radl Michael	AAB-FCG		2009	2013
Raffelsberger Franz	Freie Gewerkschafter		1922	1926
Raich Franz	AAB-FCG		1979	1989
Raich Gottfried	FSG		1949	1959
Rainer Alexander Mag.	AAB-FCG		1994	2013
Rainer Klaus	AAB-FCG	VP	2014	laufend
Rass Christian	AAB-FCG		2010	2014
Rauch Josef	FSG		1946	1949

Name	Fraktion	Funktion	von	bis
Rauter Josef	AAB-FCG		1964	1969
Regar Anton	FSG		1969	1979
Reimair Wilhelm	AAB-FCG		1979	1989
Reinisch Alfred	Freie Gewerkschafter		1926	1949
Reinstadler Heinrich	Freie Gewerkschafter		1921	1924
Reiter Franz	FSG		2000	2013
Reiter Maria	FSG		2009	2013
Reiter Natalie	FA-FPÖ		2019	laufend
Richter Johann	k. A.		1946	1949
Rieder Alois	FSG		1961	1974
Rieder Sepp	WdU		1949	1954
Riener Heinrich	FSG		1946	1949
Rieser Josef	FSG		1969	1974
Rietzler Robert	FA-FPÖ		1989	1994
Rosenthal Hans	FSG		1946	1954
Rott Angelika	AAB-FCG		2012	2014
Rupprecht Tanja	AAB-FCG		2009	laufend
Rusch Franz	Freie Gewerkschafter		1921	1922
Sallaberger Franz	FSG		1946	1949
Salzburger Werner	AAB-FCG		1994	laufend
Sand Hans	Freie Gewerkschafter		1926	1949**
Sandhacker Josef Ing.	AAB-FCG		1989	2009
Sartori Vera	GRÜNE		2014	2019
Sattlegger Landolf	FA-FPÖ		1994	2000
Schaber Franz	AAB-FCG		1959	1969
Schaffenrath Martin Mag.	AAB-FCG		2004	laufend
Schaffler Reinhold	FA-FPÖ		1994	2000
Schaidreiter Heinrich	Christl. Gewerkschafter*		1921	1926
Schaller Josef	Christl. Gewerkschafter*		1921	1926
Schärmer Josef	AAB-FCG		1989	1994
Scheibein Wilhelm	Freie Gewerkschafter	P	1921	1933
Scheiber Christoph	FSG		2009	laufend
Scheiber Hans	Freie Gewerkschafter		1921	1926
Scheiner Otto	Freie Gewerkschafter		1926	1929
Schemel Maria	FSG		1979	1984
Scherl Stefan	AAB-FCG		2014	laufend
Schett Sarah Theresia Maria	GRÜNE		2019	laufend
Schiessling Gabi	FSG		1994	2000
Schiffermüller Josef Ing.	FSG		1974	1979
Schlager Franz	Freie Gewerkschafter		1921	1926
Schlechl Karl	AAB-FCG		1969	1989
Schlecht Matthias	AAB-FCG		1946	1949
Schlechtleitner Eduard	Freie Gewerkschafter		1926	1927
Schmarl Heidi	GRÜNE		2004	2013
Schmid Alfred Ing.	FSG		1969	1989
Schmid Hermann	AAB-FCG		1962	1964
Schmidberger Hermann	FSG	P	1964	1979
Schmidpeter Friedrich	FA-FPÖ		1994	2000
Schneider Gerhard	FSG		2000	2004
Schneider Hans	AAB-FCG		1979	2000
Schober Manuela	AAB-FCG		2009	laufend
Schöffthaler Rudolf	FSG		1964	1969
Schoner Josef	FSG		1963	1964
Schöpf Wendelin	FSG		1949	1969
Schuller Marius	WdU		1949	1950
Schumacher Jennifer	FSG		2019	laufend
Schwab Gabriela	FSG		2019	laufend
Schwabegger Ernst	AAB-FCG		2009	2018
Schwaiger Hans	Fraktion der Parteifreien		1954	1964
Schwarz Otto	AAB-FCG		1964	1974
Schwarzgruber Josef	FSG		1949	1954
Schweiss Wilhelm	WdU		1949	1950
Seistock Fritz	AAB-FCG		1954	1969
Seiwald Johann	AAB-FCG		2014	laufend
Senn Reinhard	AAB-FCG		1989	2009
Senn Robert	AAB-FCG		2019	laufend
Sentobe Josef	AAB-FCG		1946	1949
Sevignani Gert	AAB-FCG		1989	2000
Silberberger Leo	FSG		1964	1979
Siller Franz	FSG		1946	1949
Sivetz Anna	AAB-FCG	VP	1989	2000
Skorjanc Franz	FSG		1949	1954
Slezak Maria	FSG		2000	2004
Solerti Giselbert	AAB-FCG		1974	1979
Soratru Anton	AAB-FCG		1954	1963
Speckbacher Josef	Christl. Gewerkschafter*		1926	1949
Spenglinger Georg	FSG		1964	1974
Spieß August	AAB-FCG		1946	1949
Stadlhuber Josef	Christl. Gewerkschafter*		1921	1926
Stampfhofer Matthias	Freie Gewerkschafter		1921	1922
Starz Johann	Freie Gewerkschafter		1921	1926
Stärz Selina	AAB-FCG		2019	laufend
Stefan Karl-Heinz	FSG		1984	2004
Steffanides Franz	FSG		1964	1979
Steindl Peter	AAB-FCG		1964	1969
Steinegger Hans	Christl. Gewerkschafter*		1921	1954**
Steiner Erich	FA-FPÖ		1994	2004
Steiner Kurt	AAB-FCG		2014	laufend
Steiner Ludwig	Freie Gewerkschafter		1922	1924
Steinlechner-Graziadei Verena	AAB-FCG	VP	1994	laufend
Steixner Lorenz	AAB-FCG		1969	1979
Stemberger Virgil	AAB-FCG		1946	1949
Stenico Peter	FSG		1946	1949
Sternath Ignaz	AAB-FCG		1954	1959
Stieger Josef	k. A.		1923	1926
Stillebacher Christoph	AAB-FCG	VP	2009	laufend
Stimpfl Edith	AAB-FCG		2009	laufend
Stöckl Ferdinand	Freie Gewerkschafter		1921	1925
Stöger Helmut	FSG		1994	2000
Storm Norbert	FA-FPÖ		1994	2004
Strickner Dieter	AAB-FCG		1979	1989
Strobl Robert	FSG	VP	1974	1989

Name	Fraktion	Funktion	von	bis
Stuchly Ferdinand	AAB-FCG		1949	1959
Sturm Gerald	AAB-FCG / FA-FPÖ		2009	laufend
Sturm Max	Freie Gewerkschafter		1924	1926
Süß Heinrich	AAB-FCG		1946	1949
Tappeiner Ludwig	Christl. Gewerkschafter*		1921	1926
Tauber Florian	FSG		2014	laufend
Thaler Richard	AAB-FCG		2004	2009
Thalhammer Peter	FSG		1949	1954
Thoma Julius	Christl. Gewerksch.****		1926	1946
Thöni Ernst	AAB-FCG	VP	1964	1984
Thumeltshamer Hans	FSG		1946	1959
Thür Eduard	FSG		1946	1949
Tinkl Fritz	FSG		1949	1964
Tißner Martin	FSG		1946	1949
Tollinger Hans	FSG		1946	1949
Trescher Walter	FSG		1989	2000
Troidl Otto	Christl. Gewerkschafter*		1926	1929
Trutschnig Horst	FSG		1984	2004
Tschellnig Franz	FA-FPÖ		1969	1974
Tusch Julie	FSG		1964	1969
Überall Franz	Christl. Gewerkschafter*		1923	1926
Ungerank Karl	FSG		1964	1969
Unterlechner Gottfried	FSG		1989	1994
Unterlercher Alois	AAB-FCG		1974	1979
Unterwurzacher Grete	AAB-FCG		1979	1989
Unterwurzacher Hermann	AAB-FCG		1954	1964
Untorwurzacher Johann	Christl. Gewerkschafter*		1926	1949**
Urban Hannes	AAB-FCG		2009	laufend
Urbin Josef	FSG		1959	1964
Valentini Christina	AAB-FCG		2000	2004
Vanzetta Walter	FSG		1989	1994
Vanzo Karl Ing.	Fraktion der Parteifreien		1952	1974
Vogl Franz	Freie Gewerkschafter		1926	1949**
Vonbank Walter	FSG		1994	2009
Vorhofer Erna	FSG		1989	2000
Vorhofer Josef	AAB-FCG		1989	2009
Vrana Ludwig	Christl. Gewerkschafter*		1921	1923
Wachter Sieghard	AAB-FCG		2005	2020
Wachtler Alfons	Deutscher Gewerkschaftsbund		1932	1933
Wacker Rudolf	AAB-FCG		1974	1989
Wackerle Elisabeth	AAB-FCG		1979	1989
Wagner Ernst	AAB-FCG		1949	1959
Wagner Gebhard	FSG		1964	1989
Walder Alois	AAB-FCG		1964	1974
Walder Andreas Dr.	AAB-FCG		1989	2000
Walk Max	FSG		1959	1964
Wallenta Richard	AAB-FCG		1949	1964
Waltl Adolf	AAB-FCG		1959	1969
Wanker Andreas	AAB-FCG		2000	2009
Watscher Bernd	FSG		1979	1984
Wawrik Hans	KPÖ		1946	1949

Name	Fraktion	Funktion	von	bis
Weber Hans	FSG	VP	1984	2004
Wechselberger Alois	FA-FPÖ		1989	1994
Wechselberger Fritz	FSG		1994	2000
Weiler Michael	FA-FPÖ		2019	laufend
Weinberger Helmut	FSG		1974	1979
Weinzierl Wilhelm	Dt. Gewerkschaftsbund		1926	1933
Weirather Otto	WdU		1949	1954
Weiß Alfred	FSG		1959	1969
Weiß August	Freie Gewerkschafter		1921	1926
Weiss Josef	Freie Gewerkschafter		1926	1929
Weissbacher Daniela	GRÜNE		2019	laufend
Weissbriacher Karl	FSG		1969	1984
Weisskopf Josef	Freie Gewerkschafter		1926	1949
Wenko Barbara	FA-FPÖ		2000	2004
Wernig Johann	FSG		1946	1949
Widmann Robert	FSG		2009	2013
Widmoser Hermann	AAB-FCG		2000	2004
Wiesböck Johann	FSG		1949	1954
Wieser Anton	FSG		1946	1969
Wilberger Josef	FSG	P	1946	1949
Wille Josef	AAB-FCG		2000	2013
Willi Katharina	GRÜNE		1994	2018
Winkler Anton	FSG		1954	1974
Winkler Fritz	Freie Gewerkschafter		1921	1926
Winkler Reinhold	AAB-FCG	VP	1989	2018
Witsch Johann	Christl. Gewerkschafter*		1921	1949**
Wlasak Franz	FSG		1949	1959
Wodounik Maria	AAB-FCG		1999	2013
Wolf Erwin	AAB-FCG		1959	1964
Wörndle Antonia	Freie Gewerkschafter		1924	1926
Woznitzka Rudolf	FSG		1959	1974
Wurm Konrad	FSG		1964	1979
Würtenberger Amalie	AAB-FCG		1949	1954
Würtenberger Karl	k. A.		1922	1923
Württemberger Florian	Freie Gewerkschafter		1929	1933
Wutte Karin	FSG		2014	2018
Yilmaz Hasan	GRÜNE		1994	2000
Yöndem Burhan	SOLI		1999	2012
Zacher Christine	AAB-FCG		2000	2004
Zangerl Erwin	AAB-FCG	P	1989	laufend
Zedrosser Anton	Freie Gewerkschafter		1921	1949**
Zipperle Helmuth	AAB-FCG		1954	1959
Zobler Josef	Freie Gewerkschafter		1926	1949**
Zocchi Mario	AAB-FCG		1974	1994
Zöchling Franz	Freie Gewerkschafter		1932	1933
Zöggeler Johann	FSG		1974	1989

P = Präsident, VP = Vizepräsident, k. A. = in den verfügbaren Unterlagen befinden sich keine gesicherten Informationen über die Fraktionszugehörigkeit

* 1921–1926: Christlich-nationale Arbeitsgemeinschaft
** 1921 od. 1926 bis 1949 bedeutet: 1921–1933 und 1946–1949
*** 1934–1938 Vorsitzender der Verwaltungskommission
**** Gewerkschaftsbund der nicht sozialdem. Post-, Telegraphen- und Fernsprechangestelltenorganisationen und der Gewerkschaft der christlichen Eisenbahner

ANMERKUNGEN

1. Rohringer 1971, S. 9–13.
2. Franz Borkowetz in: Österr. Arbeiterkammertag, Wien 1965, S. 17–27.
3. Anzenberger / Grabuschnig / Halbrainer 2020, S. 15–23.
4. https://anno.onb.ac.at/. Der Großteil der Zeitungen, auf welche verwiesen wird, ist auf ANNO elektronisch verfügbar, ANNO ist die Sammlung historischer Zeitschriften der Österreichischen Nationalbibliothek.
5. Zu den Biografien der Abgeordneten siehe die Homepage des österr. Parlaments, Suchfunktion oder WER IST WER (Homepage lt. Stand 12.12.2020).
6. Aus: Wikipedia https://de.wikipedia.org/wiki/Ferdinand_Hanusch, 14.4.2020.
7. Damalige Bezeichnung für die sozialdemokratischen Gewerkschafter.
8. Siehe https://historegio.europaregion.info/de/vor-100-Jahren.asp?news_action=4&news_article_id=619063 mit Bezug auf einen Beitrag der Sozialhistorikerin Elisabeth Dietrich.
9. Detaillierte Wahlergebnisse in Rohringer 1971, S. 15–19 und 73 ff.
10. Vgl. dazu einen ausführlichen Artikel in der Bozner Zeitung „Volksrecht" vom 27.6.1920 zu den Aufgaben der österr. Arbeiterkammern und über die Notwendigkeit einer Arbeiterkammer in Südtirol, digital in der Tessmann Bibliothek Bozen.
11. Vgl. Rohringer 1971, S. 32.
12. Siehe dazu ausführliche Berichte in den Tagesmedien wie z. B. in der Volkszeitung und im Tiroler Anzeiger vom 18. Juli 1927 und in der Arbeiterzeitung vom 19. Juli 1927.
13. Dusek / Pelinka / Weinzierl 1995, S. 222.
14. Ca. 70–80 % der Akten dieser Zeit sind vernichtet.
15. http://alex.onb.ac.at/cgi-content/alex?aid=bgb&datum=1933&page=1533&size=45.
16. Siehe Oberkofler 1979, S. 240–249.
17. Siehe dazu auch Göhring / Pellar 2001, S. 275–287.
18. Siehe dazu auch den Leitartikel „Fortschritte in der ständischen Gliederung Österreichs" in den Innsbrucker Nachrichten vom 20. Oktober 1934.
19. Anton Pelinka 2017, S. 282.
20. Horst Schreiber 2020, S. 337 f.
21. So die Darstellung des ehemaligen Bundesministers Dr. Franz Hetzenauer (1911–2006) in einem ORF-Interview.
22. Siehe Markus Linder in Schreiber / Hofmann 2004, S. 54 f.
23. Siehe AK Mitteilungsblatt Nr. 4/1957, S. 3.
24. „Der Rest ist Österreich" soll der französische Ministerpräsident Clemenceau bei den Friedensverhandlungen von St. Germain gesagt haben. Der Staat, den keiner wollte, wurde zu einer Art Synonym für das Österreich der Jahre 1918–1938, wenngleich es viele Anstrengungen gab, sich im Reigen der europäischen Länder zu behaupten.
25. Siehe u. a. https://www.uibk.ac.at/universitaetsarchiv/universitaetsgeschichte-nach-1950/sowi-i.html. Bayer lehrte an der Universität Innsbruck, war im Ständestaat wirtschaftspolitischer Sekretär in der Wiener Arbeiterkammer, Schuschnigg hat sogar das Vorwort zu seinem Arbeitsrechtsbuch geschrieben. Nach 1945 wandelte sich Bayer vom „Ständestaatler" zum Verfechter der Sozialpartnerschaft. Er wurde Ende 1956 Leiter der sozialwissenschaftlichen Akademie des DGB in Dortmund und war ein starker Befürworter staatlicher Eingriffe in die Wirtschaft.
26. Siehe Cerny 2020, S. 9.
27. Siehe Bericht im AK Mitteilungsblatt Nr. 1/1955, S. 12 f.
28. Presseaussendung Nr. 29/2009.
29. Vgl. Presseaussendung der AK Tirol Nr. 11 vom 27.2.1996.
30. Vgl. Presseaussendung der AK Tirol Nr. 88 vom 5.11.1996.
31. AK Presseaussendung Nr. 6 vom 19.1.1999.
32. Vgl. AK Presseaussendung Nr. 13 vom 18.2.1999.
33. Siehe Geschäftsbericht 2014, S. 4.
34. Siehe Tiroler Arbeiterzeitung vom Februar 2017, S. 1.
35. Alle Studien sind auf der Homepage der AK Tirol nachzulesen.
36. Siehe https://www.vfgh.gv.at/medien/VfGH__Vereinigung_zur_Oesterreichischen_Gesundheitska.de.php.
37. Siehe WISO III/2020 in https://tirol.arbeiterkammer.at/service/studien/WISO/2020/WISO_2020_III.pdf.
38. Siehe Tiroler Anzeiger vom 15.11.1921, S. 3.
39. Siehe https://www.oegb.at/cms/S06/S06_26.9/betriebssport.
40. Richard Ondraschek 2020, Gewerkschaftskunde, S. 47.
41. Siehe dazu Cerny 2020, S. 5 f.
42. Darin enthalten sind auch alle geringfügig Beschäftigten und Arbeitslose.
43. Dotter/Wedrac 2018, S. 276 f.
44. Siehe Mitteilungsblatt AK aktuell Nr. 1 vom März 1973, S. 1.
45. Siehe Presseaussendung Nr. 15/1999.
46. https://www.fachzeitungen.de/zeitschrift-magazin-wirtschaft-umwelt, Abfrage 6.11.2020.
47. Siehe AK Aktuell Nr. 3/1987, S. 5.
48. Z. B. Finanz- oder EDV Dienstleistungen.
49. Siehe Tiroler Volkszeitung und Innsbrucker Nachrichten vom 6.10.1927.
50. Siehe https://emedien.arbeiterkammer.at (Titel in Suchfunktion eingeben).
51. Siehe Aktuell Nr. 1/1972, S. 3.
52. Zitiert nach Mitteilungsblatt vom Juni 1952, S. 12.
53. Vgl. Presseaussendung Nr. 145/2010 vom 19.11.2010.
54. Siehe den Bericht in den Innsbrucker Nachrichten vom 7.4.1925, S.5.
55. Zitiert nach Rohringer 1971, S. 35 ff.
56. Siehe Jahresbericht 1950, S. 80.
57. Siehe dazu Mitteilungsblatt Nr. 5/1956, S. 4, mit der Ankündigung von Präsident Gänsinger, im Budget Mittel für die Siedlungs- und Hausratsdarlehen vorzusehen.
58. Dr. Elmar Schiffkorn (1955–2020), Direktorstellvertreter und seit 1992 Leiter der AK Öffentlichkeitsarbeit.

59 Siehe https://emedien.arbeiterkammer.at (Titel in Suchfunktion eingeben).
60 Siehe Presseaussendung Nr. 129/2015.
61 Siehe Jahresbericht 1950, S. 72.
62 Siehe Mitteilungsblatt Nr. 6/1954 S. 7–8 und Jahresbericht 1954, S. 147.
63 AK Presseaussendung Nr. 31 vom 20.3.1998.
64 Das Sitzungsprotokoll ist unter https://portal.tirol.gv.at/LteWeb/public/sitzung/landtag/landtagsSitzungDokList.xhtml?id=61&cid=1 in der Langfassung ab S. 19 nachlesbar.
65 Die Gesamtsumme wurde aus den Jahresvoranschlägen und Rechnungsabschlüssen herausgerechnet, wobei sich sowohl die Rechtskonstruktion als auch die aus diesem Kapitel finanzierten Förderbereiche im Laufe der Jahre mehrfach verändert haben.
66 Siehe Bericht in den Innsbrucker Nachrichten vom 7. 4.1925, S. 4–5.
67 Siehe Artikel „Tiroler Verkehrsangelegenheiten" im Allgemeinen Tiroler Anzeiger vom 22.2.1924, S. 1.
68 Siehe dazu auch die Dokumentation im Buch von Manfred Jenewein, 2018.
69 Siehe Bericht im Tiroler Anzeiger vom 6.11.1926, S. 5.
70 Gesprächsnotiz vom 2.11.2020.
71 BGBl. Nr. 202/1982; § 2 lit. a Z. 2 AKG1954.
72 Vgl. Tätigkeitsbericht für die 22. Vollversammlung am 5.10. 1927.
73 Siehe Mitteilungsblatt Oktober 1950, S. 2.
74 Siehe Mitteilungsblatt Nr. 6/1958, S. 3.
75 Siehe Presseaussendungen Nr. 45/1978 und Nr. 2/1980.
76 Viktor Adlers „Der Arbeiter und sein Vaterland" steht ebenso auf dieser Liste wie Ferdinand Lassalles „Das Arbeiterprogramm" und Fritz Ragers „Der Arbeiterschutz in Österreich".
77 Name ab 1965; zur Geschichte des Innsbrucker Abendgymnasiums siehe Schreiber 2015.
78 Lois Weinberger war einer der bedeutendsten österreichischen Künstler der Gegenwart. Geboren 1947 in Stams, verstorben in der Zeit des ersten Lockdowns des Coronajahres 2020 am 20. April in Wien. Vgl. Artmagazin http://www.artmagazine.cc/content111627.html# (2.12.2020) und Tiroler Tageszeitung https://www.tt.com/artikel/16882369/naturkuenstler-lois-weinberger-72-jaehrig-gestorben.
79 Außer – coronabedingt – 2020.
80 Der Begriff „sozial distancing" ist zwar geläufig, aber in gefährlicher Weise irreführend.
81 Siehe Presseaussendung Nr. 155/2012.
82 In Klammer die Zahl der Kurse, die im Frühjahr 1968 begonnen haben.
83 Siehe AK Aktuell Nr. 1/1982, S. VI.
84 Siehe https://gratt.com.br/home.
85 Siehe Presseaussendung Nr. 27 vom 22.4.2002.
86 Sie Mitteilungsblatt Nr. 2 (Mai) 1970, S. 5.
87 Siehe Mitteilungsblatt Nr. 2 (Dezember) 1970, S. 9.
88 Siehe Aktuell Nr. 1/1971, S. 4.
89 Siehe beispielsweise die Forderung der wichtigsten Wirtschaftsforschungsinstitute in https://www.derstandard.at/story/2000111261182/manifest-fuer-eine-evidenzbasierte-politik, Abfrage 25.11.2020.
90 Siehe AK Aktuell Nr. 2/1977, S. 3.
91 Beschluss einer Resolution gegen die Kürzung der Kammerumlage in der Vollversammlung der Tiroler Arbeiterkammer am 10. Mai 2019.
92 „Solidarität in Tirol" war die Liste des ehemaligen VP-Vizepräsidenten Franz Fuchs, der sich von Fritz Dinkhausers ÖAAB getrennt hatte.
93 Keine Wahl. Mandatsverteilung durch Bescheid des Sozialministeriums nach Anfechtung durch die Parteilosen Gewerkschafter, die zur Wahl nicht zugelassen waren, weil nach geltenden Bestimmungen nur Wahlwerber zugelassen wurden, die auch zur Nationalratswahl eine Liste eingebracht hatten. Der Verfassungsgerichtshof hat diese Bestimmungen aufgehoben und daher waren die Mandate neu zu verteilen.
94 Unabhängige und Parteilose.
95 Die Steigerung ist vor allem auf die Einführung der Briefwahl zurückzuführen.

QUELLEN UND LITERATUR

ANNO – Sammlung historischer Zeitungen und Zeitschriften der Österr. Nationalbibliothek – zitiert meist als Link zu Artikeln in der Arbeiterzeitung, den Innsbrucker Nachrichten oder dem Tiroler Anzeiger.

TESSMANN – Die Tiroler Ausgabe der Volkszeitung ist nicht in ANNO verfügbar. Sie ist die objektiv notwendige Ergänzung zum bürgerlichen Tiroler Anzeiger und zu den bürgerlich-deutschnationalen Innsbrucker Nachrichten und ist seit April 2021 über das Archiv der Bozner Tessmann Bibliothek auch digital verfügbar https://digital.tessmann.it/tessmannDigital/Zeitungsarchiv/Jahresuebersicht/Zeitung/62986.

Die Dokumente der Arbeiterkammer aus den Jahren 1921–1945 stammen, soweit sie nicht in der AK Tirol vorhanden sind, aus dem Österreichischen Staatsarchiv, ausgenommen der Bericht für die Jahre 1921–1926, für dessen Überlassung ich Helmut Muigg danke.

Die Mitteilungsblätter und Zeitungen der Arbeiterkammer Tirol, die Jahrbücher, Tätigkeit- und Geschäftsberichte und Presseaussendungen sowie Zeitungsausschnitte sind im Archiv der AK Tirol gelagert, ein kleinerer Teil im Archiv des Instituts für Historische Sozialforschung in der AK Wien.

Für die Zeit von 1920 bis 1938 sind in der Tiroler Arbeiterkammer keine durchgängigen Unterlagen vorhanden, wesentliche Quellen sind Protokolle, Schriftverkehr und Berichte, die vom Sozialministerium dem Österr. Staatsarchiv übergeben wurden, sowie Zeitungsberichte; für die Zweite Republik gibt es die Tätigkeitsberichte und Jahrbücher fast durchgängig ab 1947, die AK-Presseaussendungen ab 1967, die eigene AK-Zeitung mit einigen Lücken ab 1950, einen Pressespiegel ab 1984 und natürlich ebenfalls die Zeitungsarchive, wobei für die Zeit nach 1945 vorwiegend die Originalquellen verwendet wurden.

Anzenberger, Werner: Grabuschnig Anja, Halbrainer Heimo (Hg.); Festschrift Arbeiterkammer Steiermark – 100 Jahre Gerechtigkeit, Graz 2020.

Cerny, Josef: 100 Jahre Arbeiterkammergesetz, in: DRdA Nr. 1/2020 (Februar), S. 4–16.

Chaloupek, Günther / Fendrich, Karin / Mulley, Klaus-Dieter: Zukunft gestalten – Visionen denken, erschienen anlässlich 90 Jahre Konstituierung der Arbeiterkammern, Wien 2011.

Dotter, Marion / Wedrac, Stefan: Der hohe Preis des Friedens – Die Geschichte der Teilung Tirols 1918–1922, Innsbruck 2019 (2. Aufl.).

Dusek, Peter / Pelinka, Anton / Weinzierl, Erika: Zeitgeschichte im Aufriß – Österreich seit 1918 – 50 Jahre Zweite Republik, Wien 1995.

Göhring, Walter / Pellar, Brigitte: Anpassung und Widerstand – Arbeiterkammern und Gewerkschaften im österreichischen Ständestaat, Wien 2001.

Jenewein, Manfred: Eine Eisenbahn über den Reschenpass und Bahnprojekte über den Fernpass, Landeck 2018.

Morscher, Lukas: Innsbrucker Alltagsleben 1880–1930, Innsbruck 2012.

Muigg, Helmut: 15 Jahre Berufsförderungsinstitut; Beitrag im AK Kulturtagekatalog 1982, Innsbruck 1982.

Müller, Ernst: Bericht der Kammer für Arbeiter und Angestellte in Innsbruck vom 1. Mai 1921 bis 30. Mai 1926, Innsbruck 1926.

Niederwieser, Erwin: Von der politischen Bildung zur Kulturpolitik – Das Bildungswesen der Kammer für Arbeiter und Angestellte für Tirol von den Anfängen bis zur Gegenwart; Beitrag im AK Kulturtagekatalog 1982, Innsbruck 1982.

Nussbaumer, Josef / Neuner, Stefan: Die Graphen von Tirol, Innsbruck 2012.

Oberkofler, Gerhard: Die Tiroler Arbeiterbewegung – Von den Anfängen bis zum 2. Weltkrieg, Wien 1979.

Ondraschek, Richard: Was sind die Gewerkschaften?, Wien 2020.

Österreichischer Arbeiterkammertag (Hg.): Die Kammern für Arbeiter und Angestellte 1945–1965, Wien o. J. (1965).

Pelinka, Anton: Die gescheiterte Republik – Kultur und Politik in Österreich 1918–1938, Wien 2017.

Perkmann, Josef / Rauch, Günther: Vergessene Geschichte. Die Zerschlagung der Südtiroler Arbeiterbewegung nach dem Ersten Weltkrieg, Bozen 2020.

Rohringer, Josef: Die Kammer für Arbeiter und Angestellte für Tirol 1921–1971, Sonderbeilage im Jahrbuch 1971 der Kammer für Arbeiter und Angestellte für Tirol, Innsbruck 1971.

Schober, Richard: Tirol zwischen den Weltkriegen. Teil 1: Die Wirtschaft, Innsbruck 2005.

Schreiber, Horst; „… in der Schönheit und Ruhe der Hungerburg". 50 Jahre Bildungszentrum „Seehof" der Tiroler Arbeiterkammer, Innsbruck 2004.

Schreiber, Horst / Hofmann, Rainer (Hg.): 60 Jahre ÖGB Tirol, Geschichte – Biografien – Perspektiven, Wien 2004.

Schreiber, Horst: Endzeit – Krieg und Alltag in Tirol 1945, Innsbruck 2020.

Schreiber, Horst: 70 Jahre Abendgymnasium Innsbruck 1945–2015 (Download auf www.erinnern.at).

Sulzenbacher, Sabine / Mittermüller, Siegfried – Bericht über ein politisches Leben in der Sozialpartnerschaft, Wien 2019.

Spannende Einblicke in 100 Jahre AK-Geschichte liefert auch die interaktive Information auf der AK-Homepage – Das hat Ihnen die Arbeiterkammer gebracht:

https://wien.arbeiterkammer.at/ueberuns/akundoegbgeschichte/Das_interaktive_Bilderbuch.html

ABKÜRZUNGSVERZEICHNIS

AUVA	Allgemeine Unfallversicherungsanstalt
CNC	Computerized Numerical Control
CS	Christlichsoziale
DGB	Deutscher Gewerkschaftsbund
ERP	European Recovery Program (Europäisches Wiederaufbauprogramm)
FCG	Fraktion Christlicher Gewerkschafter
FHG	Fachhochschule für Gesundheitsberufe Innsbruck
FSG	Fraktion Sozialistischer bzw. Sozialdemokratischer Gewerkschafter
GLB	Gewerkschaftlicher Linksblock (KP-nahe)
GPA	Gewerkschaft der Privatangestellten
GPA-DJP	Gewerkschaft der Privatangestellten – Druck–Journalismus–Papier
IKB	Innsbrucker Kommunalbetriebe
ISA	Insolvenzschutzverband für ArbeiternehmerInnen
MCI	Management Center Innsbruck GmbH, Träger von Fachhochschulstudiengängen in Tirol
ÖAAB	Österreichischer Arbeiter- und Angestelltenbund
PA	Presseaussendung
PRO-GE	Produktionsgewerkschaft
SD	Sozialdemokraten
UNRRA	(United Nations Relief and Rehabilitation Administration) UN-Werk für Hilfsgüter und erste Wiederaufbaumaßnahmen nach dem Zweiten Weltkrieg)
VGA	Verein für die Geschichte der Arbeiterbewegung Wien
VIDA	Verkehrs- und Dienstleistungsgewerkschaft
VKI	Verein für Konsumenteninformation
WISO	Wirtschafts- und Sozialstatistische Informationen der AK Tirol

BILDNACHWEIS

Alle Abbildungen im Besitz der AK Tirol, außer folgende:

S. 7: Land Tirol/Blickfang
S. 9: AK Tirol/Friedle
S. 11: VGA
S. 12: Wiener Bilder, 29.5.1907
S. 13: Trinks & Co Leipzig; Privatsammlung Maria N.
S. 14: Österreichisches Staatsarchiv
S. 16 o.: AK Tirol, „Erlebte Geschichte"
S. 16 u.: Innsbrucker Nachrichten vom 26.9.1923
S. 17 li.: Tiroler Anzeiger vom 4. März 1921, S. 3
S. 18: Tätigkeitsbericht der AK Tirol, 1921–1926
S. 19: Stadtarchiv Innsbruck
S. 20 li.: Innsbrucker Nachrichten vom 13.11.1928, S. 4
S. 20 re.: Stadtarchiv Innsbruck
S. 21: Sonderbeilage der Volkszeitung vom 14.6.1932
S. 22: Arbeit und Wirtschaft vom 1.7.1932
S. 27: Innsbrucker Nachrichten vom 23.5.1938
S. 28 o. li.: Tiroler Landesarchiv
S. 28 u. re.: Stadtarchiv Innsbruck
S. 35 u.: BBT SE
S. 36 o.: AK Telfs
S. 36 u.: Votava-BKA–VGA
S. 38 o.: Frischauf Bild
S. 38 u.: Kurier vom 5.2.1985
S. 39 o. li., Mitte, u. re.: Engel, Hall
S. 42 u.: Tiroler Tageszeitung vom 8.11.1991
S. 43 o. li.: Stoeckl
S. 60: Tiroler Tageszeitung vom 20.1.2021, S. 22
S. 72: AK Tirol, „Erlebte Geschichte" (2)

S. 75 o.: Gesellschafts- und Wirtschaftsmuseum in Wien, abgedr. im Bericht der AK Burgenland 1931
S. 75 u.: Müller 1926, S. 40
S. 76 u.: Tiroler Fotoarchiv
S. 79 o.: AK Osttirol
S. 81: AK Tirol, „Erlebte Geschichte"
S. 82: AK Tirol, „Erlebte Geschichte"
S. 83: AK-Jahrbuch 1958
S. 85: AK Jahrbuch 1947, S. 51
S. 90: AK Tirol, „Erlebte Geschichte" (überlassen von Rosi Hirschegger)
S. 91 Mitte re., u.: Fotowerk Aichner
S. 93 u.: Fotowerk Aichner
S. 95: AK Tirol, „Erlebte Geschichte"
S. 96: AK-Tätigkeitsbericht 1947, S. 102
S. 97 li.: Tiroler Preisspiegel August 1952
S. 97 re.: AK Jahrbuch 1960
S. 100 u.: Innsbrucker Nachrichten vom 4.12.1923, S. 5
S. 101: AK Jahrbuch 1956
S. 103: Fotowerk Aichner
S. 104: Fotowerk Aichner
S. 110: Stadtarchiv Innsbruck
S. 117: AK Telfs
S. 119: Titelgrafik Heinz Hauser – Dietmar Kirchner

Die Porträtbilder der Präsidenten Scheibein, Wilberger und Gänsinger stammen von Ernst Nepo, jene von Schmidberger, Gruber und Abendstein von Wolfgang Schuler.

DANK

Für die Unterstützung bei der Konzeption und Umsetzung dieses Projektes habe ich vielen zu danken, die mit Bildern, Dokumenten und Erzählungen Teile dieser Geschichte erhellt haben, insbesondere gilt mein Dank

- Sabine Haas, Doris Himsl, Sabine Lichtenberger und Florian Wenninger in der AK Wien bzw. am Institut für Historische Sozialforschung (ehem. Institut für AK- und ÖGB-Geschichte);
- Lukas Morscher, Christian Herbst und Hannah Fritz im Innsbrucker Stadtarchiv;
- Roland Sila vom Tiroler Landesmuseum;
- Heimo Halbrainer vom CLIO Graz;
- Viktoria Prantl und Christine Stallbaumer von der Burghauptmannschaft Innsbruck;
- Elisabeth Dietrich-Schulz, Holger Böck, Astrid Lichtl, Silvia Stöckl und Karin Schneider von der Parlamentsbibliothek in Wien;
- Georg Spitaler und Elfriede Pokorny vom Verein für Geschichte der Arbeiterbewegung Wien;
- GD Helmut Wohnout, Barbara Grün-Müller-Angerer und Friedrich Frydrychiewicz im Österreichischen Staatsarchiv in Wien;
- Josef Broukal für ein kritisches Lektorat;
- Karin Berner und Franz Kurz vom Michael Wagner Verlag in Innsbruck;
- allen beteiligten aktiven und ehemaligen Mitarbeiterinnen und Mitarbeitern der AK Tirol, vor allem Ingrid Badaloni, Bernd Bauer, Michael Bloch, Armin Erger, Ernst Haunholter, Martin Holzknecht, Walter Hotter, Karin Jabinger, Helmut Muigg, Gerhard Pirchner, Edith Rufinatscher und Elmar Schiffkorn, und meiner Frau Maria.

ZUM AUTOR

Erwin Niederwieser, Dr. jur. et Dr. phil.

Geboren 1951 in Lienz, verheiratet, drei erwachsene Söhne. Studium der Rechtswissenschaften und der Erziehungswissenschaften in Innsbruck.

Während der Gymnasial- und Studienzeit Arbeit in verschiedenen Berufen und Branchen, u. a. im Gastgewerbe, als Briefträger, in der Automobilindustrie, in der Krankenpflege, im Lebensmittelhandel und im Transportdienst. Von 1976 bis 2013 Mitarbeiter der Kammer für Arbeiter und Angestellte für Tirol (seit 1978 Leiter der Bildungspolitischen Abteilung). Umfangreiche Vortrags- und Seminartätigkeit u. a. über die Geschichte der Tiroler Arbeiterbewegung. 1990 bis 2008 Abgeordneter des österreichischen Nationalrates (SP). Derzeit Vorsitzender der Steuerungsgruppe der Bund-Länder-Initiative Erwachsenenbildung, Mitglied des Rates für Deutsche Rechtschreibung und bis 2021 Mitglied der Hochschulräte in Innsbruck und Feldkirch.

Die intensive Befassung mit der Geschichte von Arbeiterkammer und Gewerkschaft in Tirol und die persönliche Wahrnehmung und Gestaltung von 37 Jahren dieser Geschichte ermöglichen den Zugang zu sonst nicht verfügbarem Insiderwissen. Trotz Bemühung um Objektivität bleibt die subjektive positive Einstellung des Autors zur Institution der Arbeiterkammern unverkennbar.